문헌리뷰 작성 가이드

**WRITING
THE LITERATURE REVIEW
A PRACTICAL GUIDE**

Sara Efrat Efron·Ruth Ravid 저 │ 한유리 역

박영story

질적 연구방법론을 전공분야로 하다 보니 문헌고찰에 대해 물어보는 대학원생들도 간혹 있다. 그럴 때마다 "본인 분야에서 잘 쓴 문헌고찰을 찾아 읽어보라"는 당연한 조언밖에 달리 도움을 못 주던 것이 늘 마음에 남아있었다. 그래서 이 책을 보자마자 '유레카!'라는 생각을 했다.

일단, 이 책은 연구 주제를 정하는 시작 단계부터 최종 글쓰기까지 문헌고찰의 전 과정을 다룬다. 그뿐만 아니라 문헌고찰이 연구 방법, 연구 질문, 나아가 논문의 구성과 어떻게 연결되는지를 설명한다. 독자들은 논문의 시작부터 끝까지 문헌고찰이 중요한 부분을 차지한다는 것을 잘 알 수 있을 것이다. 결과적으로 이 책은 논문을 쓰는 데에 도움이 된다.

이 책의 또 한 가지 장점은 연구 방법론에 대한 균형 잡힌 시각이다. 저자들은 양적 연구뿐만 아니라 질적 그리고 혼합적 방법을 바탕으로 한 다양한 문헌고찰 접근을 제시한다. 서로 다른 문헌고찰 접근은 기존 문헌의 새로운 면을 부각시킬 수 있고, 이로써 서로 보완되며 학문을 발전시킨다. 독자들이 다양한 문헌고찰 접근 방법 중에서 자신에게 맞는 것을 선택해서 최종 논문으로 완성하는 기쁨을 누릴 수 있기를 진심으로 바라본다.

마지막으로 늘 따뜻한 배려를 보내주시는 피와이메이트 노현 대표님, 책이 나오기 전 가장 중요한 작업인 편집과 검토를 깔끔하게 마무리해 주신 황정원 편집자께도 감사의 말씀을 드린다.

2020년 5월
한유리

이 책을 쓴 이유는 문헌고찰을 하면서 어려움을 겪는 학생들을 많이 봐왔기 때문이다. 이들은 지금까지 리뷰하는 단계에 대해 지도받아 본 적이 거의 없었다고 토론한다. 실제로, 문헌고찰은 노력이 요구되는 복잡하고 도전적인 프로젝트다. 여기에는 주제를 찾아내고, 분석하고, 비판하고, 문헌들을 의미 있는 하나로 연결하는 기술이 요구된다. 이 작업을 마치는 것은 초보 연구자뿐만 아니라 때로 숙련된 연구자에게도 쉽지 않다. 우리는 이 과정을 훨씬 쉽게 마치도록 돕기 위해 이 책을 썼다.

이 책은 수준 높은 문헌고찰 작성에 수반되는 스트레스를 덜어주기 위해서 각 단계를 명쾌하고 간략하게 설명한 로드맵을 제공한다. 이 로드맵 안에는 쉽게 따라할 수 있는 제안, 전략, 기술, 그리고 다양한 예시가 들어있다.

추가적으로, 문헌고찰을 엮어가는 과정은 엄격하게 규정된 공식에 따라 진행되지 않는다. 연구자의 지식과 연구에 대한 관점이 문헌고찰의 방법, 구성, 그리고 선행 연구의 평가와 통합 스타일에 반영된다. 이 책에서는 주요한 세 가지 종류의 리뷰에 초점을 맞추었다. 이 세 가지는 체계적, 서술적, 그리고 해석학적 현상학적 고찰이다. 이 세 종류의 공통된 요소들을 설명하고 나름의 독특한 특징도 강조해 두었다.

이 책의 독자는 교육학, 인문학, 사회과학 분야의 대학원생이다. 이 책은 논문 관련 수업의 주교재나 부교재로 활용될 수 있다. 우리는 또한 책을 쓰면서 학기말 보고서나 연구 프로젝트를 위해 문헌고찰이 필요한 대학생도 염두에 두었다. 연구비 제안서나 학회 발표, 출판을 고려하는 전문 연구자들 역시 이 책의 독자가 될 수 있다.

책의 구성

이 책은 문헌고찰 작성 과정을 쉽게 따라할 수 있게 하려는 실용적인 이로 아래와 같이 순차적으로 구성하였다. 구체적인 챕터는 다음과 같다:

비록 본문에서 문헌고찰 과정을 단계별로 설명하였지만, 실제 이 과정은 순차적이지 않다. 여러 부분이 서로 연결되어 영향을 주고받는 역동적인 과정이다. 따라서 필요에 따라 챕터를 건너뛰거나 다시 뒤로 돌아가서 읽거나 할 수 있다.

감사의 말

무엇보다도 감사의 마음을 전달하고픈 사람은 우리의 편집자인 길포드 프레스의 C. Deborah Laughton이다. 데보라는 진행 과정 내내 전문가적 조언과 도움이 되는 제안을 해 주었다. 우리에겐 그녀가 언제나 질문에 즉각 답변해 주고, 제기한 의문에 해결책을 주며, 책의 내용과 흐름을 향상시키기 위해 필요한 수정을 제시해 주리란 믿음이 있었다. 감사를 전할 또 다른 사람은 제작 과정에 도움을 준 수석 제작 편집자인 Jeannie Tang이다. 초안을 읽고 편집 관련 조언을 해 준 Donna Rafanello, 우리의 아마추어적 그림을 아름답고 전문가적인 그래픽으로 바꿔 준 Steve McKinley에게도 감사를 전한다. 초안을 읽고 유용한 피드백을 해 준 샘 휴스턴 주립대학 심리학과의 Marsha Harman; 드렉셀 대학 교육학과의 Joyce Pittman; 마셜 대학 사회복지학과의 Kelli Larsen; 텍사스 공과대학 교육학과의 Stephanie J. Jones; 일리노이 주립

대학 커뮤니케이션학과의 Daniel Cochece Davis에게도 감사를 전한다. 또한 전자 자료의 검색을 도와주고 '자료 검색과 정리(4장)'에 대해 제안을 해 준 국립 루이스 대학 도서관의 Amy LeFager에게도 감사를 드린다. 무엇보다도 이 책을 쓰도록 영감을 주고 여러 차례의 초안에 피드백을 해 준 우리 석사과정, 박사과정 학생들에게 감사의 인사를 전하고 싶다.

마지막으로, 가족들에게도 고마운 마음을 전한다. 책을 쓰는 여정 내내 지지를 보내 준 사랑하는 남편 David에게 이 책을 바친다(Sara). 사랑과 지지로 인생을 채워주는 Cory, Ossie, Jackie, Lindsey, Ashley, 그리고 Audrey에게 이 책을 바친다(Ruth).

chapter 1

문헌고찰이란 무엇인가?

1장

문헌고찰이란 무엇인가?

    수는 사회과학 분야에서 박사과정을 밟고 있다. 필수과목은 다 이수했고 이제 다음 단계인 논문을 생각 중이다. 수는 지난 7년간 사회복지사로 일해 왔다. 아직 구체적인 연구의 초점은 못 잡았지만 도시 공동체의 자원을 효과적으로 활용하는 방법에 대해 탐구해 보고 싶다. 개인과 가족들이 빈곤에서 벗어나도록 돕고도 싶고, 주민과 지역 조직 간의 유대관계를 강화하는 방법을 찾고 싶다는 생각도 든다.

    주제 자체에는 열의가 있지만, 수는 관련된 이슈가 많아서 압도당하는 느낌이다. 그래서 광범위하지 않으면서 그렇다고 너무 협소하지도 않은 범위 내로 주제를 줄여야 할 것 같다. 지도교수는 주제 자체는 좋으나 관련된 이론과 연구들을 더 읽어보라고 하신다. 수는 예전에 사회자본이론에 관한 페이퍼를 썼던 일이 기억났다. 그 글에서 그녀는 가치를 서로 공유하고 사회적 관계를 맺으며 지역 자본에 투자하는 것이 구성원들의 미래에 도움이 된다고 주장했었다. 아마도 이 이론이 나중에 자신의 연구에 적용될 것 같다. 동시에 비판이론이나 비판적 인종이론도 적절할 거라는 느낌이 든다. 지도교수는 주제와 관련된 이론을 깊이 이해하려면 문헌고찰을 시작해야 하고, 또 문헌을 읽다 보면 논문 주제를 좁혀갈 수 있을 거라고 말한다.

수의 사례에서처럼, 문헌고찰은 연구에서 필수적인 단계다. 관심 주제와 관련 분야 학자들의 연구를 모르고서는 자신의 연구를 진행할 수 없다 (Creswell, 2018). 이미 행해진 연구가 무엇인지 모르는 초보 연구자는 수차례 다뤄진 연구 질문을 던진다든지, 의도치 않게 중복 연구를 하거나, 과거의 방법론적 실수를 되풀이할지 모른다. 나아가, 탄탄한 문헌고찰을 통해 자신의 지적 깊이와 학자로서의 준비된 역량을 보여줄 수 있는데, 이는 대학원생이 논문을 쓰면서 갖춰야 하는 부분이기도 하다.

수와 마찬가지로, 학기말 보고서나 학위논문, 연구비 제안서 등을 준비 중인 독자들도 문헌고찰이 무엇인지, 왜 필요하고 연구에 어떤 기여를 하며, 어떻게 진행해야 하는지를 생각하고 있을지 모른다.

이 장에서는 문헌고찰이라는 도전적이고 흥미로운 여정의 시작을 위한 전반적인 과정을 소개할 것이다. 먼저 문헌고찰의 목적과 기여를 논의한 뒤, 문헌고찰 과정의 개요를 살펴본다. 다음으로, 주어진 시간 내에 리뷰를 마치기 위한 행동 계획을 수립을 제안한다. 마지막에서는 이 책의 각 장에서 다룰 내용을 간략히 소개할 것이다.

문헌고찰이란 무엇인가?

문헌고찰은 특정 주제에 대한 학문자료를 체계적으로 살펴보는 것이다. 관련 학자와 연구자들의 연구 결과와 이론 그리고 실천을 비판적으로 분석하고 평가한 뒤 이를 종합한다. 문헌고찰을 할 때는 현 시점까지의 지식을 종합해서 비판적으로 설명하며, 서로 다른 연구 결과와 이론을 비교하고, 지금까지의 연구에서 부족한 부분을 언급하며, 주제에 대한 기존 지식을 확장시키기 위해 필요한 과제를 밝힌다.

문헌고찰은 논문에 포함시킬 수도 있고 또는 단독으로 진행할 수도 있다. 단독으로 진행할 경우, 특정 주제와 관련된 문헌을 검토하고 현재까지의 지식을 정리해서 하나의 문서로 작성한다. 주로 대학원 수업에서 주어지는 학기말 보고서, 이론적 또는 철학적 배경의 학위논문, 북 챕터나 학술지에 실린 문헌고찰이 여기에 해당한다. 실제로 여러 분야의 학술지에서 단독 문헌고찰을 게재하고 있다(예. *Annual Review of Economics*, *Review of Educational Research*,

Annual Review of Sociology, Annual Review of Organizational Psychology, Organizational Psychology, and Organizational Behavior).

보다 일반적인 형태의 문헌고찰은 논문 안에 포함되는 것으로 탐구할 주제의 맥락을 보여주는 역할을 한다. 그리고 문헌과 자신의 연구 문제를 연결시키며 향후 진행할 연구 설계를 암시한다. 문헌고찰의 결과를 바탕으로 자신의 연구가 어떻게 기존 지식을 확장시키고 주제에 대한 이해를 넓히는 데에 기여하는지를 입증해 간다. 이러한 형태의 문헌고찰은 주로 학위논문, 연구 프로젝트, 연구비 지원서 등에 포함된다. 그뿐만 아니라 학술지 논문이나 정책 보고서 등의 서론에도 들어간다.

어떠한 형태이든, 문헌고찰은 지식이 점진적인 축적 과정 속에서 만들어진다는 걸 보여준다. 지식은 과거의 학문 연구를 신뢰할 만한 방법으로 해석해 가면서 발전한다. 슐만(Schulman, 1999)은 앞선 세대로부터 배울 수 있는 능력을 **생성능력**(generativity)이라고 하면서, 이 능력이 학문 활동의 한 가지 특징이라고 하였다. 자신의 연구를 기존 학문영역 안에서 의미 있게 만들어 갈 수 있을 때 비로소 가치 있는 연구를 할 수 있고 나아가 지식의 확장이라는 연구의 중요한 목적을 성취할 수 있다(Ravitch & Riggan, 2017). 다시 말해, "좋은 연구는 공동의 이해를 향상시키기 때문에 가치가 있다"(Boote & Beile, 2005, p. 3).

단독 문헌고찰 또는 논문 안에 포함되는 문헌고찰을 쓰는 과정은 크게 보면 비슷하다. 그러나 이 책에서는 주로 후자인 학위논문, 연구 프로젝트, 연구비 지원서, 정책 보고서에 포함되는 문헌고찰에 초점을 둔다.

문헌고찰의 목적과 기여

문헌고찰의 목적과 기여를 다루기 전에, 문헌고찰이 **아닌 것**을 살펴보자.

- 주제와 관련된 개별 연구들을 단지 요약해 놓은 것은 문헌고찰이 아니다. 그보다는 특정 주제나 개념과 관련된 자료의 통합이라고 볼 수 있다. 전자와 후자의 차이는 정지화면과 영화의 차이와도 비슷하다 (Axelrod and Cooper, 2012). 영화는 정지화면들로 이루어지지만 이들을

의미 있는 이야기로 연결한 것이다.

- 자신의 생각이나 주장 또는 가설을 펼치는 것은 문헌고찰이 아니다. 자신의 주장은 다른 연구자의 연구 결과나 권위 있는 학자가 제시한 이론들에 근거해야 한다.
- 자신의 관점만을 전달하는 것은 문헌고찰이 아니다. 자신의 관점에 들어맞는 자료만을 택하고 나머지를 간과해서는 안 된다. 물론 자신의 입장을 공유하고 왜 그렇게 생각하는지 근거를 제시할 수는 있다. 그러나 동시에 다른 접근과 관점의 가치를 인정해야 하고, 입장들을 서로 대조하고 비교하며, 각각의 장단점을 보여줘야 한다.
- 자료를 단순히 반영하는 것은 문헌고찰이 아니다(Boote & Beile, 2005). 지금까지의 지식을 참신하고 창의적인 관점으로 제시함으로써 주제를 새롭게 바라보고 이해하는 데 기여해야 한다.

잘못된 문헌고찰을 살펴봤으니, 이제는 제대로 진행된 문헌고찰을 알아보자. 아래에 소개하는 문헌고찰의 목적은 중요도순으로 제시된 것이 아니다. 모두 동등하게 중요하다. 각각의 목적을 살펴본 뒤에 이 중에서 자신에게 맞는 것을 선택할 수 있다. 아래의 내용은 라비치와 리건(Ravitch & Riggan, 2017)의 제안에 따라 세 범주로 나누었다. 첫 번째는 연구의 맥락을 정하는 목적이고, 두 번째는 연구 설계와 방법론을 알아보는 목적, 세 번째는 해당 분야에서 연구가 더 필요한 부분을 밝히는 목적이다.

연구의 맥락을 정하는 목적

- 연구에 사용될 용어와 주요 개념을 밝힌다.
- 주제를 연구 분야의 역사적 배경 안에 위치시킨다.
- 연구의 이론적 틀을 정하고, 관점들과 아이디어, 접근 등을 비교한다.
- 해당 분야의 기틀을 다진 영향력 있는 학자나 잘 알려진 연구 등을 알아본다.
- 연구 주제를 현시대적 맥락 속에 위치시키고 최신 지식의 발전을 보여준다.
- 최근의 논쟁과 논란, 질문들을 논의한다.

- 여러 아이디어와 이론 간의 관계 그리고 이들의 실질적 시사점을 살펴본다.

연구 설계와 방법론을 알아보는 목적

- 맥락과 주어진 한계 안에서 연구가 실행 가능하도록 연구 문제를 좁힌다.
- 연구의 초점을 다듬으며 때로 연구 주제를 수정한다.
- 선행 연구에서 사용된 방법론적 가정과 구체적 방법들을 살펴보고 비판적으로 검토한다.
- 자신의 연구 설계에 도움이 될 만한 방법론을 알아보고, 자료 수집과 분석 전략을 발전시킨다.
- 선행 연구의 결함을 알아보고 비슷한 잘못을 피해간다.
- 이미 행해진 연구를 반복하지 않으면서 새로운 방법론이나 장소, 참여자를 선정해서 기존 연구를 확장시킨다.
- 연구 질문이 "연구 가능한지(researchability)"(Hart, 1998)를 확인한다.
- 중요도나 가치가 낮은 연구가 되지 않도록 확인한다.

해당 분야에서 연구가 더 필요한 부분을 밝히는 목적

- 기존 연구를 정리해서 새로운 관점이나 해석이 드러나도록 한다.
- 자신의 연구에서 언급할 주제의 중요성을 도출해서 연구의 필요성을 정당화한다.
- 기존 연구들의 틈새나 부족한 부분을 지적하고 여전히 탐색이 필요한 영역을 보여준다.
- 자신의 연구가 기존의 문헌과 지식에 어떻게 연결되는지를 밝힌다.
- 자신의 연구가 관련 지식을 어떻게 수정하고, 확장하고, 정교하게 만드는지를 밝힌다.

문헌고찰은 위와 같이 여러 목적을 수행하며, 복잡하고 어려운 과업처럼 보일 수 있다. 이 과업의 완수는 초보 연구자뿐만 아니라 때로 숙련된 연구자에게도 부담이 된다. 이러한 압박을 줄여주는 단계적인 로드맵을 제시하는 것이 이 책의 목적이다. 문헌고찰 과정을 쉽고 명확하게 설명하는 데에 초점을 두었으며 이 책의 저자들과 학생들, 그리고 다른 연구자가 쓴 문헌고찰의 예를 다양한 참고자료로 활용하였다.

문헌고찰 진행 과정

문헌고찰은 여섯 단계로 진행된다. 모든 단계가 항상 순차적으로 진행되는 것은 아니다. 오히려 서로 다른 부분들이 연결되면서 끊임없이 상호 간에 영향을 주고받는 역동적인 과정이다. 하지만 그 과정을 명확히 소개하기 위한 실용적인 이유에서, 이 책의 각 장에서는 이를 순차적 단계로 기술하였다. 전체 과정을 간단히 살펴보면 아래와 같다.

1 **문헌고찰의 주제 정하기.** 먼저 자신이 속한 학문 분야에서 의미 있는 탐구 주제를 선정한다. 주제는 리뷰의 목적과 독자층, 주어진 시간과 접근성이라는 한계를 고려해 좁혀질 수도, 또는 넓혀질 수도 있다. 다루기 적절한 주제가 되기 위해서는 연구의 초점을 잘 정의된 질문의 형태로 진술해야 한다. 3장에서 이 부분을 다룬다.

2 **문헌고찰의 자료 찾기.** 주제를 정하고 나면, 관련된 지식과 정보를 어디에서 찾을지 정해야 한다. 키워드를 명확히 하고, 검색 전략을 개발해서 적절한 자료를 수집한다. 다른 연구나 리뷰논문, 책 등에 나오는 참고문헌 목록을 검토하거나, 동료나 주제 전문가에게 문의해 봐도 도움이 된다. 이 단계에서는 검색된 자료를 기록하고 정리하면서 자신만의 참고문헌 리스트(bibliography)를 만든다. 4장에서 이 부분을 다룬다.

3 **자료를 분석하고 평가하기.** 자료를 검색했다면 하나씩 읽어보며 문헌고찰에 포함할지 여부를 결정한다. 문헌에서 논의된 주제나 이슈 중 자신의 연구 질문과 관련된 내용을 따로 모으고 내용을 요약한다. 그리고 기준에 따라 해당 문헌의 질을 평가한다. 비판적 연구자가 되어가는 과정 속에서 문헌의 타당성과 논리성, 신뢰도를 평가하는 능력을 키우게 된다. 5장과 6장에서 이 부분을 다룬다.

4 **문헌을 조직화하고 통합하며 주장을 발전시키기.** 이 단계에서는 분석한 내용을 설득력 있는 하나의 내러티브로 통합한다. 테마와 패턴을 찾고 이

를 서로 연결시키며 글을 조직화한다. 이 과정에서 자신의 관점을 논리적으로 구성한다. 7, 8, 9장에서 이 부분을 다룬다.

5 **저자로서의 목소리를 개발하고 글쓰기 전통 따르기.** 연구자는 문헌의 저자들과 대화를 나누는 과정 속에서 적극적이고 권위 있는 저자로서의 목소리를 개발해야 한다. 또한 글이 잘 써지지 않을 때의 대처전략도 필요하다. 그리고 자료의 출처를 밝혀서 의도적이거나 비의도적인 표절이 발생하지 않도록 하는 윤리의식이 요구된다. 10장과 11장에서 이 부분을 다룬다.

6 **쓰고, 편집하고, 다듬기.** 연구자는 글로써 자신이 연구 질문과 관련된 학계의 지식을 철저히 이해하고 있으며 여러 이론과 연구를 통합하는 능력을 갖췄음을 증명해 간다. 학위논문 안에 문헌고찰을 넣고 글이 일관되게 흐르도록 여러 번 편집과 수정을 한다. 12장에서 이 부분을 다룬다.

실행 계획 세우기

위에서 소개한 6단계를 마치는 데에 걸리는 시간은 문헌고찰의 목적에 따라 다르다. 수업 과제인지, 석사나 박사 논문 프로포절인지, 연구비 제안서인지에 따라, 또는 지도교수의 기대치나 주어진 연구 계획 등에 따라 소요시간을 다르게 예상할 수 있다. 연구자 개인의 환경도 문헌고찰에 투자할 수 있는 시간에 영향을 미친다.

완성까지 걸리는 대략적 시간이 궁금하다면 아래 이야기가 도움이 될 것이다.

한 여행자가 작은 마을을 향해 걸어가고 있었다. 마침 나무 아래 노인이 한 명 앉아 있기에 이렇게 물었다. "어르신, 저 마을까지 가는 데 얼마나 걸립니까?" 노인은 아무런 대답도 하지 않았다. 기분이 상한 여행자는 다시 걷기 시작했다. 그때 뒤에서 갑자기 노인의 목소리가 들렸다. "한 20분 걸릴 거요." 여행자는 뒤를 돌아보며 소리쳤다. "왜 진작 말해 주지 않고 이제야 말해 주는 겁니까?" 노인은 차분하게 대답했다. "아, 그야, 내가 당신 걸음이 얼마나 빠른지를 봐야 할 것 아니오?"

문헌고찰은 헌신과 자기절제가 요구되는 개인적인 작업이다. 다른 일들을 제쳐두고 일주일에 몇 시간을 할애해서 리뷰에 집중할 수 있는지에 따라 진행 속도와 결과물이 달라진다. 합리적인 실행 계획을 세운다면 원하는 일정 내에 작업을 끝낼 수 있다. 물론 중간에 예상치 못한 다른 일들이 생겨서 계획을 수정해야 할지도 모른다. 그럼에도 전반적인 계획과 일정표 수립은 마무리까지 의지력을 유지하는 데에 꼭 필요하다. 표 1.1은 일정표의 예다.

📄 표 1.1. 문헌고찰 완성까지의 일정표

단계	과제	일정	활동	메모
1단계: 주제와 관련된 정보 모으기.	기초적인 온라인작업: 주제 관련 정보 검색.	11월 1~5일.	구글이나 위키피디아 등의 온라인 검색 활용.	그 밖의 적절한 검색 엔진 알아보기.
2단계: 도서관 검색.	주제 좁혀가기: 주제에 대한 정보 찾기.	11월 6~13일.	도서관 사서에게 문의.	전화해서 약속 잡기.

문헌고찰 글쓰기 그룹

우리의 경험상, 팀으로 함께 작업을 하면 글쓰기에 필요한 자기 절제나 인내심을 키우는 데 도움이 된다. 문헌고찰을 하고 있는 한두 명 혹은 여러 명의 사람들과 팀을 만들어서 진행 과정과 어려움, 통찰 등을 나눈다. 정기적으로 만나 아이디어를 나누고 초안을 공유하며 서로 지지해 주면 도움이 된다. 정직하고 건설적인 피드백이 중요하며, 개인적 비판은 창의성을 떨어뜨리고 팀에 부정적인 영향을 미치므로 자제한다. 함께 모여서 다음의 작업을 할 수 있다.

1 지난번 모임 이후의 진행 과정을 서로 나눈다.
2 자신이 내린 결정이나, 아직 결정을 내리지 못한 채 고민 중인 부분을 이야기한다.
3 서로의 글을 읽고 피드백을 준다. 질문과 건설적인 제안을 한다.
4 다음 모임에는 무엇을 해 오려는지, 왜 그것을 하려고 하는지 의견을 나눈다.

팀 구성원이 모두 같은 단계에 있지 않더라도, 문헌고찰을 끝낸다는 목적을 공유하기 때문에 서로 도움이 될 수 있다.

1장의 요약

1. 문헌고찰은 주제와 관련된 여러 학자나 연구자의 학술 문헌을 비판적이고 체계적으로 검토하는 것이다.

2. 문헌고찰을 할 때 연구자는 (a) 주제 관련 지식에 대한 이해를 보여주고, (b) 여러 연구와 이론을 비교하며, (c) 현재까지의 연구에서 부족한 부분을 드러내고, (d) 더 탐색할 필요가 있는 부분을 밝힌다.

3. 문헌고찰은 단독으로 하거나, 또는 다른 연구 안에 포함시킬 수 있다.

4. 기존 연구에서 시작하여 자신만의 관점으로 지식을 구성하고 새로운 부분을 밝힌다.

5. 다음의 내용은 잘못된 문헌고찰이다: (a) 자신의 주장이나 가설을 내세우거나, (b) 자신의 입장을 지지하는 연구만 포함하거나, (c) 참고문헌을 단지 요약해서 나열하거나, (d) 지금까지의 연구를 그대로 반영해 놓은 것이다.

6. 문헌고찰의 목적은 크게 세 가지다: (a) 연구의 맥락을 정하는 목적, (b) 연구 설계와 방법론을 알아보는 목적, (c) 해당 분야에서 연구가 더 진행될 가능성을 밝히는 목적이다.

7. 문헌고찰은 6단계로 진행된다: (a) 주제 정하기, (b) 자료 찾기, (c) 분석과 평가하기, (d) 통합하기, (e) 글쓰기, (f) 편집하고 수정하기다.

8. 문헌고찰은 공식대로 써지지 않으며, 연구자가 기존 지식과 연구를 어떻게 바라보는가를 반영한다.

chapter 2

다양한 문헌고찰 접근법

2장
다양한 문헌고찰 접근법

　주변에 보면 마치 문헌고찰을 하는 방식이 단 하나인 듯 이 과정을 공식처럼 제시하는 경우가 있다. 그러나 문헌고찰 역시 연구의 한 형태이므로(Jesson, Matheson, & Lacey, 2011) 연구자의 관점과 신념 그리고 지식의 본질과 지식을 얻는 과정에 대한 가정에 영향을 받는다(Lukenchuk, 2013; Maxwell, 2013). 하트(Hart, 1998)는 문헌고찰이란 "특정 목적을 달성하거나 주제에 대한 특정 관점을 표현하기 위해서, 특정 입장에서 쓴 정보나 생각, 자료, 증거를 담고 있는"(p. 13) 문헌을 선별하는 것이라고 하였다. 나아가, 연구의 분석이 늘 그렇듯이 선별된 문헌의 분석은 "무(無)에서 나오지 않는다. 특정한 개념에 민감하게 영향을 받고 여기서부터 확장되어 간다"(Holstein & Gibrium, 2012, p. 5). 그러므로 연구자는 스스로가 갖고 있는 "특정 개념에 대한 민감성"과 이것이 문헌고찰에 암묵적 그리고 명시적으로 미치는 영향을 인식할 필요가 있다.

　문헌고찰을 계획하는 시점부터 연구자는 자신의 목적에 가장 잘 맞는 연구 접근이나 방법론을 고려하게 된다. 이 장에서는 세 가지 주된 연구 접근(양적, 질적 그리고 혼합 방법)과 각각의 개념적 가정을 살펴본다. 그 다음으로는 문헌고찰의 세 가지 접근법인 체계적, 서술적 그리고 해석적 현상학적 접근을 살펴본다. 이 세 가지는 연장선에 있다. 마지막으로, 문헌고찰을 본인의 스타일에 맞춰 개념화하는 데 도움이 될 쿠퍼(Cooper, 1998)의 분류 체계를 소개할 것이다.

연구 접근: 양적, 질적 그리고 혼합 연구

문헌고찰의 주요 목적 중 하나는 새로운 지식의 창출이다(Lukenchuk, 2013). 이를 위해 연구자는 두 종류의 지식을 갖춰야 한다. 하나는 주제와 관련해서 현재까지 알려진 것이 무엇인가에 대한 포괄적인 지식이며, 또 하나는 주제 관련 정보를 찾아서 비판적으로 분석하고 주의 깊게 통합하는 지식과 기술이다.

그런데 **지식**(knowledge)이란 무엇을 의미할까? 지식은 무엇으로 구성되며, 이를 얻는 최선의 방식은 무엇일까? 사회과학에서는 지식의 본질과 이를 습득하는 방법에 대한 서로 다른 철학적 가정이 존재하는데(Maxwell, 2013), 이 가정들은 양적, 질적 또는 혼합 연구와 같이 서로 다른 연구 접근법으로 드러난다.

양적 연구

사회과학 분야의 양적 연구자는 자연과학에서 주로 사용되는 관점과 방법을 적용해서 지식을 추구한다. 즉, 지식이란 편견 없는 탐구를 통해 얻을 수 있으며, 얻어진 지식은 객관적이고 보편적이며 축적된다고 믿는다. 지식은 측정과 실험이 가능하며 가치중립적인 관찰 가능한 증거를 바탕으로 한다.

이 연구자들의 관점에서는 독립된 사회적 세상이 시간과 장소를 가로질러 비교적 지속적으로 존재한다. 사회적 실재는 객관적으로 정의 내릴 수 있는 사실들로 구성되어 있으며, 발견되고 체계적으로 확인될 수 있다고 본다.

양적 연구자들에게 과학적 탐구의 목적은 보편성과 법칙을 발견하고 변화를 가져온 원인을 밝히며 이러한 변화의 결과를 설명하는 것이다. 또한 연구 결과를 바탕으로 미래를 예측하고자 한다. 연구자는 편견을 최소화하기 위해서 중립적이고 객관적인 입장을 유지하며 타당도와 신뢰도를 위한 엄격한 기준을 적용한다.

주로 실험이나 측정, 통계적 기법 같은 과학적 방법을 사용해서 개인의 행동과 사회에 영향을 미치는 법칙에 대한 지식을 얻는다. 결과를 보고할 때는 다른 맥락에서 반복 연구들이 진행되어 표준화된 해결책이 나올 수 있도록 연구 과정을 자세히 기술한다(Wieman, 2007, 2014).

(양적 연구에 대한 추가적 설명은 Black, 1999; Creswell, 2018; Gall, Gall, & Borg, 2006; Gay, Mills, & Airasian, 2011; Slavin, 2007; Yu, 2006 참고.)

질적 연구

양적 연구와 질적 연구의 근본적 차이는 "지식"에 대한 대조적인 정의다. 질적 연구자들은 지식이란 사람들이 자신의 현실에 부여하는 주관적 의미에 따라 사회적으로 구성된다고 본다. 이 관점에서 보면, 사회적 실재는 개인이나 공동체의 사회적, 문화적, 역사적 배경에 따라 서로 다르게 경험된다. 따라서 지식은 여러 개이고, 주관적이며, 상황적이고, 가치를 포함하며, 잠정적인 것이다. 연구의 목적은 사회를 설명하는 것이라기보다 이를 참여자의 관점에서 이해하는 것이다. 참여자의 맥락에서 그들의 눈을 통해 보이는 사회적 환경을 자세히 기술함으로써 그 안에서 펼쳐지는 복잡성을 깊게 이해하고자 한다.

양적 연구자가 "한 발 떨어져서" 거리를 둔 채 관찰하는 것과는 대조적으로, 질적 연구자는 상황을 전체적으로 이해하기 위해 연구 현장에 깊이 관여한다. 또한 관찰한 내용이 연구자의 필터로 걸러진다는 것을 알고 있으므로 자신의 개인적 역사, 가치, 신념 등이 연구에 어떻게 영향을 미치는지를 성찰한다.

연구는 주로 관찰과 심층 인터뷰, 문서 자료의 분석으로 이루어진다. 연구 결과는 텍스트와 이미지 분석을 통해 드러난 패턴과 범주를 바탕으로 풍부하고 자세하게 서술된다.

(질적 연구에 대한 추가적 설명은 Berg & Lune, 2011; Bogdan & Biklen, 2006; Creswell, 2018; Denzin & Lincoln, 2011; Lichtman, 2013; Marshall & Rossman, 2015; Maxwell, 2013; Merriam & Tisdell, 2016 참고.)

혼합 연구

혼합 연구는 양적 연구와 질적 연구의 신념과 가정을 모두 수용하고 서로 다른 관점의 가치를 인정한다. 혼합 연구자들은 어느 한쪽의 철학적 입장을 고수하는 대신, 당면한 연구 질문에 적합한 최선의 방식을 선택하는 실용적 입장을 취한다.

따라서 혼합 연구자들은 다양한 접근 방식에 열린 자세를 보이며 연구 방법과 기법을 자유롭게 선택한다. 특정 연구 질문에 답을 구하기 위해 한 연구 안에서 때로는 양적, 때로는 질적 방법에 더 가중치를 두기도 한다. 연구 질문에 따라 객관적 혹은 주관적인 입장을 취하기도 한다. 서술과 수치를 사용해서 서로 보완적인 방식으로 연구 결과를 보여준다.

(혼합 연구에 대한 추가적 설명은 Creswell, 2018; Creswell & Plano Clark, 2011; Hesse−Biber, 2010; Johnson & Christensen, 2010; Tashakkori & Teddlie, 2010 참고.)

표 2.1. 양적, 질적, 혼합 연구의 접근법 비교

	양적 연구	질적 연구	혼합 연구
지식의 개념	·객관적, 보편적, 관찰자로부터 독립적 ·편견 없는 탐구로 획득 ·관찰, 측정, 검증이 가능하고 가치중립적인 사실에 근거	·복수의, 주관적, 상황적, 잠정적, 가치를 포함 ·경험에 부여하는 주관적 의미로부터 해석됨.	·철학적 논쟁에 관여하지 않으며 지식이 어떻게 생겨나는지의 중요성을 강조하지 않음. ·실용성에 초점
실재의 본질	·관찰자로부터 독립적 ·시간과 장소를 가로질러 비교적 일관됨. ·발견되고 체계적으로 검증될 수 있음.	·사회적, 문화적, 역사적 배경에 따라 개인과 공동체별로 다르게 경험됨.	·실재에 대한 서로 다른 가치와 가정이 인정되며 동일한 연구 안에서 상이한 가정이 수용됨. ·실재에 대한 철학적 인식보다는 실용성을 강조
연구 목적	·개인의 행동을 주관하고 사회를 형성하는 법칙에 대한 지식 획득 ·일반성과 규칙을 찾음. ·변화를 일으키는 원인을 찾고 그 결과를 설명 ·일관되고 신뢰할 만한 개입과 표준화된 해결책을 찾음.	·개인과 집단이 다양한 실재를 어떻게 인식하는지를 이해 ·특정 개인과 맥락을 전체적으로 이해 ·특정 행동과 상황에 내포된 복잡성을 인식 ·참여자의 관점에서 문제의 해결책과 변화를 위한 아이디어 도출	·연구에 다양한 목적이 있을 수 있음을 인정 ·연구 질문에 답을 구하는 것이 중심 목표 ·양적과 질적 접근의 가치를 인정하고 받아들임. ·문제 해결과 변화를 위한 아이디어에 얼마나 기여하는가가 중요

연구자의 역할	·개입하지 않고 객관적인 거리를 유지해서 편견을 방지	·연구 현장에 깊이 개입하고 주관성에 대해 성찰	·탐구 목적에 따라 객관적 또는 주관적 입장, 혹은 양쪽
연구 과정	·반복이 가능하도록 엄격한 과정을 준수 ·실험, 측정, 통계분석과 같은 과학적 방법을 사용 ·결과를 통계나 수치로 제시	·참여관찰, 심층 인터뷰, 문헌 분석으로 얻어진 사회적 환경과 개인의 행동에 대한 통찰을 풍부하고 세부적으로 기술 ·텍스트와 이미지 분석으로 패턴과 범주 확인 ·결과를 자세하게 서술	·다양한 연구 접근에 열린 태도를 유지하며 양적, 질적 방법을 수용. 필요에 따라 한쪽 접근을 강조하기도 함. ·특정 연구 질문에 적합한 자료 분석 방법 선택 ·결과를 글과 숫자로 제시

표 2.1은 양적, 질적, 혼합 연구 접근법을 지식의 개념, 실재의 본질, 연구 목적, 연구자의 역할, 연구 과정에 따라 비교해 놓은 표다.

문헌고찰 접근법들: 체계적, 서술적, 해석학적 현상학적

문헌고찰을 하는 방식은 다양하지만(Booth, Sutton, & Papaioannou, 2016), 이 책에서는 위에서 설명한 세 가지 연구 접근(양적, 질적, 혼합)을 반영하여 문헌을 리뷰하는 세 가지 방식을 살펴보려 한다. 이 세 가지 문헌고찰 방식은 연장선 위에 있다. 한쪽 끝은 과학적-양적 관점을 보여주며 체계적 문헌고찰이 대표적이다. 반대편 끝은 해석적-질적 관점을 보여주며 해석학적 현상학적 문헌고찰이 대표적이다. 두 양극단 사이에는 양쪽 접근을 합친 서술적 문헌고찰이 있다.

아래에서는 각각의 방식을 문헌고찰의 목적, 연구자의 관점, 문헌을 검색하는 방식 그리고 분석 과정에 따라 기술한다.

체계적 문헌고찰

체계적 문헌고찰은 과학적인 접근법이며 상당히 구조화된 방식이다. 편견이 제외된, 체계적이며, 엄격하고, 반복 가능한 연구를 선호하는 사람들에게 적합하다. 체계적 문헌고찰의 목적은 문헌검색 전에 미리 설정해 놓은 구체적인 연구 질문의 답을 찾는 것이다(Petticrew & Roberts, 2006). 질문의 초점은 주로 인과관계에 대한 이론이나 가설의 검증이다. 연구자는 주제와 관련된 모든 가능한 문헌을 살펴보기 위해서 포괄적이고 엄격한 검색을 실시한다. 문헌고찰에 어떤 연구를 포함시키거나 제외할지를 결정하는 자료 선정 기준을 미리 정해 둔다. 그리고 명확한 가이드라인에 맞춰 개별 연구에서 보고된 실증적 증거를 평가하고 종합한다(Jesson et al., 2011). 리뷰를 하는 연구자는 중립적이고 객관적 태도를 유지한다. 체계적 문헌고찰에 질적 연구가 일부 포함되기도 하지만, 주로 양적 연구와 통계 자료가 대부분을 차지한다(Gough, Oliver, & Thomas, 2012; Higgins & Green, 2008).

체계적 문헌고찰은 생의학 연구가 목적인 의학과 건강 분야에서 발전했다. 이후에는 증거기반 의사결정을 강조하는 다른 학문 분야(예를 들어 행정이나 교육)로 퍼져갔다(Battany-Saltikov, 2012).

상자 2.1는 체계적 문헌고찰의 예다.

🌓 상자 2.1. 체계적 문헌고찰의 예

이 연구는 1985년 1월부터 2012년 5월 사이에 학술지나 온라인상에 게재된 연구 중 성폭력가해자에 대한 초기예방 전략의 효과를 다룬 내용을 검토 대상에 포함하였다. 학술지 논문, 북 챕터, 정부나 다른 기관의 보고서도 포함하였다. 출판되지 않은 원고나 학회 발표자료, 학위논문등도 찾아보았다. 이 리뷰의 목적이 성폭력가해자에 대한 초기예방 관련 실증연구를 요약하는 것이기 때문에 2차나 3차 예방전략(예를 들어, 치료나 재범 예방), 희생자의 예방에 초점을 둔 전략(예를 들어, 위험 요소 감소), 또는 병리적 원인과 관련한 연구는 포함하지 않았다. 연구가 중복 계산되지 않도록 성폭력예방을 위한 개입을 다룬 기존의 리뷰나 메타분석 연구는 제외하였다.

자료: DeGue et al.(2014).

서술적 문헌고찰

서술적 문헌고찰은 체계적 문헌고찰과 해석학적 현상학적 문헌고찰 사이에 놓인다. 인문학과 교육학 연구에서 가장 일반적인 문헌고찰 방식이며(Jesson et al., 2011) 이 책에서 중심적으로 다루는 내용이기도 하다. 서술적 문헌고찰은 다양한 학문 분야에서 나온 양적, 질적, 혼합 연구 그리고 이론적 연구를 모두 검토 대상에 포함한다. 특정 주제와 관련된 최신의 지식을 모아서 이 주제를 이해하기 위한 종합적인 배경을 제시한다. 이론을 요약하고, 연구들을 살펴보며, 기존 연구에서 사용된 방법론을 비판적으로 검토한다. 모아진 방대한 문헌을 주요 테마와 동향, 이슈 등을 중심으로 논리 정연하게 재구성하고 해석한다(Jession et al., 2011). 향후 가능한 연구 방향이나 추가적 탐색이 필요한 문제 또는 실행 전략을 제시할 수도 있다.

서술적 문헌고찰은 보통 연구 문제나 논의 중인 문제를 언급하면서 시작한다. 연구 문제는 처음에는 넓게 언급되었다가 문헌고찰의 진행 과정에서 발전되거나 더 명료하게 정의될 수 있다. 때로 구체적인 결론을 도출하지 않은 채 현재까지의 지식에 대한 체계적 이해를 제공하며 문헌고찰을 마무리하기도 한다. 그리고 이러한 이해를 바탕으로 구체적인 연구 질문을 만들고 새로운 연구를 진행하기도 한다.

관련된 모든 문헌을 다 찾아볼 수는 없겠지만 문헌고찰을 위해 방대한 자료가 검토된다. 서술적 문헌고찰에서는 보통 검색 방법과 선정 기준 그리고 자료 분석 전략이 주어지지 않는다. 체계적이고 과학적 접근을 선호하는 사람들은 이 점을 문제 삼는다. 이들은 서술적 문헌고찰이 주관적이며 편견이 포함된 주장을 한다고 비난한다(Jesson et al., 2011; Whittemore & Knafl, 2005).

반면, 서술적 문헌고찰만의 다원성은 장점이 될 수 있다. 다양한 연구 접근법으로 쓰인 여러 학문 분야의 연구들을 취합하고 이론적 논문과 실증연구를 섞는 것이 허용된다. 그 결과, 주제와 관련된 이해의 폭을 넓힐 수 있다.

상자 2.2는 서술적 문헌고찰의 예다.

🌑 상자 2.2. 서술적 문헌고찰의 예

많은 교육 및 학술기관에서 교수자 개발에 대한 관심이 높아지고 있다. 멘토링은 이러한 목적 달성에 중요한 도구 중 하나다. 이에 따라 멘토링 관련 연구와 기관에서의 공식적 멘토링 프로그램 실행이 증가하였다(Wanberg, Welsh, & Hezlett, 2003). Efron, Winter, 그리고 Bressman의 2013년 연구는 멘토와 멘티가 성공적으로 관계를 형성하는 데 중요한 4가지 요소(협력, 대화, 민감한 피드백, 신뢰와 수용)를 강조했다.

이 논문의 2장인 문헌고찰에서는 멘토링과 관련된 양적, 질적 연구와 이론적 문헌을 살펴본다. 리뷰를 위해서 미국 내 유아 및 초등 그리고 중등교육기관에서의 멘토링 프로그램의 발전과정; 멘토링을 다룬 연구들; 멘토와 멘티의 관계; 멘토링에 영향을 미치는 문화와 인종, 젠더의 영향을 검토한다. 이를 위해 대인관계, 성인교육, 성인의 전문성 발달, 교육행정, 조직 연구 등 다양한 학문 분야에서 나온 연구를 살펴보았다.

자료: Alexandra(대학원생).

해석학적 현상학적 문헌고찰

해석학적 현상학적 문헌고찰은 텍스트의 의미를 탐색하고 학문자료를 해석하는 방법이며, 해석학적 현상학적 철학을 바탕으로 한다(Boell & Cecez-Kecmanovic, 2010, 2014). 이러한 관점에서 문헌이란 권위적인 진실의 재현이라기보다 "대화의 파트너"(Van Manen, 1990, p. 76)가 될 기회를 제공하는 것으로 인식된다. 이는 학자와 사상가 사이의 대화이며, 문헌고찰을 하는 연구자는 이 대화에 참여해서 질문을 던지고 문제시되는 가정들을 지적한다. 스미스와 스펜스(Smythe and Spence, 2012)에 따르면 문헌고찰의 목적은 연구자와 독자들의 생각을 환기시키는 것이다. 텍스트를 "참신하게 보고"(p. 14) 새로운 의미를 발견하는 게 목표다. 해석학적 현상학적 문헌고찰을 하는 연구자는 객관적(또는 중립적)으로 텍스트를 보기란 어렵다는 걸 인식하고 자신의 경험이나 사회·문화적 배경이 텍스트 해석에 반영됨을 인정한다.

문헌고찰의 자료는 대부분 이론적, 철학적 텍스트와 질적 연구이며, 이 밖에도 예술이나 시, 미디어 자료 등이 포함된다. 해석학적 현상학적 문헌고찰은 선형적 과정이 아닌 순환과 반복되는 과정을 거친다. 연구자는 넓고 일반적인 질문을 던지며 문헌고찰을 시작한다. 그 다음에는 관련 문헌을 찾아서 몰입한다. 그 결과 주제와 관련된 새로운 의미를 찾게 되고 이를 바탕으로 원래의 질문이 수정된다. 텍스트와의 지속적 대화는 새로운 자료가 대화에 포함되면서 계속 확장된다(Boell & Cecez-Kecmanovic, 2010, 2014). 따라서 자료 검색은 문헌을 읽는 것과 발맞춰 가며 연구자가 포화지점에 이르렀다고 느낄 때까지 지속된다. 이러한 문헌고찰 과정을 해석학적 현상학적 연구자들은 해석학적 순환(hermeneutic circle)이라고 하며, 이는 개별 자료와 전체 자료 사이에, 여러 저자들 사이에, 그리고 독자와 독자가 읽는 텍스트 사이에 이해가 합쳐지는 걸 의미한다(Gadamer, 1982).

상자 2.3은 사회과학자 한나 아렌트의 주요 저작에 관한 해석학적 현상학적 문헌고찰의 일부다.

본 연구에서는 한나 아렌트의 저작을 살펴보기 위해 해석학적 전통을 따랐다. 해석학에서는 상호주관적 관계를 통해 이해가 발생한다고 보며, 이는 여러 목소리가 "서로 마주보며 행동하고 이야기 나누는"(Arendt, 1998/1958, p. 183) 속에서 연구자의 해석이 더 큰 대화의 일부분이 되는 것이다. 대화적 성격을 지닌 가다머(Gadamer, 1982)의 해석학적 접근을 이용해서, 아렌트의 작품을 현대 유럽 사상가의 맥락에서, 그리고 현대 철학자, 이론가, 교육과정 저자의 맥락에서 해석했고, 이로써 해석학적 순환을 만들었다. 가다머에 따르면 해석학적 순환에서는 다양한 배경을 지닌 사상가들의 관점들이 서로 간에, 그리고 연구자와의 대화에 참여하면서 "지평의 융합"이 만들어진다.

교육 실행과 관련된 이론이 한정적인 현 상황에서, 이 글은 아렌트의 저작을 해석함에 있어 교육학 영역에서의 연구자의 경험을 반영하고 이에 응답하기 때문에 실용적 해석학의 경향을 띤다. 해석학은 "이해를 가져올 뿐만 아니라 개인적 성장과 사회의 진보를 가져온다"(Slattery, 2006, p. 129). 본 문헌고찰의 목적은 해석학이 "여전히 이해가 필요한 것을 파악할 기초를 형성한다"는 본테코(Bontekoe, 1996, von Zweck, Paterson, & Pentland, 2008, p. 119 에서 재인용)의 제안을 따른다. 이글은 독자가 해석학적 순환에 참여하여 오늘날 교육 환경의 표준화와 책무성이라는 맥락에서 행위의 발현, 복수성(plurality), 사고의 무능함, 공공 영역에서의 판단과 도덕에 대한 아렌트의 관점을 탐색할 기회를 제공한다.

자료: Efron(2015).

체계적, 서술적, 해석학적 현상학적 문헌고찰 비교

표 2.2는 세 종류의 문헌고찰 방식을 기본적 설명, 목적, 연구자의 질문, 저자의 역할, 선호하는 자료, 검색과 자료 선택 방법에 따라 비교해 놓은 표다.

이 외에도 문헌고찰을 하는 방식에는 메타분석(meta-analysis), 빠른 문헌고찰(rapid review), 프로젝트의 범위를 정하기 위한 목적의 주제범위 문헌고찰(scoping review), 최신 연구 고찰(state-of-the-art review), 비판적 해석 통합(critical interpretation synthesis), 메타통합(meta-synthesis) 등이 있다. 이에 대한 간단한 설명과 예는 부록 2A에 실어두었다.

쿠퍼의 문헌고찰 분류 체계

앞서 설명한 문헌고찰 접근법들이 목적이나 방법이 서로 달라 혼란스러운가? 그렇다면 각 접근법을 검토한 뒤 자신만의 방법을 찾는 것을 제안한다. 문헌고찰을 하려는 목적이 무엇인지, 어떤 결과를 얻고자 하는지 생각해 본다. 이때 쿠퍼(Cooper, 1998)의 **문헌고찰 분류 체계**(taxonomy of literature review)

표 2.2. 체계적, 서술적, 해석학적 현상학적 문헌고찰 비교

	체계적	서술적	해석학적 현상학적
기본 설명	• 과학적, 매우 구조적, 계획적 • 중립적, 엄격, 반복 가능	• 다양한 학술 분야 검토 • 다양한 연구 방법 포함	• 텍스트의 의미를 창의적으로 탐색 • 사상가와 연구자들, 그리고 문헌고찰 저자 사이의 대화
목적	• 자료 검색 전에 미리 구체적 연구 질문을 정하고 답을 구함. • 개별 연구에서 나온 실증적 증거를 평가하고 종합해서 가설을 검증	• 주제에 대한 포괄적인 배경을 제공 • 기존 연구에서 사용된 이론, 연구 방법 등을 비판적으로 요약 • 앞으로 진행할 연구의 필요성 제시	• 연구자와 독자의 생각을 환기시킴. • 텍스트를 참신하게 보고 새로운 의미를 발견
문헌고찰 질문	• 연구 진행 전에 질문 구성 • 인과관계에 대한 이론과 가설을 검증하는 데 초점	• 질문은 리뷰 과정에서 발전되고 재구성됨. • 넓은 질문에서 시작	• 연구자가 자료에 몰입하면서 질문이 수정되고 초점이 변화됨. • 주로 개념적이거나 철학적인 넓은 질문에서 시작
저자의 역할	• 편견과 실수를 최소화하기 위해서 중립적이고 객관적이어야 함.	• 저자의 객관적 입장을 전제로 하지 않음. • 때로 문헌검색과 선택의 기준이 제공되지 않아서 편견이 들어갔다는 비판을 받음.	• 저자가 텍스트에 관여할 때 객관적이지 않음을 인식 • 저자의 개인적 경험이 텍스트의 의미에 투사됨을 인정
선호하는 자료	• 일부 질적 연구가 포함되기도 하지만 대부분이 양적 연구와 통계 자료	• 이론적 문헌과 실증연구 모두 포함	• 대부분 이론적, 철학적 텍스트와 질적 연구; 예술이나 시, 미디어 자료를 포함하기도 함.
검색	• 명확한 지침에 따른 포괄적이고 종합적인 검색	• 방대한 검색을 하지만 관련된 모든 문헌을 찾으려 하지는 않음. • 검색 기준을 기술하지 않을 때가 많음.	• 자료 검색은 선형적 과정이 아니라 순환적이고 반복적
선택	• 미리 문헌고찰에 포함하거나 제외할 기준을 결정하고 개별 연구 결과의 타당도와 신뢰도를 평가	• 문헌고찰에 포함하는 자료의 기준을 명확히 제시하지 않음.	• 문헌고찰에 포함하는 자료의 기준을 제시하지 않음. • 저자들 간의 "대화"에 기여할 수 있는가를 바탕으로 포함할 자료를 선정

를 활용하면 도움이 된다.

쿠퍼는 문헌고찰의 종류를 나누는 6개의 특성을 소개했다. 이 특성은 (1) 문헌고찰의 **초점**, (2) 문헌고찰의 **목적**, (3) 연구자의 **관점**, (4) 예상하는 문헌고찰의 **범위**, (5) 글의 **구성**, (6) 예상하는 **독자**다. 이 특성은 다시 하위 범주들로 나뉜다. 이 장에서는 각각의 특성을 간략히 살펴본 뒤, 문헌고찰을 계획할 때 스스로에게 물어볼 만한 질문으로 마무리한다. 아래의 내용은 쿠퍼(Cooper, 1998)뿐만 아니라 그의 분류 체계를 더 확장시킨 랜돌프(Randolph, 2009)의 설명을 모두 참고하여 기술하였다.

초점

쿠퍼(Cooper, 1998)의 설명에 따르면, 사회과학이나 정책, 교육 등에서 행해지는 대부분의 문헌고찰은 아래의 네 범주 중 하나 또는 그 이상에 초점을 둔다.

1. **연구 결과**: 주로 문헌들의 결과 또는 거기에서 도출된 결론을 살펴본다. 이를 바탕으로 주제와 관련된 새로운 연구의 필요성을 밝힌다. 예를 들어, 나이지리아에서 온 대학원생 알리는 물 부족 현상이 건강과 농업, 경제에 미치는 영향, 그리고 수자원 확보를 둘러싼 국가 간 공격적 행동에 관한 문헌고찰을 하였다. 그 결과를 바탕으로 비슷한 상황을 극복했던 다른 국가들에서 시행한 프로젝트를 살펴보는 연구를 제안하였다.

2. **연구 방법**: 문헌들에서 사용된 자료 수집 방법과 분석 및 해석 방법, 그리고 선택한 방법론의 장단점을 살펴본다. 선행 연구들이 방법론상으로 부족한 부분이 있다든지, 더 확장해서 살펴볼 여지가 있음을 밝혀서 연구자가 앞으로 진행할 연구의 필요성을 정당화시킨다. 예를 들어, 경찰과 소수집단 사이의 무력충돌을 줄이는 방안을 연구 중이던 호세는 대부분의 선행 연구가 통계 자료를 사용했음을 발견하였다. 호세는 경찰과 젊은이들이 함께 모여 그들이 서로의 관계를 어떻게 보고 있는지, 이를 향상시킬 수 있는 방안은 무엇인지에 대해 열린 토론을 진행한 연구가 없다고 생각했다. 그래서 이 민감한 주제를 놓고 여러 차례 포커스 그룹을 진행하기로 결정했다.

3️⃣ **연구 이론**: 자신이 연구하려는 주제의 틀을 마련한 기존 이론들을 강조하고 이들 사이의 관련성을 살펴본다. 그러다 보면 새로운 이론의 제안, 또는 자신의 연구에 적용하려는 특정 이론의 선택을 정당화하는 방향으로 논의가 이어질 수 있다. 예를 들어, 박물관 교육자인 폴은 박물관에서 참여자에게 제공했던 교육 프로그램의 영향을 연구하고자 했다. 폴은 그리스 철학자에서부터 포스트모던 관점에 이르기까지 시간의 흐름에 따라 미에 대한 인식이 어떻게 변해갔는지를 탐구하였다.

4️⃣ **연구 실행과 적용**: 특정 이론이 실행에 어떻게 적용되는지, 혹은 특정 개입이 특정 장소에서 어떻게 진행되는지를 살펴본다. 예를 들어, 폴은 미학에 대한 문헌고찰에서 얻어진 지식을 가지고 대학생을 위한 예술 감상 프로그램을 설계하였다. 그리고 이 프로그램이 참여자 삶에서 예술의 역할에 대한 인식에 어떠한 영향을 주었는지를 평가하였다.

쿠퍼(Cooper, 1998)는 네 개의 초점이 상호배타적이지 않으며, 대부분의 연구자는 문헌고찰에 두 개나 그 이상의 초점을 적용한다고 보았다. 예를 들어, 이론을 살펴보는 것에서 시작하여, 이 이론을 검증하는 실증연구들을 살펴보고, 마지막으로 이 이론의 시사점과 결론을 통해 자신의 연구 설계를 뒷받침하면서 문헌고찰을 마무리할 수 있다.

목적

문헌고찰의 목적은 무엇이며 연구자는 이를 통해 무엇을 얻고자 할까? 가장 일반적으로는 연구 주제에 대한 최신의 지식을 전체적으로 보여주는 것이다. 이 목적을 달성하기 위해서 과거부터 지금까지의 문헌을 종합하고 다양한 이론적 접근과 관련 연구를 강조한다.

문헌고찰을 하는 또 다른 목적은 비판적 렌즈를 사용해서 특정 주제에 대한 선행 연구나 이론을 분석하고 평가하는 것이다. 연구자는 현재의 주장이나 관점 또는 과거에 연구가 행해진 방식의 결함을 언급하고 자신의 연구에서 사용하려는 대안적 접근을 제안한다.

이 두 가지 목적은 서로 보완적이다. 예를 들어, 연구 주제와 관련하여 해당 분야에서 진행된 연구들을 종합한 후 특정 부분을 비판하거나 문제가 되는 사안을 밝히고 자신의 연구에서 이 문제를 다룰 수 있다.

관점

관점은 분류 체계의 세 번째 특징이다. 이는 연구에 대한 연구자의 접근, 주관적 경향, 편견 등과 관련이 있다. 문헌고찰을 하면서 다음의 사항을 고려해 본다: (1) 자신의 역할이 문헌을 객관적이고 중립적으로 기술하는 것이라고 보는가, 또는 자신을 학자 간 대화의 주관적 참여자라고 보는가? (2) 다른 사람에 의해 구성된 지식을 비판적으로 받아들이는가, 또는 창의적 해석자로서 문헌에 대한 개인적 통찰을 공유하는가? 예를 들어, 페미니즘에 대해 쓸 때 다양한 관점을 지닌 저자들이 페미니즘을 어떻게 정의하는지를 객관적으로 보여주는가, 또는 자신이 기술하는 여러 이론에 대한 개인적 성찰을 제시하는가?

연구자의 관점은 양적, 질적, 또는 혼합 연구 접근 중 선호하는 방식의 영향을 받기도 한다. 앞서 보았듯, 각각의 접근법은 연구의 목적과 연구자의 역할에 대한 나름의 세계관을 반영한다. 양적 연구자는 편견을 피하기 위해 주제와 거리를 두고 객관적인 입장을 유지하는 반면, 질적 연구자는 탐구 주제에 몰입하고 자신의 주관성과 편견을 인식한다. 혼합 연구자는 특정 연구 질문에 따라 객관적 혹은 주관적 입장을 수용한다.

스스로에게 다음의 질문을 던져보자: 연구자로서, 그리고 리뷰를 하는 입장에서 자신의 역할을 어떻게 보는가? 앞에서 설명한 연구 접근법 중 어느 것이 자신과 가장 맞는다고 생각하는가? 문헌고찰을 하려면 자신의 경향을 명확히 인식해야 한다. 맥스웰(Maxwell, 2013)의 표현대로, 본인의 관점이나 신념과 맞지 않는 연구 관점을 취하는 것은 맞지 않는 옷을 입고 육체적으로 힘든 일을 하면서 내내 불편함을 느끼는 것과 같다.

범위

분류 체계의 그다음 특징은 문헌고찰의 범위와 정도다. 부트와 베일리(Boote & Beile, 2005)는 어떤 것을 포함하고 어떤 것을 제외할지를 결정하는 것이 "아마도 문헌고찰에서 가장 두드러진 특징"(p. 7)이라고 하였다. 쿠퍼(Cooper, 1998)는 가능한 범위를 네 개로 구별하여 설명한다.

1️⃣ **철저한 리뷰**: 주제와 관련된 모든 자료를 고려한다.

2️⃣ **선택적 자료에 대한 철저한 리뷰**: 기준을 정의 내리고(예를 들어 나이대, 장소, 연구 방법.) 여기에 맞게 문헌고찰의 범위를 정한다.

3️⃣ **대표적 리뷰**: 특정 영역에서 대표적이거나 전형적인 자료들을 선택한다. 그 자료가 어떤 면에서 다른 자료들의 예시가 되는지를 증명함으로써 연구자의 선택이 합리적임을 보여준다.

4️⃣ **중심적 리뷰**: 주제의 이해에 핵심적인 주요 연구물에 초점을 맞춰 리뷰를 진행한다.

1, 2번은 보통 체계적 문헌고찰이나 메타분석과 같이 과학적 – 양적 틀을 선호하는 연구자가 선호하는 방식이다. 3, 4번은 보통 서술적 또는 해석학적 현상학적 문헌고찰의 연구자가 선호한다. 부트와 베일리(Boote and Beile, 2005)는 어떠한 선택을 하든, 범위의 선택이 신중하고 사려 깊게, 그리고 목적에 맞게 이루어졌음을 독자들에게 합리적으로 인식시켜야 한다고 제안한다.

구성

다섯 번째 특징은 문헌고찰의 구성이다. 만일 연구자가 **역사적 구성방식**을 선택한다면 보통 역사적 맥락 안에서 문헌을 분석한다. 특정 아이디어나 정책 또는 방법론이 만들어진 역사적 맥락 안에서 이들을 설명하고 그 시사점을 평가한다. 이러한 형태의 리뷰는 주로 연대기적으로 작성된다. **이론적 구성방식**을 사용할 경우, 기존 이론들에 초점을 맞추거나 특정 현상과 관련된 새로운 이론을 개념화해서 제안한다. 이러한 형태의 리뷰는 기존 이론의 타당도나 일관성, 범위를 비교하고 그 장단점에 대한 평가를 제공한다. 마지막으로 **방법론적** 구성방식을 사용할 수 있다. 이러한 형태의 리뷰에서는 특정 주제 영역에서 행해진 실증연구의 설계 방법과 연구 과정, 그리고 결과에 초점을 맞춘다.

앞서 설명한 것과 같이 연구자의 필요에 따라 여러 구성방식을 합칠 수 있다. 예를 들어, 미국 사회에 성공적으로 합류한 이민자들을 주제로 문헌고찰을 할 경우, 먼저 19세기 중반 이후 이민자들에 대한 정부 기관의 태도를 역사적으로 개관해 본다. 다음으로, 다양한 이민 정책의 근간이 되는 이론들에 초점을 맞춘다. 마지막으로, 이러한 주제를 다룬 연구들에서 사용된 방법론을 비교하며 문헌고찰을 마무리할 수 있다.

독자

분류 체계의 마지막 특징은 독자가 누구인가에 대한 것이다. 만일 학위논문을 쓴다면 지도교수나 논문 심사위원의 기대나 지침을 고려해야 한다. 연구비 제안서의 일부로 문헌고찰을 한다면 제안서 평가 기준을 잘 알고 있어야 한다. 학회지에 투고할 논문을 준비한다면 해당 학회지의 투고 지침을 잘 따라야 한다. 추가적으로, 현장 전문가나 정책입안자, 일반 대중, 직장 동료, 또는 학문 공동체의 동료들이 독자가 될 수 있다.

문헌고찰에서 초점이나 목적, 관점, 범위, 구성, 그리고 독자를 고려하는 것은 중요하다. 그러나 상상력의 발휘를 잊으면 안 된다. 루켄척(Lukenchuk, 2013)은 모든 연구에 있어 상상력의 역할과 가치를 강조했다. 상상력이야말로 "이미 알려진, 그리고 미지의 영역으로 들어가는 관문이며, 생각을 불러일으키는 신비한 불꽃이고, 대담한 프로젝트를 추진하게 하는 욕망이다. 상상력은 특정 방식으로 연구를 수행해야 한다는 규범과 기준의 제약으로부터 우리를 자유롭게 한다"(p. 85). 하트(Hart, 1998)의 다음 글은 문헌고찰에서 상상력을 어떻게 발휘할지를 말해 준다.

주제에 대해 넓은 관점을 지니고, 어떻게 또는 어디서 시작됐는지와 관계없이 다양한 생각에 열린 태도를 보인다; 누가 제안했는지와 관계없이 아이디어와 방법들, 그리고 논쟁에 대해 질문하고 면밀히 검토한다; 다양한 생각들을 서로 연결할 수 있는지 살펴보기 위해 이리저리 시도해 보고 생각이 이끄는 대로 따라가 본다(p. 30).

표 2.3. 문헌고찰의 종류를 설명하는 쿠퍼의 분류 체계

특징	범주	스스로 질문해 볼 내용
문헌고찰의 초점	·연구 결과 ·연구 방법 ·연구 이론 ·연구의 실행과 적용	·문헌고찰의 초점은 무엇인가? ·초점은 하나 이상인가? 만일 그렇다면 무엇 무엇인가? 이들을 어떠한 순서로 논의할 것인가?
문헌고찰의 목적	·주제와 관련된 지식을 전반적으로 보여줌. ·비판적 렌즈 적용	·문헌고찰의 목적은 무엇인가? ·이 복석을 어떻게 날성할 것인가? ·여러 개의 목적이 있다면, 이들이 서로 어떻게 연결되는가?

연구와 문헌고찰에 대한 관점	·문헌고찰의 연구자는 어떤 역할을 하는가?	·연구자로서 자신의 역할을 어떻게 보는가?
		  ▷ 중립적, 객관적 전달자
		  ▷ 대화의 주관적 참여자
		  ▷ 비판적 평가자
		  ▷ 창의적 해석자
		  ▷ 기타?
		·왜 그런 선택을 하였는가?
		·자신의 관점에 적합한 연구 접근은 무엇인가? 왜 그러한가?

문헌고찰의 범위	·철저함. ·선택적 자료에 대한 철저함. ·대표적 ·중심적	·어떠한 범위를 선호하는가? ·그 이유는 무엇인가?

글의 구성	·역사적
	·이론적
	·방법론적
		·문헌고찰을 어떻게 구성하고자 하는가?
		  ▷ 역사적으로?
		  ▷ 이론적으로?
		  ▷ 방법론적으로?
		  ▷ 기타?

예상하는 독자	·지도교수나 논문 심사위원 ·연구비 지원서 심사위원 ·출판사 담당자 ·현장 전문가 ·정책입안자 ·직장 동료 ·학문 공동체 ·일반 독자	·문헌고찰의 주요 독자는 누구인가? ·해당 독자층은 문헌고찰을 작성하는 방식에 어떠한 영향을 미치는가?

참고: 쿠퍼(Cooper, 1988, p. 109)와 랜돌프(Randolph, 2009, p. 3)를 바탕으로 구성

2장의 요약

1. 가장 일반적인 세 가지 연구 접근은 양적, 질적, 혼합 방법이다.

2. 양적 연구자는 지식을 객관적이고 보편적이며 축적되는 것으로 보며, 가치중립적인 측정과 검증을 통해 나온 관찰 가능한 증거를 중시한다. 과학적 실험 방법이나 측정, 통계를 사용한다.

3. 질적 연구자는 지식이란 사람들이 자신의 실재에 부여한 주관적 의미를 바탕으로 사회적으로 구성된다고 본다. 이들은 자신의 연구에 깊게 관여하며 관찰이나 심층 인터뷰, 문헌 등을 분석한다. 연구 결과를 풍부하고 세부적인 글로 제시한다.

4. 혼합 연구자는 양적 그리고 질적 연구의 서로 다른 신념을 모두 인정하고 연구의 중심 질문에 따라 과정과 기법을 선택한다.

5. 문헌고찰에는 체계적, 서술적, 해석적 현상학적인 세 종류가 있다.

6. 체계적 문헌고찰은 잘 구조화된 지침에 따라 과학적인 접근으로 문헌을 검토한다. 연구 질문은 자료 검색 전에 작성하며, 미리 결정해 둔 기준에 따라 자료를 선택한다.

7. 서술적 문헌고찰은 다양한 학문 분야에서 여러 연구 방법에 의해 쓰인 자료를 다룬다. 초기에 넓게 작성된 중심 질문은 자료를 해석하면서 점차 발전된다. 연구자는 주요 아이디어나 경향, 복잡성, 논쟁이 되는 부분 등을 살펴본다.

8. 해석학적 현상학적 문헌고찰은 텍스트의 의미를 해석하여 새로운 눈으로 보고 생각을 환기시키는 데에 초점을 둔다. 연구자는 자신의 위치와 주관성이 해석에 영향을 미침을 인정한다. 처음에는 넓은 연구 질문으로 시작하며 자료를 읽어가면서 새로운 의미가 발견되고 질문이 발전되어 간다.

9. 쿠퍼는 다양한 문헌고찰의 종류를 나누는 여섯 개의 특징을 제시했다. 이는 (1) 문헌고찰의 초점, (2) 문헌고찰의 목적, (3) 연구자의 관점, (4) 문헌고찰의 범위, (5) 글의 구성, (6) 예상하는 독자다.

부록 2A

2장에서는 문헌고찰의 주된 세 가지 접근을 제시하고 이를 연장선 위에서 설명했다. 연장선의 한쪽 끝은 과학적-체계적 접근, 다른 한쪽 끝은 해석적-질적 접근, 그 중간이 실용적-혼합적 접근이다. 부록 2A에서는 이 연장선 위에 있는 여섯 개의 문헌고찰 예시를 추가로 소개한다. 과학적-체계적 접근의 예로는 메타분석과 빠른 문헌고찰; 실용적-혼합적 접근의 예로는 개념적 문헌고찰과 종합적 문헌고찰; 해석적-질적 접근의 예로는 메타통합과 비판적 해석적 통합 고찰이다.

과학적-체계적 문헌고찰 접근의 예

메타분석

메타분석(Meta-Analysis)은 많은 양의 개별적인 양적 연구 결과를 통계적으로 합산해서 결론을 도출하고 연구된 변인들 간의 인과관계 패턴을 알아보는 체계적인 문헌고찰 방법이다. 동일한 질문을 다룬 연구들을 합치기 때문에 샘플 크기가 커지고 이로써 더 확실하게 인과관계가 결론 내려진다. 개별 연구의 질을 검토하는 엄격한 기준을 따르며, 표준화된 통계 절차를 사용해서 연구 결과를 분석한다. 이로써 문헌고찰 결과의 타당도와 신뢰도를 향상시키고, 정확성을 높이며, 무작위 오류를 줄인다.(메타분석의 예는 Card, 2011; Cooper, 2010; Cooper, Hedges, & Valentine, 2009; Makambi, 2012; Ringquist, 2013 참고). 상자 2A.1은 아이와 부모 간의 애착과 또래관계를 주제로 한 연구에 사용된 메타분석의 예다.

상자 2A.1. 메타분석의 예

2001년에 실시했던 메타분석과 비슷한 샘플을 만들기 위해, 동일한 키워드를 사용하여 PSYINFO, PUBMED, ProQuest Dissertations 세 개의 데이터베이스를 검색하였다. 또한 학술지논문의 참고문헌을 검토하고 해당 분야 연구자와 연락을 취하였다. 검색 결과 1999년에서 2012년 사이의 연구들이 포함되었다. 리뷰에 포함하거나 제외하는 기준은 2001년 메타분석 때와 동일하게 다음과 같이 적용했다: 원본 자료, 자기 보고 이외에 부모 애착 측정치, 아이가 18세가 되기 전에 수집된 자료, 자기 보고 이외에 아이의 또래관계에 대한 양적 측정치, 애착과 또래관계에 대한 특징 평가, 안정이나 불안정, 또는 그 중간정도 애착에 대한 자료, 영어 혹은 연구팀이 이해할 수 있는 언어로 쓰인 자료(불어, 이탈리아어, 스페인어)다. 이러한 기준을 통해 총 8,505명의 참여자를 포함하는 44개의 연구가 최종 리뷰대상이 되었다. 각각의 연구는 다음에 따라 코드화하였다: a) 애착 측정(예. 낯선 환경, Q분류);   b) 애착 대상(예. 아버지, 어머니); c) 또래관계 양상(예. 또래에 적대적, 우정, 친사회적);   d) 또래관계에 대한 정보원(관찰, 또래 보고, 교사 보고); e) 친근함의 정도(또래 혹은 친구); f) 아이의 성별; g) 애착 측정 시의 평균 나이; h) 또래관계 측정 시의 평균 나이; i) 애착과 또래관계 측정까지의 기간; j) 참여자 특징(예. 비전형적 행동 진단, 낮은 사회경제적 지위, 부모의 이혼); k) 국적; l) 연구물 발행일; m) 연구물의 종류(예. 학술지논문, 학위논문, 책)다. 코딩과 포함/제외 기준의 적용은 제2저자와 공동으로 검토하였으며, 제1저자와 제2저자 간 일치도는 94%였다.

자료: Pallini, Baiocco, Schneider, Madigan, and Atkinson(2014).

빠른 문헌고찰

빠른 문헌고찰(Rapid Reveiw)은 정책이나 교육적 의사결정 과정, 또는 긴급한 건강실천 선택 등을 지지하기 위해서 증거를 통합하는 것이다. 체계적 문헌고찰과 비교할 때 빠른 문헌고찰은 리뷰 프로세스를 간소화해서 단시간 내에 진행된다. 주제와 관련된 모든 자료를 검색하거나 엄격한 검토 방법을 따르지 않으며, 주로 양적 연구 그리고 주제와 관련된 대규모의 연구를 요약해 놓은 자료를 검색하고 비판적으로 검토한다. 빠른 문헌고찰을 바탕으로 이후에 보다 확장된 체계적 문헌고찰을 진행할 수도 있다(Ganann, Ciliska, & Thomas, 2010)(빠른 리뷰의 예는 Ganann et al., 2010; Harker & Kleijnen, 2012 참고). 상자 2A.2는 그리스 연구 개발 시스템에 대한 빠른 문헌고찰의 예다.

이 문서는 그리스 연구 개발(R&D) 시스템에 대한 빠른 문헌고찰의 결과를 간략하게 정리하여 제시한다. 지난 2011년 3월, 교육과 평생학습, 그리고 종교 관련 정부부처(이하 교육부)는 넓은 전략적 맥락에서 연구를 혁신하고 향상시키기 위한 적절한 대안을 살펴보기 위하여 그리스의 연구 시스템 리뷰를 요청하였다. 다가오는 정책 결정에 반영하기 위해, 리뷰는 네 달에 걸쳐(2011년 4월~7월) 신속하게 진행되었다. 기간에 맞추기 위해서 리뷰의 초점은 연구와 기술 분야 총 서기관의 원조하에 국가 지원을 받는 연구 센터들(RCs)에 맞춰졌다.

자료: Grant, Ling, Potoglou, and Culley(2011, p. 1).

실용적-혼합적 문헌고찰 접근의 예

개념적 문헌고찰

개념적 문헌고찰(Conceptual Review)의 목적은 관심 주제와 관련된 개념적 틀을 제시하는 것이다. 주제와 관련된 문헌을 모은 뒤 그 안에 포함된 개념들을 밝히고 분석한다. 예를 들어, 해당 주제가 문헌 안에서 어떻게 개념화되었는지, 이러한 개념이 실증연구에서 어떻게 반영되고 있는지, 시사점은 무엇인지를 비판적으로 논의한다. 때로 개념도를 그리고 대표저자들을 강조하기도 한다. 리뷰의 구성은 대부분 개념적 영역에 따라 결정된다. 주도적인 이론, 또는 주제를 개념화하는 경쟁 모델들을 바탕으로 리뷰를 구성할 수도 있다(개념적 문헌고찰의 예는 Jarret & Ollendick, 2008; Rocco & Plakjotnik, 2009 참고). 상자 2A.3은 인적자본이론에 대한 개념적 리뷰의 예다.

이 아티클의 목적은 두 가지다. 첫 번째 목적은 인적자본이론(HCT: Human Capital Theory)이 무엇이며 어디에서 시작되었는지에 대한 명확한 이해를 제공하는 것이다. 이를 위해 이 이론에 지적인 토대를 제공한 철학적 사조들에 대해 논의할 것이다. 교육에서의 인적자본이론의 역할을 이해하기 위해서 인간에 대한 기본 가정의 지적 전통을 검토해 볼 필요가 있다. 두 번째 목적은 인적자본이론과 그 영향에 대한 넓은 이해를 원하는 사람들을 위해서 종합적이고 이해하기 쉬운 지침을 제공하는 것이다. 이 하나의 아티클 안에서 인적자본이론에 대한 주요 비판과 서로 다른 영역들을 모두 검토할 기회를 독자에게 제공하고자 한다.

자료: Tan(2014, p. 411).

종합적 문헌고찰

종합적 문헌고찰(Integrative Review)에서는 관심 있는 주제의 주요 내용을 신중히 검토하고 이를 기본적인 요소로 나눠서 살펴보면서 기존 문헌에 대한 비판적 분석을 한다. 보통 다양한 실증연구가 진행되어 있는 잘 발전된 주제 혹은 새롭게 떠오르는 주제를 다룬다. 잘 발전된 주제의 경우, 대표적인 문헌들을 비판하고 통합해서 그 결과로 현상에 대한 새로운 이해를 도출한다. 반면에 새롭게 떠오르는 주제를 다룰 경우, 해당 주제에 대한 새로운 모델이나 관점과 같은 예비적 개념화를 결과로 제시한다.

종합적 문헌고찰은 엄격하고 독특한 방법론이 장점이다. 세세한 검색 전략을 사용하고, 다양한 연구에서 자료를 모으며, 여러 방법론적 접근을 포함하고, 이론적 그리고 실증적 자료를 모두 결합한다(종합적 리뷰의 예는 Cooper, 1998; Torraco, 2005, Whitmore & Knafl, 2005 참고). 상자 2A.4는 종합적 문헌고찰의 예다.

◗ 상자 2A.4. 종합적 문헌고찰의 예

먼저, 연구자는 최근의 이론들을 바탕으로 의미구성에 대한 종합적 모델을 제시한다. 이 모델은 전반적 의미와 상황별 의미의 구성 요소를 구분 짓고, 또한 "의미구성 노력"과 "구성된 의미"를 구분 짓는다. 그리고 이러한 구성 요소의 하위 구성 요소를 자세히 보여준다. 본 리뷰는, 이 모델을 사용해서 스트레스사건 적응맥락에서의 의미에 대한 실증연구를 검토하고, 지금까지 밝혀진 내용들은 무엇인지 개략적으로 설명한 뒤, 현 실증연구들의 장점과 약점을 평가한다. 본 리뷰의 결과, 의미와 의미구성 이론이 빠르게 발전해 왔음을 알 수 있다. 그러나 실증연구들은 이러한 발전 속도를 따라가지 못했으며, 풍부하고 추상적인 이론과 그 실증적 검증 간에 중대한 간극이 발생하였다. 일부 의미구성 모델은 결과를 잘 지지하지만 그렇지 못한 모델도 있었다. 의미구성 노력과 구성된 의미의 질은 그 양만큼이나 중요한 것으로 나타났다. 이 리뷰는 향후 연구에 대한 구체적인 제안으로 마무리된다.

자료: Park(2010, p. 257).

해석적-질적 문헌고찰 접근의 예

메타통합 문헌고찰

메타통합 문헌고찰(Meta‐Synthesis Review)은 개별 질적 연구들의 결과를 해석해서 설명력 있는 이론이나 모델, 혹은 현상에 대한 새로운 개념화로 전환하는 것이다. 각기 다른 자료들이 서로 "이야기"를 하는 가운데 연구자는 다양한 연구들을 대비하고 대조하며 패턴을 밝히고 패턴 간 관련성을 알아낸다. 리뷰의 목적은 결론을 도출하는 것이라기보다는 잠정적인 이론이나 개념적 수준의 이해에 도달하는 것이다. 추가적으로, 문헌고찰의 초점은 개별 연구 결과의 질을 평가하는 것보다 현장에서의 의의를 탐색하는 데에 맞춰진다. 리뷰를 하는 연구자의 개인적 성찰이 권장된다(메타통합 문헌고찰의 예는 Barnett-Page & Thomas, 2009; Lockwood & Pearson, 2013; Silverman, 2015; Walsh & Downe, 2005 참고). 상자 2A.5는 메타통합 문헌고찰의 예다.

🌙 상자 2A.5. 메타통합 문헌고찰의 예

본 연구는 청소년들이 가출하는 현상과 그것이 정신 및 정서적 건강에 미치는 영향을 심층적으로 알아보기 위해서 메타통합 문헌고찰을 사용하였다. 이 방법은 엄격한 질적 방법으로 문헌을 통합하고 해석해서 더 확장된 이해를 구축하는 것이 목적이다(Erwin, Brotherson, & Summers, 2011). 질적 연구의 풍부한 심층 묘사는 텍스트의 맥락과 뉘앙스를 이해하는 데에 도움이 된다(Silverman, 2015). 질적 연구 결과를 사용하는 것은 "문화적으로 민감한 타당한 도구와 참여자 중심의 효과적인 개입을 개발"(Sandelowski & Barroso, 2007, p. 5)하는 데 필수적이다. 본 리뷰에서는 공통 테마나 은유, 문구 등을 통합해서(Noblit & Haren, 1988) 가출 청소년 되기의 의미를 구성하였다. 이를 통해 "개별 연구들의 결과를 바탕으로 더 실질적이고 새로운 통합적 해석을 형성"(Finfgeld, 2003, p. 894)하는 메타통합 문헌고찰의 목적을 달성하였다.

자료: Sara, 석사 과정.

비판적 해석적 통합 문헌고찰

비판적 해석적 통합 문헌고찰(Critical Interpretation Synthesis Review)은 질적 연구 전통에서 나왔고 이론을 생성하는 것이 주요 목적이다. 이론적 개념 연구에서부터 실증연구까지 양적, 질적, 혼합 연구에서 나온 모든 종류의 자료를 포함하며, 이를 질적 방법으로 분석하고 통합한다. 리뷰는 반복적이고 순환적인 과정이며, 그 과정에서 연구 질문이 드러나고 수정되어 간다. 연구자의 주관성은 어쩔 수 없는 것으로 받아들여지지만, 리뷰의 과정이 강조되고, 비판의 초점은 1차 자료에서 발견되는 과정상의 실수에 있다. 주로 문헌에서 발견되는 개념적인 유사점과 차이점을 분석하고, 문제를 정의할 때 당연시한 가정을 살펴보며, 제안된 해결책의 정치적, 사회적 문화적 영향을 검토한다(비판적 해석적 통합 리뷰의 예는 Barnett-Page & Thomas, 2009; Booth et al., 2016; Dixon-Woods et al., 2006; Gough, 2007; Silverman, 2015를 참고). 상자 2A.6은 비판적 해석적 통합 문헌고찰의 예다.

🌙 **상자 2A.6. 비판적 해석적 통합 문헌고찰의 예**

　　조셉 메이어-라이스의 1912년 보고서 이후(Alan, 1984), 학생들의 학습 경험과 학업 성취는 교사의 질과 연결되어진다. 오늘날, 책임과 표준화된 정책 환경 속에서 이러한 연결은 단지 교사라는 투입물과 시험결과라는 산출물의 측정으로 좁혀져 버렸다. 본 연구자는 도시의 극빈곤층에 위치한 초등학교에서 14년간 교장을 맡으면서 교사가 학생의 성취를 높이는 가장 중요한 요인이라는 신념이 흔들린 적이 없다. 연구자는 교육 시스템을 향상시키기 위한 학교 개혁 운동의 효과를 경험했고, 그것이 교사들의 전문적 정체성과 정서적 경험 그리고 몰입에 미치는 영향을 보아왔다.

　　이 비판적 해석적 통합 문헌고찰은 교육 개혁과, 그것이 교사의 실천, 교육관, 전문가적 정체성에 미치는 영향을 비판적으로 평가하고 통합하기 위한 것이다. 이 리뷰에서는 역사 속에서 교사의 이미지가 어떻게 인식되고 변화되어 왔는지를 간략히 살펴본다. 다음으로, 그러한 이미지에 미친 정치적, 사회적, 이념적 영향을 검토한다. 그 다음, 이러한 이미지가 교사들이 스스로의 전문가적 정체성을 인식하고 교실에서 기꺼이 변화의 주체가 되는 것과 관련된 시사점을 살펴본다. 교사의 관점에서 이와 같은 주제를 탐색한 질적 연구들도 분석하여 제시한다. 마지막으로, 타협이 어려운 긴장과 침묵, 그리고 오늘날 교육현장에서 벌어지는 비난 게임의 희생자가 되어가는 느낌에 대한 논의로 리뷰를 마무리한다.

　　　　　　　　　　　　　자료: 커리큘럼 전공 박사생인 Janice의 출판되지 않은 문헌고찰.

---

chapter 3

문헌고찰의 주제 선정과
연구 질문 작성

3장

문헌고찰의 주제 선정과
연구 질문 작성

　앞 장에서는 여러 종류의 문헌고찰 접근을 살펴보았다. 그런데 어떤 방법을 선택하든 문헌고찰의 주제를 정하고, 초점을 맞춰서 범위를 좁히고, 연구 질문을 명확히 하는 것이 선행되어야 한다. 주제와 연구 질문은 글을 쓰고 지식이 확장되면서 점차 수정될 수 있다. 주제의 복잡성을 이해하게 되면 보다 명료하고 간결한 질문을 만드는 데 도움이 된다. 비록 진행 과정에서 수정되더라도 문헌고찰을 효과적으로 진행하기 위해서는 처음부터 일반적인 주제를 정하고 연구 질문을 만드는 것이 바람직하다.

　이 장에서는 관심 분야를 정해서 연구 주제로 만드는 과정을 설명한다. 광범위한 주제를 좁히고, 더 많은 독자에게 도움이 되도록 만드는 전략을 알아본다. 다음으로, 연구 질문을 만들고 수정하는 과정을 살펴본다. 또한 양적 연구와 질적 연구 질문의 차이, 그리고 문헌고찰별(체계적, 서술적, 해석학적 현상학적) 연구 질문의 차이를 알아본다. 마지막에는 잘 쓴 문헌고찰 질문의 특징을 제시한다.

연구 초점 정하기

주제 선정

먼저 자신에게 흥미가 있는 주제들을 나열해 본다. 이 과정에서 중요한 건 유연성이다. 미리 한계를 정하거나 스스로에게 회의를 갖지 않는다. 그저 자연스럽게 떠오르는 생각을 따라가며 상상력을 이어나간다.

그런 다음에는 작성한 목록에서 더 끌리거나 실용적인 주제, 지적인 흥미를 주는 주제를 고려해 우선순위를 매기고 두 개나 세 개 이내로 좁힌다. 구글이나 위키피디아 또는 백과사전을 검색해서 주제에 대한 초보적인 정보를 얻는 것도 도움이 된다. 친구나 동료, 지도교수에게 피드백이나 조언을 요청해도 좋다.

무엇보다도 자신에게 흥미나 호기심, 열정을 불러일으키는 관심사를 선택하는 것이 중요하다. 그래야 동기부여가 되고 몰입해서 문헌고찰을 마무리할 수 있다. '시간이 부족하다', '다른 할 일이 있다'며 미루는 경향이나 다른 장애물의 극복도 쉬워진다. 따라서 가능하면 개인적·실용적·지적 관심을 고려해 주제를 선택한다(Booth, Colomb, & Williams, 2008; Maxwell, 2013).

개인적 관심은 일상생활에서 나오기도 하고 자신의 꿈이나 희망과 관련되기도 한다. 예를 들어, 심리학과 박사과정생인 멜린다의 경우를 보자. 멜린다는 우울장애를 앓는 아이의 엄마로, 이 병의 치료적 대안에 대해 알고 싶어서 박사과정을 시작했다. 논문을 써야 할 시기가 되자, 그녀는 어떤 주제로 연구와 문헌고찰을 할지 고민이 들었다. 이내 드는 생각은 바로 가족의 일상에서 큰 비중을 차지하는 아동기 우울이었다. 또한 몇 년간의 박사과정을 통해, 이 주제에 대한 지식이 부모와 심리학자, 사회복지사, 교육자 그리고 심리학 분야 전반에 기여할 가능성을 인식하게 되었다.

실용적 관심은 정책이나 프로그램, 실행상의 문제점이나 기회 같은 이슈에서 나온다. 예를 들어, 교육리더십을 전공하는 에릭은 교외에 위치한 부유한 공립중학교 교장이다. 그는 자신의 일을 사랑하며 교사나 부모, 학생들 그리고 학교의 이사들에게서 좋은 평가를 받는다. 하지만 윗선에서 일방적으로 내려오는 규칙이나 학생들에게 부여되는 표준화된 시험이 늘어만 가는 게 불편하다. 맨 처음에 자신이 진보적인 교육 이론과 사회정의에 대한 신념으로 교육계에 발을 들인 사실을 기억하며, 그는 앞으로 비슷한 생각을 공유하는 교육자들의 집단을 이끌지 고민 중이다. 소득이 낮은 도시지역에서 이들과 함께 대안적 자율형 공립학교(차터스쿨; Charter school)를 열고 자신의 이론과 신념을 실행에 옮기고자 한다. 이러한 경력 전환에는 위험이 따르기 때문에 에릭은 자율형 공립학교의 성격이나 장점, 위험 요소들에 대해 더 알고 싶었고, 따라서 이 주제를 석사 논문의 주제로 결정하였다. 그는 자율형 공립학교에 대한 문헌들을 체계적으로 고찰함으로써 현재의 직업적 위치를 버리고 소외된 도시빈민층 학생을 위한 학교를 세워도 좋을지에 대한 도움을 얻고자 한다.

지적 관심은 주제와 관련된 이론적 관점을 깊이 이해하고, 이를 둘러싼 역사적, 학문적 담론으로부터 통찰을 얻으려는 데서 나온다. 예를 들어, 에이프릴은 교육과정전공 박사생으로, 어떤 주제를 연구할지 고려 중이다. 그녀는 태국과 피닉스, 애리조나에 위치한 소외된 사람들을 도와주는 공동체에서 몇 년을 보냈었다. 자신의 경험과 흥미를 바탕으로, 국제사회의 변화에 관여하는 것이 여성 교육자의 삶을 어떻게 변화시키는지를 문화와 권력, 정체성 형성, 페미니즘이라는 이론적 렌즈를 통해 살펴보기로 결정했다. 에이프릴은 지적 호기심으로 동기부여되었지만, 동시에 논문에 사용되는 개념적, 이론적 초점이 향후 학문적 커리어를 쌓는 데에 도움이 되기를 기대한다.

스트라우스와 코빈(Strauss and Corbin(1990), Maxwell(2013)에서 재인용)은 연구자의 경험이 연구를 성공적으로 마치는 데에 중요한 척도가 된다고 강조했다. 동시에 개인적 열정이나 호기심으로 특정 주제를 탐구했더라도 최종적으로는 왜 이 연구가 독자에게 중요한지를 설득시켜야 한다. 문헌고찰의 주제가 개인적 의미를 넘어 독자에게 유용한 지식으로 전환될 때만 자신의 연구가 학문 가치를 얻게 된다(Booth et al., 2008; Galvan & Galvan, 2017; Garrard, 2014).

표 3.1는 주제 선정 단계를 요약해 놓은 체크리스트다.

주제 좁히기

이제 문헌고찰을 위한 일반적인 주제를 정하였다. 그렇지만 성급히 문헌고찰을 시작하지는 말아야 한다. 그 주제에 대한 자료가 **모두** 필요한 것은 아니며 검색되는 논문이나 아티클을 전부 읽어야 하는 것도 아니기 때문이다. 일반적인 주제로 검색할 경우, 자료의 양이 압도될 만큼 많을 수도 있고 너무

표 3.1. 주제 선정 단계

	단계	√
1	흥미를 느끼는 아이디어 목록을 적는다. 미리 한계를 짓거나 회의를 갖지 말고 생각이 흘러나오도록 한다.	
2	리스트를 여러 번 읽고 우선순위를 매긴다. 최종적으로 2, 3개를 넘기지 않는다.	
3	구글이나 위키피디아 또는 백과사전에서 고려 중인 주제에 대한 일반적인 지식을 찾아본다.	
4	친구나 동료, 지도교수와 주제에 대해 이야기를 나눠본다.	
5	리뷰의 초점이 될 주제를 선정한다.	

많은 내용이나 정보가 포함될 수 있다. 그러면 자신에게 주어진 시간이나 자원을 늘려야 할지, 아니면 "넓고 얕은" 피상적 리뷰를 해야 할지 고민하게 된다. 적절한 범위 안에서 양질의 문헌고찰을 하려면 주제를 좁혀야 한다.

우선 개념과 변인을 정의 내려서 문헌고찰의 초점을 분명히 한다 (Cooper, 1988, 1998). 추가적으로 어떠한 관점에서 연구를 진행할지 명확히 하는 것이 좋다(Machi & McEvoy, 2012).

개념

개념(concepts)은 넓은 주제에 포함된 테마나 이슈들을 보여준다. 주제를 보다 구체적으로 좁히려면 주제 안에서 연구자에게 특별히 흥미로운 측면을 반영한 하위 주제들의 목록을 적어본다. 그리고 이 중 하나를 선택한 뒤 범위를 다시 확인한다. 만일 선택한 하위 주제의 범위가 여전히 넓다면, 다시 추가적인 범주로 나눈 뒤 그중 하나를 리뷰의 초점으로 선택한다. 원한다면 두 개의 하위 주제를 합쳐도 된다(Dawidowicz, 2010). 주제를 좁힐 때는 자신에게 흥미로우며 다른 사람에게도 가치 있는 주제인지 확인한다.

예를 들어, 자율형 공립학교를 주제로 정한 중학교 교장 에릭의 예를 살펴보자. 에릭은 주제의 초점을 좁혀야겠다고 생각했다. 그래서 자율형 공립학교라는 넓은 주제와 관련된 하위 주제들을 아래와 같이 적어보았다:

1 자율형 공립학교의 교육과정과 교육적 접근
2 자율형 공립학교의 책무성
3 소외된 학생을 위한 평등한 교육의 제공과 이에 대한 자율형 공립학교

의 기여

에릭은 사회정의와 평등이라는 자신의 이상과 맞으면서 자신의 목적 달성에 자율형 공립학교 설립이 도움이 될지를 알아보기 위해 하위 주제 3번과 4번을 합쳐서 소외된 학생을 가르치는 것과 관련된 자율형 공립학교의 장점과 단점을 살펴보기로 했다. 따라서 주제는 "소외된 학생을 위한 자율형 공립학교의 혜택과 문제점"이 되었다. 에릭의 지도교수는 이 주제를 논문으로 이어가도록 격려하면서도 여전히 주제가 넓기 때문에 조작적 변인을 추가하라고 제안하였다.

조작적 변인

주제를 좁히려면 문헌고찰에서 중심적으로 다루는 대상의 특징을 기술하는 조작적 변인(나이대나 인종, 장소 또는 교육의 종류 등)을 추가할 수 있다 (Pan, 2013).

에릭은 한두 개의 조작적 변인을 추가하면 해당 주제의 연구가 수월해질 거라는 지도교수의 조언에 동의했다. 그가 선택한 첫 번째 조작적 변인은 소외된 학생의 학년이었다. 이에 따라 "소외된 학생을 위한 자율형 공립중학교의 혜택과 문제점"으로 주제가 좁혀졌다.

그가 선택한 두 번째 조작적 변인은 구체적인 학교의 위치였다. 이로써 "소외된 학생을 위한 도심 지역 자율형 공립중학교의 혜택과 문제점"으로 주제가 수정되었다.

모든 연구자가 이 단계에서 조작적 정의를 내리는 것에 동의하지는 않는다. 예를 들어 쿠퍼(Cooper, 1998)는 조작적 정의를 대략적으로 서술하면 도움이 되겠지만, 일단은 개념적 구성 요소만으로 문헌고찰을 시작하고 그 과정에서 조작적 변인이 추가될 수도 있다고 주장한다.

주제에 대한 관점

문헌고찰의 주제를 어떠한 관점에서 볼 것인가는 이 주제에 대한 연구자의 관점을 나타낸다(Machi & McEvoy, 2012). 예를 들어, 자율형 공립학교의 혜택과 문제점을 논의할 때 어떠한 관점을 강조할지 결정할 필요가 있다. 표준화된 시험 성적으로 드러나는 학업 성취를 강조할 수도 있고, 학교의 사회적 환경이 학생들의 정서와 사회성 발달에 미치는 영향을 강조할 수도 있다. 학업 성취 관점으로 본다면 조직론이 강조되고 주로 양적 연구와 측정 결과가 바탕이 된다. 사회적 환경을 강조할 경우에는 관계적 측면이 부각되며 주로 질적-해석적인 연구가 사용된다. 에릭은 그의 개인적 성향에 맞게 두 번째 관점을 선택했다. 사회적-정서적 환경이 학생들의 동기부여에 영향을 미치고, 그 결과 학업 성취에 영향을 준다고 믿기 때문이다. 그 결과 "소외된 학생을 위한 빈곤층 도심지역 자율형 공립중학교의 사회-정서적 환경의 혜택과 문제점"으로 주제가 수정되었다. 이 시점에 이르자 에릭은 드디어 다음 단계로 진행할 준비가 되었음을 느꼈다.

표 3.2는 주제를 좁혀가는 단계를 요약해 놓은 체크리스트다(4장에서도 연구 주제의 축소나 확장과 관련된 논의가 이어진다).

표 3.2. 주제를 좁혀가는 단계

	단계	√
1	주제와 관련된 하위 주제들을 적는다.	
2	하나의 하위 주제를 연구의 핵심으로 정한다. 만일 하위 주제의 범위가 여전히 넓다면, 더 줄여나간다. 두 개의 하위 주제를 선택해서 합칠 수도 있다.	
3	문헌고찰의 중심이 될 대상의 특징을 설명하는 조작적 변인들을 나열한다.	
4	문헌을 어떤 관점에서 볼지 결정한다(이론이나 입장, 연구 접근 등).	

독자

문헌고찰을 계획하는 단계부터 독자가 누구인지를 생각해 본다. 학위논문을 쓴다면, 지도교수나 논문심사위원의 기대를 고려하는 것이 좋다. 연구비 신청이 목적이라면 제안서 심사 기준을 확인한다. 학술지에 투고할 아티클의 일부로 리뷰를 하는 것이라면 해당 학술지의 편집발간 규정을 따라야 한다. 추가적으로, 리뷰 결과에 도움을 받을 독자층을 고려하는 것이 중요하다. 현장 전문가, 정책입안자, 일반 독자, 직장 동료 또는 학문공동체의 구성원 등이 잠정적 독자층이다.

주제의 중요성

연구의 기여와 중요성은 이론적 의의, 정책적 의의, 실천적 의의, 사회적 행동을 위한 의의와 같이 네 가지 영역으로 나눠서 강조할 수 있다(Marshall & Rossman, 2015).

이론적 의의

여기서는 자신의 연구가 관련 분야의 이론적 전통 및 개념과 관련된 담론에 어떻게 의미를 더하고, 상상력을 불러일으키며, 생각을 자극하는지를 언급한다. 기존의 이론을 어떻게 확장하고 보완하는지를 강조할 수도 있다. 예를 들어, 아동 교육과 공동체의 관여에 대한 연구라면, 학교의 위치가 학생들의 교육과 사회 및 정서적 성장에 미치는 영향을 강조한 유리 브론펜브레너(Urie Bronfenbrenner, 1979)의 생태학적 이론을 바탕으로 논의를 진행한 후, 연구의 중요성에서 자신의 연구가 SNS를 통한 가상 공동체의 영향력을 추가하였으며 이로써 브론펜브레너의 이론을 확장시킬 가능성을 제공하였다고 밝힐 수 있다.

정책적 의의

정책적 의의를 강조할 때는 해당 연구가 주제와 관련한 현 정책의 문제점과 결함을 극복하는 데에 기여하는 부분을 언급한다. 예를 들어, 시험 결과가 예상보다 낮은 빈곤 지역의 교사와 학생에 대한 처벌적 정책을 보여주는 최신의 통계수치를 연구 결과로 제시했다면, 학교 시스템 평가정책과 규제문제에 기여할 가능성이 있다.

실천적 의의

문헌에서 언급된 것을 바탕으로 문제나 고민에 대한 실용적인 해결책을 찾는 것에 연구의 의의가 있을 수도 있다. 예를 들어, 연구 주제가 수감생활 후 사회재진입의 어려움이며, 연구에서 전문가나 연구 자료를 인용해서 구직, 주거, 교육, 가정 영역에서의 성공적인(혹은 실패한) 재진입 사례들을 탐색했다면 실천적 의의를 제시할 수 있다.

사회적 행동을 위한 의의

마지막으로, 불평등이나 부당함을 당한 피해자의 경험과 환경을 논함으로써 독자들이 스스로 행동하고 유해한 환경을 바꾸도록 동기부여할 수 있다. 예를 들어, 연구의 주제가 성적 학대를 받은 아동의 경험이라면, 이러한 아동들이 겪는 일상 경험이나 감정적 취약성, 우울증의 시작점이나 회복탄력성 등에 대한 문헌들을 탐색할 수 있다.

자신의 연구가 위의 네 가지 영역에 모두 기여할 수 있지만 동일한 정도로는 아니다. 어떤 영역을 중심으로 다룰지 명확히 해야 한다. 예를 들어, 집 없는 아동의 지방 공립학교 입학에 대한 주제를 살펴보자. 만일 이론적 의의를 강조할 경우, 집 없는 아동의 정체성과 사회-심리적 발달을 살펴볼 수 있다. 정책적 의의를 강조할 경우, 집 없는 아동의 입학과 관련한 지방자치단체와 정부의 규제와 법에 초점을 둘 수 있다. 실천적 의의를 강조할 경우, 집 없는 아동의 학업과 사회성 발달을 강조할 수 있다. 행동을 위한 의의를 강조할 경우, 집 없는 아동들이 겪는 불공평한 경험을 부각시켜서 이들의 환경을 개선하기 위한 행동을 촉구할 수 있다. 위의 내용 모두가 현장에 기여하지만, 연구자는 자신에게 가장 중요한 것을 결정해야 한다. 그 선택에 따라 연구 질문과 검토할 문헌이 명확해진다.

물론 문헌고찰의 주제를 정하고 연구 질문을 만드는 단계에서는 아직 연구의 의의를 충분히 언급하기 어렵다. 그렇다 하더라도 자신의 연구가 학문 분야에 어떠한 잠재적 기여를 할지, 독자에게 어떠한 의미를 부여할지 미리 고려해 보는 것은 중요하다.

연구 질문

연구 질문 구성

주제의 범위를 정했다면, 이제 연구 질문을 만들 차례다. 이 질문은 관련 문헌을 검색할 때 가이드가 되어준다. 또한 연구 질문은 자료를 읽고 분석하고 글로 적는 모든 과정에 관련된다.

연구 질문의 목적은 다양하다. 부스 등(Booth et al., 2008)에 의하면 연구 질문의 목적은 다음과 같다:

- 현재까지의 지식을 확장한다.
- 지식 사이의 간극을 좁힌다.
- 새로운 증거를 바탕으로 기존의 지식을 지지한다.
- 주제의 바탕을 이루는 이론적 관점을 탐색한다.
- 문제를 해결한다.
- 주제를 다양한 연구 접근이나 방법들로 탐색한다.
- 지금까지의 연구에서 나온 결과에 반대하거나, 이를 반박하거나, 모순된 점을 지적한다.

연구 질문에는 (1) 연구 접근의 종류와 (2) 연구자가 사용하는 문헌고찰 방법이 반영된다. 각각에 대한 설명은 다음과 같다.

연구 접근에 따른 연구 질문

양적 질문은 결과를 측정하고, 평가하며, 다양한 변수나 집단 간의 차이를 통계적으로 비교하는 방식으로 언급된다. 이러한 질문은 특정 처치나 실행, 프로그램, 정책 등의 결과와 효과를 측정하도록 설계될 수 있다. 예를 들어, 아동의 우울을 주제로 다룬 멜린다의 경우, 특정 치료적 개입을 경험한 아이들이 사회적 상호작용에서 유의미한 차이를 보이는시에 관심이 있다면,

"세 개의 소집단 치료 접근이 우울증을 앓는 아동의 또래관계 수준에 미치는 영향의 차이는 무엇인가?"와 같은 질문을 던질 수 있다.

질적 질문은 주로 "어떻게"와 "무엇"을 넣어서 열린 형태로 언급된다. 과정을 중시하며 개인이나 집단의 경험을 그들의 관점에서 살펴본다. 특정 프로그램이나 정책 등이 실행된 맥락에 초점을 맞추기도 한다. 멜린다의 주제로 예로 들어보면, "집단 치료에 참여한 우울증을 앓는 아동들은 또래와의 상호작용을 어떻게 인식하는가?"라는 질문이 가능하다.

혼합 연구 질문은 통계적이고 측정 가능한 결과와 참여했던 개인들의 경험 모두에 초점을 맞출 수 있다. 예를 들어, "우울증을 앓는 아동을 대상으로 한 집단 치료의 효과는 무엇이며 참여 아동들은 또래와의 상호작용을 어떻게 경험하는가?"로 질문을 구성할 수 있다.

문헌고찰 종류에 따른 연구 질문

체계적 문헌고찰

체계적 문헌고찰에서는 명확하게 진술된 질문이 필수적이다. 이를 바탕으로 문헌고찰에 포함하거나 제외할 문헌을 결정한다. 이 결정이 객관적이고 일관되기 위해서는 질문에 포함된 개념들을 신중하게 정의한다(Jesson et al., 2011).

체계적 문헌고찰의 질문은 그 특성상 주로 양적 질문이며 명료한 선정 기준이 제시된다. 히긴스와 그린(Higgins and Green, 2011)은 다음에 맞춰 질문을 구성하도록 제안한다.

1 목표 대상: 나이, 젠더, 사회경제적 지위, 직업 등
2 개입 방법: 활동, 프로그램, 치료, 정책 등
3 연구 설계: 실험 또는 기술통계
4 결과 측정: 시험 성적, 행동 관찰 등
5 연구 맥락: 장소, 환경 등

다음은 체계적 문헌고찰에 적합한 연구 질문의 예다.

"집중적인 멘토링 프로그램을 마친 사회복지전공 1학년 학생들의 연초와 연말 사이의 지식과 기술 변화는 무엇인가?"

위 예의 경우, 대상은 사회복지 전공 1학년 학생, 개입은 집중적인 멘토링 프로그램, 연구 설계는 실험(연초와 연말의 성적 변화), 결과는 지식과 기술, 그리고 맥락은 사회복지 실습이 될 수 있다.

체계적 문헌고찰의 질문은 문헌검색 전에 완전히 정해져야 한다. 한번 정해진 질문을 일관되지 않게 언급되거나 질문에 맞지 않는 문헌을 포함하는 것은 타당도를 떨어뜨리므로 피한다.

서술적 문헌고찰

서술적 문헌고찰의 질문은, 어느 정도 좁혀져야겠지만, 다양한 연구 접근과 방법을 포함할 수 있을 만큼은 일반적이어야 한다. 주로 질적 그리고 혼합 연구에 초점을 둔다. 추가적으로 이론이나 개념, 주제와 관련된 이슈, 중요한 변인, 강조하고 싶은 관점 등을 고려할 수 있다.

문헌고찰이 진행되면서 초기의 연구 질문이 수정될 수도 있다. 위에서 언급한 사회복지전공 1학년 학생들의 멘토링 경험을 예로 든다면 다음과 같은 질문을 만들 수 있다.

"멘토링 프로그램 경험은 사회복지전공 1학년 학생들의 전문성 인식과 일에 대한 만족도에 어떠한 영향을 미치는가?"

이 질문은 체계적 문헌고찰처럼 구체적인 선정 기준을 포함하지는 않으며 열린 형태의 질문임을 알 수 있다.

해석학적 현상학적 문헌고찰

해석학적 현상학적 문헌고찰을 할 때는 처음부터 구체적인 연구 질문이 드러나지 않는다. 연구자가 자료에 몰입하고 다양한 자료 사이에서 아이디어가 떠오르면서 연구 질문이 드러난다. 그렇지만 일단 문헌고찰에서 무엇을 의도하는지를 말해 주는 넓고 열린 질문을 던지며 리뷰를 시작하라고 권하고 싶다. 주로 이전에 읽었거나 살면서 경험한 내용을 바탕으로 예비적 질문이 만들어진다. 물론 이후의 독서나 경험을 통해 초기의 질문은 계속 변하고 수정되어 간다(Boell & Cecez-Kecmanovic, 2010, 2014).

위에서 언급한 사회복지전공 1학년 학생들의 멘토링 경험을 다시 예로 든다면 다음과 같은 질문을 만들 수 있다.

"사회복지사의 자기 개념 형성에 미치는 관계의 역할은 무엇이며, 이것은 멘토링 관계에 의해 어떠한 영향을 받는가?"

이 질문은 열린 형태이며, 주로 개념, 관계, 인식에 초점이 맞춰져 있다.

연구 질문 작성하기

연구 질문이 연구의 종류나 고려 중인 문헌고찰의 종류에 영향을 받음을 이해했다면, 이제는 문헌고찰을 통해 무엇을 달성하고 싶은지 생각하면서 직접 연구 질문을 작성해 볼 차례다. 연구자로서 현재까지 논의된 지식 간의 간극을 줄이고 싶은가? 아니면 연구를 확장하거나 문제를 해결하고 싶은가?

먼저 주제에 대한 몇 가지 질문을 적어보거나 같은 질문을 여러 버전으로 만들어본다. 그런 다음 읽어가면서 가장 마음에 드는 질문을 선택한다. 필요하면 위에서 설명한 내용에 맞춰 질문을 수정한다. 표 3.3은 연구 질문 작성 단계를 보여준다.

표 3.3. 연구 질문 작성 단계

	단계	√
1	양적, 질적, 혼합 방법 중 질문을 어떤 형식에 맞출 것인지 정한다.	
2	문헌고찰의 종류에 따라(체계적, 서술적, 해석학적 현상학적) 질문을 작성한다.	
3	이 질문으로 무엇을 달성하고 싶은지 생각해 본다.	
4	여러 개의 질문을 적어본 뒤 문헌고찰의 목적에 가장 적절한 질문을 선택한다.	
5	문헌고찰에서 중심에 놓일 주제를 고른다.	

좋은 질문이란?

자신의 질문을 혼자서 또는 집단 구성원과 함께 점검해 볼 때는 좋은 질문의 특징과 피해야 할 실수를 고려한다.

좋은 질문은 다음의 특징이 있다:

- 탐구할 가치가 있다. 개인적, 실용적 그리고/또는 이론적으로 연구자에게 의미 있을 뿐만 아니라 그 분야의 다른 사람들에게도 중요하다.
- 간결하게 표현되었고 누가 봐도 명확하다.
- 범위가 너무 협소하거나 광범위하지 않으며 주어진 시간 안에 끝낼 만하다.
- 문헌검색으로 이어질 수 있도록 작성되었다.
- 문헌검색 시 사용될 몇 개의 키워드를 포함한다.
- 질문을 바탕으로 관련 문헌을 읽고, 분석하고, 통합해서 답을 구할 수 있다. "중학교 수업에서 만화로 된 소설을 사용할 경우 장래 고등학생이 되었을 때 이들의 단어실력에 어떠한 영향을 미치는가?"라는 질문은 흥미롭긴 하지만 미래에 어떤 일이 벌어질지 현재로써는 답을 내릴 수 없다. 가능하도록 질문을 수정해 보면 이렇다. "만화로 된 소설은 청소년들이 책을 읽도록 동기부여하는 데에 어떤 영향을 미치는가?"
- 다양한 접근과 연구 결과를 포함할 수 있게 표현되었다.
- 의심스럽거나 검증이 안 된 가정을 바탕으로 하지 않는다. 예를 들어, "불안감 극복에 도움이 되는 최면은 사람들의 발표공포증에 어떠한 영향을 미치는가?"라는 질문은 최면이 사람들의 발표 불안을 없애는 데에 도움이 된다는 검증되지 않은 가정을 포함한다.
- 단순한 검색만으로도(예를 들어, 구글이나 위키피디아를 사용해서) 쉽게 알 수 있는 사실을 묻지 않는다. 예를 들어, "학생들의 부적절한 행동을 징계하는 주정부 법은 무엇인가?"라는 질문은 인터넷 검색으로 금방 알 수 있다. 질문을 수정하면 다음과 같다. "주정부의 징계규정 실행은 고등학생의 교내 행동에 어떠한 영향을 미치는가?"

도서관 검색 전 계획세우기

다음 장에서는 문헌검색의 구체적 단계를 살펴볼 예정이다. 여기서는 본격적인 검색을 시작하기 전에 고려할 내용을 문헌고찰의 종류별로 구분하여 설명한다.

체계적 문헌고찰

체계적 문헌고찰을 할 때는 세부적으로 명시된 자료 선정 기준을 사용하며, 이 기준이 문헌고찰의 일부분으로 들어간다. 표 3.4는 체계적 문헌고찰의 전형적인 기준을 보여준다.

표 3.4. 체계적 문헌고찰의 자료 선정 기준

연구 질문	
연구 대상	
검토할 개입 방법	
연구 설계	
결과	
맥락	

추가로 문헌고찰의 객관성을 확보하기 위해 연구에 사용할 용어, 데이터베이스, 검색 일정, 검색할 자료의 발행연도, 언어, 조회 수 등을 구체화해 놓은 프로토콜을 준비하는 것도 바람직하다. 표 3.5은 프로토콜의 예다.

표 3.5. 체계적 문헌고찰을 위한 프로토콜

연구 질문	
검색할 단어	
검색할 데이터베이스	
검색 날짜	
검색에 포함할 자료의 발행연도	
언어 제한	
조회 수	

서술적 문헌고찰

서술적 문헌고찰에서는 검색 기준이 필수적으로 요구되지 않지만, 가급적 문헌고찰의 서론에서 기준을 언급하는 것이 좋다. 검색 과정도 간단히 설명한다. 표 3.6은 논문에 기술할 때 포함되는 항목의 예다.

표 3.6. 서술적 문헌고찰의 자료 검색 기준

연구 질문	
검색할 단어	
연구 접근과 방법들	
연구 주제를 뒷받침하는 이론(들)	
문헌고찰의 핵심이 되는 개념들	
변인들	
강조하고 싶은 관점	

해석학적 현상학적 문헌고찰

해석학적 현상학적 문헌고찰의 초기 검색은 주제와 관련한 연구자의 선행 지식이나 인식에 영향을 받는다. 일단 자료를 읽으면서 현상에 대한 이해가 넓어지고 해당 주제와 밀접하게 관련된 저자들을 알게 되며 이를 바탕으로 그 다음에 읽을 책이나 아티클이 정해지는 경우가 많다. 문헌고찰의 서론에서 연구자가 주제를 선택한 이유 및 이를 둘러싼 논의를 하다 보면 종종 연구자의 삶의 경험과 같은 주관성이 부각된다. 표 3.7은 해석학적 현상학적 문헌고찰에 포함되는 항목의 예다.

표 3.7. 해석학적 현상학적 문헌고찰의 자료 검색

초기 연구 질문	
연구 질문 선택에 영향을 준 개인적 배경	
연구 질문에 대해 갖고 있는 인식	
연구 질문 선택에 영향을 준 글	
검색 시 살펴볼 주요 저자와 사상가들	
초기 검색을 위한 키워드들	

1. 문헌고찰을 시작할 때는 자신에게 의미 있고, 실행 가능하며, 학계에 잠재적 기여를 할 주제를 정한다.

2. 관심 주제를 정하고 나면 너무 많은 자료에 압도되지 않도록 범위를 줄인다. 그 과정에서 개념과 변인, 특정 관점을 명확히 한다.

3. 문헌고찰의 독자가 누구이고 이 연구가 어떠한 시사점을 갖는지 고려한다.

4. 연구 질문에서 언급되는 이슈로는 최신의 지식의 확장, 지식의 간극 줄이기, 새로운 증거를 바탕으로 기존 지식 보완, 문제 해결, 이미 탐색된 주제를 다른 접근법을 사용해서 연구, 선행 연구들 간에 일치하지 않거나 부족한 부분을 지적하는 것 등이 있다.

5. 연구 질문은 세 가지 연구 접근(양적, 질적, 혼합)과 실행하려는 문헌고찰 접근법(체계적, 서술적, 해석학적 현상학적)을 반영한다.

6. 체계적 문헌고찰에서는 연구 질문을 명확히 정의하는 것이 중요하며, 질문은 문헌검색 전에 확정되어야 한다.

7. 서술적 문헌고찰에서는 다양한 연구 접근과 방법을 포함할 만큼의 넓은 연구 질문을 던지며, 진행 과정에서 질문이 점진적으로 발전될 수 있다.

8. 해석학적 현상학적 문헌고찰의 질문은 리뷰 과정에 깊이 몰입해 가면서 변할 수 있다.

9. 좋은 연구 질문은 의미 있고, 명확하게 언급되며, 너무 넓거나 좁지 않고, 문헌검색의 지침이 되며, 검증되지 않은 가정을 바탕으로 하지 않고, 단순 검색으로 쉽게 알 수 있는 사실적인 정보만을 묻지 않는다.

10. 체계적 문헌고찰에서는 문헌검색의 기준을 반드시 포함하며, 가능하면 서술적 문헌고찰에서도 검색 기준을 언급하는 것이 좋다. 반면, 해석학적 현상학적 문헌고찰에는 문헌선택과 관련된 연구자의 주관성이 반영된다.

chapter 4

자료 검색과 정리

4장

자료 검색과 정리

주제를 정하고, 이 주제의 중요성을 검토하고, 연구 질문을 작성했다면, 이제는 리뷰할 자료를 검색할 차례다. 이 장에서는 문헌검색이 무엇인지, 그리고 그 목적은 무엇인지를 설명한다. 1차, 2차, 3차 자료를 비교하고 검색할 참고문헌의 종류를 살펴본다. 다음으로 도서관 혹은 전자도서관이나 온라인 데이터베이스를 활용한 자료 검색 기술과 전략을 설명한 뒤, 검색한 자료를 정리하고 기록해서 자신만의 문헌 목록 작성하기로 이 장을 마무리할 것이다.

그림 4.1은 주제와 관련된 정보 검색 과정을 보여준다. 실제로 이 과정은 문헌 검색과 분석을 마친 뒤 글을 쓰는 동안에도 지속된다(Hart, 2001). 수집된 자료를 바탕으로 탐색하고 싶은 주제가 수정되거나 다듬어질 수 있다.

문헌검색의 목적

문헌검색은 문헌고찰의 핵심 단계다. 목적이 있는 효과적인 검색을 하지 않으면 연구를 통해 "기대하는 만큼의 깊고 넓은 이해를 가져오기 어렵다"(Hart, 2001, p. 8). 문헌검색으로 알게 되는 내용은 다음과 같다.

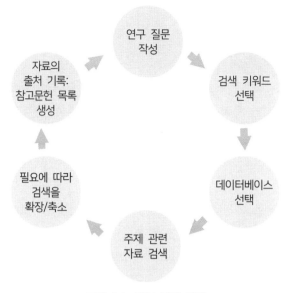

그림 4.1. 정보 검색 과정

■1 배경 정보를 수집하고 주제에 대한 지식을 더 많이 얻게 된다. 이로써 탐색하고 싶은 주제에 정확히 초점을 맞춰 다가갈 수 있다.

■2 관심 분야의 중심 연구들을 찾게 됨으로써 일반적인 자료에서 점차 핵심적인 자료들로 이동할 수 있다.

■3 검색된 자료의 수에 따라 검색을 확장하거나 줄일지 결정할 수 있다.

■4 주제에 대한 치우치거나 표면적인 설명을 피할 수 있다. 좋은 검색은 연구자가 다양한 관점이나 이론에 익숙해지도록 한다.

문헌고찰의 자료

예전에는 인쇄된 자료가 일반적이었지만, 지금은 검색 엔진을 통해 빠르고 효율적으로 정보를 얻는다. 다만, 온라인에서 찾은 자료는 정보의 질과 신빙성에 대한 확인이 필요하다. 인쇄자료 시절에는 책과 학술지논문이 주 자료였고, 학술대회 자료는 마이크로필름으로 보았다. 구하는 과정은 힘들었지만 일단 찾게 되면 상호검토와 전문가 검증이 된 자료라는 확신이 있었다. 인터넷과 전자 검색 엔진이 늘어나면서, 다양한 문서와 정보를 찾는 것은 더 이상

문제가 아니다. 하지만 이 자료들이 모두 전문가 검증이나 상호검토를 받은 뒤에 일반에 공유되는 것은 아니다. 그러므로 신뢰성, 타당도, 신빙성을 확보해야 한다.

자료에는 책과 학술지논문, 학회 발표자료, 리뷰 등 여러 종류가 있다. 또한 배포나 상업적인 목적 없이 작성된 학위논문, 백서, 단행본, 정부 보고서도 있다. 자료들은 1차, 2차, 3차로 나뉠 수 있는데, 학계별로 각 단계의 정의와 예를 다르게 규정한다. 교육학, 인문학, 사회과학의 경우 보통 다음의 정의를 따른다.

1차 자료는 연구를 직접 진행한 연구자가 작성한 것으로 내부자 관점을 보여준다. 현장 노트, 실험보고서, 직접 쓴 학술지논문, 연구실 자료, 물건, 일기, 자서전, 인터뷰, 동영상, 녹음자료, 회의록, 법정의사록 등이 여기에 해당한다. 1차 자료의 디지털화가 점점 쉬워지면서, 관심 있는 주제와 관련 정보에 대한 접근이 용이해졌다.

2차 자료는 이미 다른 곳에서 발표된 1차 자료를 요약하고, 논의하고, 해석해 놓은 것이다. 2차 자료의 예로는, 다른 연구자의 글을 요약하고 비평한 학술지논문이나 보고서, 전기 그리고 작품에 대한 해설이 있다. 과거에 발생한 사건을 요약하고 평가한 것도 2차 자료로 본다. 2차 자료의 저자들은, 직접 경험은 없지만, 1차 자료의 저자들에 비해 보통 덜 편향되고 풍성한 관점을 보여준다.

3차 자료는 1차와 2차 자료를 요약하고, 비판적으로 평가하고, 리뷰한 것이다. 여기에는 백과사전(위키피디아 포함), 교과서, 참고문헌목록, 연감, 색인, 가이드북, 핸드북, 매뉴얼 등이 있다. 개인이나 학계에 따라서 동일한 자료를 2차 또는 3차 자료로 보기도 한다. 예를 들어, 교과서를 2차 자료로 보는 학계도 있고 3차 자료로 보는 곳도 있다.

표 4.1에서는 1차, 2차, 3차 자료의 장단점을 비교해 놓았다.

표 4.1. 1차, 2차, 3차 자료의 장단점

자료	설명	장점	단점
1차 자료	·연구자의 직접 경험하고 연구한 것을 보고	·내부자 관점을 제시 ·직접적 경험을 제공	·편견이 있을 수 있음. ·때로 구하기 힘듦.
2차 자료	·이미 발표된 1차 자료를 요약, 논의, 해석	·덜 편향된 관점일 수 있음. ·주제영역에 관련된 다양한 자료와 관점을 요약 ·관심주제에 초점을 맞춘 분석을 제공	·연구자가 특정 연구와 관련된 직접적 경험이 없음.
3차 자료	·1차와 2차 자료를 요약하고 비판적으로 평가	·전체적 내용을 제시 ·다양한 자료를 요약하고 평가 ·학계의 중심 저자나 이론들, 아이디어들에 대한 소개를 제공	·특정 연구와 관련된 직접적 경험이 없음. ·개별 연구에 대한 심층적 기술이 적음.

"거꾸로" 검색하기

경험이 많은 연구자들은 3차 자료를 먼저 읽어보길 권한다. 전체적인 그림과 맥락을 파악할 수 있고 주된 이론이나 저자에 대한 초보적 이해에 도움이 되기 때문이다. 그 다음으로, 관심 주제에 대해 보다 초점을 맞춰 분석이 이뤄진 2차 자료를 살펴본다. 이를 통해 추가 연구가 필요한 영역이나 방법론에 대한 아이디어를 얻을 수 있다. 주제와 관련된 주요 이슈들을 충분히 파악한 뒤에는 가장 적절하다고 판단되는 1차 자료를 선택해서 검토한다.

문헌고찰을 위한 자료 검색

데이터베이스와 검색 엔진이 지속적으로 늘어나다 보니 문헌검색 과정에서 압도감을 느낄 수도 있다. 체계적 문헌고찰을 제외하면, 보통 문헌고찰은 보물찾기처럼 하나의 자료가 다음번 자료로 이어지며 이미 갖고 있는 문헌목록이 눈덩이처럼 계속 늘어난다. 그러므로 주제에 대한 최신 문헌 목록이 포함된 가장 최근의 연구부터 시작하는 게 좋다.

먼저 온라인 검색이나 도서관을 방문해서 초보적인 탐색을 시작한다. 빠르게 변화하는 정보 검색 시스템을 고려할 때, 도서관 사서들은 자료 검색의 중요한 가이드가 되어준다. 방송인이자 저널리스트인 링턴 윅스(Linton Weeks)의 말처럼 "끊임없는 전 지구적 정보의 홍수 속에서, 도서관 사서는 우리에게 튜브를 제공하고 수영하는 방법을 가르쳐 준다"(www.goodreads.com/author/quotes/1498146.Linton_Weeks).

초보 연구자들을 위해서 대부분의 대학 도서관은 정보 검색을 도와주는 자료를 비치하거나 설명회 일정을 공지하므로 도서관 웹사이트를 검색해 본다. 교내에 있다면 사서와 일대일 미팅 예약을 잡는다. 공공 도서관도 훌륭한 자료원이므로 사서에게 문의해 본다.

전자 데이터베이스 검색

짧은 시간 안에 많은 양의 자료를 찾으려면 전자 데이터베이스 검색이 효율적이다. 이 경우, 주제와 관련된 가장 정확한 키워드나 검색 용어를 사용하는 게 관건이다. 다양한 연구자마다 동일한 용어를 다르게 표현하기 때문에 여러 개의 동의어를 사용해서 검색을 하는 것이 효과적이다.

먼저 연구 질문을 짧은 용어들로 압축해 본다. 예를 들어, 연구 질문이 미취학 아동의 단어 발달을 높이는 최선의 기법과 접근에 대한 것이라면 "언어 발달", "스피치 발달", "단어 발달" 같은 용어를 선택할 수 있다. "유아기"나 "미취학 아동" 같은 용어를 사용하면 구체적 연령대의 아이들로 검색을 좁혀준다. 다른 연구 질문의 예로, 남자와 여자의 대화 차이를 살펴본다면, "상호간 대화"와 "성별 차이"가 연구 질문을 반영한다. 이처럼 단어들에 따옴표를 붙이면 이 단어들을 하나의 구로 인식해서 자료가 검색된다.

전자 데이터베이스와 도서관 자료를 검색하는 또 다른 방법은 **주제어**(subject)나 **디스크립터**(descriptor: 색인 표목)의 사용이다(학계에 따라 둘 중 하나의 용어가 사용된다. 예를 들어, 미국 교육부에서 제공하는 ERIC(에릭) 데이터베이스에서는 디스크립터란 용어를 사용한다). 주제어는 자료를 범주화할 때 사용되는 특정 용어다. 주제어는 학술지논문의 저자, 데이터베이스 또는 도서관 목록에 의해 부여되는 자료 검색 코드로써, 자료 안에 들어 있는 내용을 기술한다. 주제어는 분야별로 사용되는 통제된 어휘(controlled term)이므로 일반 키워드를 사용한 검색보다 덜 유연하며 상대적으로 적은 자료가 검색된다. 반면, 주제어를 사용하면 연구 주제에 더 초점이 맞춰진 자료가 검색된다.

키워드와 주제어의 또 다른 차이점으로는 키워드는 자료의 어디에라도 들어 있다면 그 자료가 검색되는 반면, 주제어는 오직 자료의 지정된 영역에서만 검색이 가능하다. 예를 들어, "이민"이라는 주제어를 검색할 경우, 만약 제목에는 이민이라는 단어가 들어 있지만 주제어 영역에 그 단어가 들어 있지 않다면 해당 논문은 검색되지 않는다. 반면 "이민"이라는 키워드로 검색할 경우, 이민이란 단어가 데이터베이스 어디에라도 들어 있다면 해당 논문이 검색된다.

주제 관련 자료를 충분히 찾으려면 약어를 모두 풀어서 썼는지 확인한다. 예를 들어, STEM(science, technology, engineering, and math: 과학, 기술, 엔지니어링, 수학)과 관련한 자료를 검색할 때 STEM이란 약어를 그대로 사용한다면 stem cell research(줄기 세포 연구), stem cell engineering(줄기 세포 엔지니어링), stem cell biology(줄기 세포 바이올로지)같은 연구들이 검색된다.

표 4.2에서는 키워드(검색어)와 주제어(디스크립터)의 장단점을 비교해 놓았다.

표 4.2. 키워드와 주제어 비교

키워드(Keywords)	주제어(Subjects)
·주제를 묘사하는 자연언어(natural language)로서 시작 단계에 적합	·미리 정해진 "통제된 단어(controlled vocabulary)"이며 데이터베이스 안에 있는 각 자료(책, 학술지 아티클)의 내용을 기술하는 데 사용
·유연한 검색을 할 수 있고 여러 방식으로 조합해서 사용 가능	·덜 유연한 검색이며 통제된 어휘를 정확히 알아야 함.
·자료의 어디에든 들어만 있다면, 키워드끼리 연결되지 않아도 검색이 됨.	·주제명표목(subject heading)이나 디스크립터 영역에 있는 주제어만이 검색됨.
·너무 많거나 너무 적은 자료가 검색될 수 있음.	·너무 많은 자료가 검색되면, 부표목(subheadings)을 사용해서 주제의 한 영역으로 초점을 줄일 수 있음.
·관련 없는 자료가 다수 검색될 수 있음.	·주제와 관련성 높은 자료가 검색됨.

자료: MIT 도서관(https://libguides.mit.edu/c.php?g=175963&p=1160804)

주제와 관련된 좋은 논문을 검색했다면 이 논문에 사용된 키워드나 주제어가 무엇인지 찾아본다. 그러면 이 단어를 사용해서 새로운 검색으로 이어질 수 있다.

유의어사전에서 키워드를 찾는 것도 효과적이다. 유의어사전에는 동의어 및 비슷한 의미를 지닌 관련 단어들이 체계적으로 나열되어 있으며, 때로 반의어도 들어 있다. 전공별로 해당 분야에서 사용되는 구체적 용어를 찾을 수 있는 동의어 사전을 제공한다. 예를 들어, ERIC(http://eric.ed.gov)에서 "회복탄력성"이란 용어를 검색하면, 해당 단어가 범위 주기(Scope Note: 디스크립터의 사용법에 대해 간단히 설명한 것)에서 어떻게 정의 내려지는지, 어떤 범주에 속하는지, 관련된 다른 용어는 무엇인지 등이 나온다(그림 4.2). 이러한 정보를 바탕으로 자신의 검색을 수정하고 관련 용어를 사용해서 추가 자료를 찾을 수 있다.

회복탄력성(심리학)

범위 주기(Scope Note): 역경과 스트레스 또는 매우 위험한 환경을 견뎌 내고 대처하고 회복하는 개인의 역량. 이 능력을 향상시키는 방어 요인에는 내적(자기효능감, 영성 같은 개인 특성) 혹은 외적(가족의 지지나 공동체의 유대감 같은 관계)인 것이 있음. 2004에서 2010년까지 이 개념은 "개인 특성"이라는 디스크립터와 함께 색인됨. 2004년 이전에는 "자아 탄력성", "커리어 회복탄력성", "회복탄력성(커리어)", "회복탄력성(자아)"와 같은 식별어(identifier)와 함께 검색되었음.

범주(Category): 개인 발달과 특성

🔍 이 디스크립터를 사용한 검색 모음	
대신 사용 가능한 용어	**관련 용어**
회복탄력성(학술적) 회복탄력성(성격)(2004)	적응(환경에의)　자기 관리 위기에 처한 학생　사회적 지지 집단 대처　스트레스 관리 목표 지향　학생의 태도 인내　학생의 특성 자존감

그림 4.2. "회복탄력성"이란 키워드를 ERIC에서 검색했을 때의 화면 내용

적절한 검색어를 사용하는 것은 중요하다. 초기 검색에서 관련된 자료가 충분히 나오지 않았다면 유의어사전으로 다른 검색어를 찾아본다. 예를 들어, 지적 저작권을 훔치는 것과 관련된 주제를 연구한다고 가정해 보자. 만일 ERIC 검색창에 "지적 절도(intellectual theft)"란 단어를 넣으면 아무것도 검색되지 않는다. ERIC 유의어사전(http://eric.ed.gov/?ti＝I)에서 지적(intellectual)이란 단어를 찾고 스크롤해서 내려가다 보면 지적 재산(intellectual property)을 찾을 수 있다. ERIC에서 제공하는 정보에는 더 일반적인 용어나(ownership, 소유권), 협의의 용어(copyright, 저작권), 기타 관련된 용어(예를 들어, 표절) 등도 포함된다.

ERIC 데이터베이스 이외에도 EBSCO(엡스코) 시스템(www.ebscohost.com)은 학술 분야, 의학, 초등교육, 일반 도서관, 법, 기업, 정부기관을 대상으로 자료를 제공한다. 미국 심리학회에서는 PsycINFO(사이크인포)(www.apa.org/pubs/data－bases/psycinfo/index.aspx)를 운영한다. ProQuest(프로퀘스트)(www.proquest.com)는 다양한 주제를 다루며 학생들에게 서비스를 제공한다. Elsevier(엘스비어)의 Scopus(스코퍼스)(www.elsevier.com/solutions/scopus)는 상업적으로 이용 가능한 데이터베이스로 과학, 기술, 의학, 사회과학, 예술, 인문학 분야에서 상호심사를 거친 문헌의 초록과 출처를 제공한다. 각 도서관별로 어떤 데이터베이스를 구독하는지 확인한 뒤 검색에 활용하도록 한다.

추가적으로, Google Scholar(구글 학술 검색)(https://scholar.google.co.kr/schhp?hl＝ko)은 일반인에게 열려 있다. 여기서는 학술자료만을 다루며 대중적, 상업적 자료는 걸러진다. 구글 학술 검색에 자료의 전문이 없는 경우에는 도서관 상호대출로 구할 수 있는지 알아본다.

대부분의 대학은 위키피디아를 학술자료로 받아주지 않지만, 연구자가 주제 관련 기초정보를 검색할 때 사용하기도 한다(Ridley, 2012). 그러나 위키피디아에 인용된 자료는 전문가 심사를 거치지 않았다는 걸 잊지 말아야 한다.

보다 일반적인 온라인 자료도 활용할 수 있다. 정부기관이나 다양한 전문기관들이 웹사이트를 운영하는데, 웹주소가 .go.kr이나 .org로 끝나는 경우가 많다(예를 들어, 대한민국 교육부 홈페이지는 www.moe.go.kr).

표 4.3. 문헌고찰 자료 검색

	단계	√
1	주제와 관련해서 제일 최근의 연구물에서 시작한다.	
2	온라인이나 도서관에서 탐색적 성격의 검색을 한다.	
3	찾은 자료를 나중에 쉽게 다시 볼 수 있도록 체계적으로 기록해 둔다.	
4	연구 질문을 바탕으로 키워드나 검색어를 결정한다.	
5	주제어/디스크립터를 찾기 위해 유의어 사전을 활용한다.	
6	검색한 좋은 논문의 주제어를 살펴보며 추가적인 검색어를 고려한다.	
7	분야별 데이터베이스나 검색 엔진을 활용해서 자료를 검색한다.	

검색의 확장이나 축소

검색을 하다 보면 자료의 수를 늘리거나 줄여야 할 필요를 느낀다. 자료의 수가 부족해서 심도 깊고 엄격한 문헌고찰이 어렵다면, 검색을 확장해야한다. 반면 자료가 너무 많거나 관련 없는 자료가 많을 때에는 검색을 줄일필요가 있다. 이때는 논리연산자(또는 연결어)를 써서 검색의 초점을 맞춰본다. 예를 들어, OR(하나의 단어라도 들어가면 검색됨), AND(모든 단어가 들어가야 검색됨), NOT(검색 결과에서 특정 단어를 제외시킴)을 사용한다.

검색 확장하기

충분한 자료가 검색되지 않았다는 느낌이 들거나 주제와 관련된 중요한문헌이 빠졌을까 봐 걱정이 된다면 연결어 OR를 고려한다. 그러면 두 개의키워드 중 어느 한 단어라도 들어 있다면 모두 검색되기 때문에 자료가 상당한 수로 확장된다. 예를 들어, 대학원생 나타샤는 영양교육이 학생들의 점심메뉴 선택에 어떠한 영향을 미치는지에 대한 문헌고찰을 하였다. 그녀는 "영양 교육" 그리고 "학교 점심 프로그램"이란 두 개의 키워드를 가지고 문헌검색을 하면서 연결어 OR를 사용해서 검색을 확장하였다(그림 4.3).

검색의 확장은 사회학과 박사과정생인 마이클의 예에서도 볼 수 있다. 마이클은 특히 그가 살고 있는 도심 지역의 환경과 공해문제에 관심이 많다. 마이클은 어린 학생들에게 환경보호의 중요성을 가르치는 일에 열정이 있는데, 딸의 유치원 선생님과 이야기를 나누면서 학교에서 이러한 교육이 거의없다는 것을 알게 되었다. 선생님은 아이들에게 재활용 교육을 하고 싶지만도시에 사는 어린 아이늘에 맞춰진 교육과정을 찾기 힘들다고 했다. 두 사람

그림 4.3. 연결어 OR를 넣어서 검색을 확장
한 예: "영양 교육"과 "학교 점심 프로그램"
이란 용어를 포함하는 모든 자료가 검색됨

은 이 문제에 대해 무언가 해 보기로 동의했고, 마이클은 우선 도시 지역 유
치원에서의 재활용 교육에 관한 검색을 시작했다. 표 4.4는 마이클이 사용해
본 검색어와 검색된 자료의 수를 보여준다.

표 4.4. 마이클의 검색 결과: 각 검색어별 검색된 자료 수

검색어	자료 수
도심 지역 유치원에서의 재활용 교육	31
유치원 재활용 교육 교육과정	32
유치원 재활용 교육	149
도심지역 학교 재활용 교육	1,016
학교 재활용 교육	4,057

그 밖에도 키워드를 줄이고 여기에 별표(*)를 붙여서 검색을 확장할 수
있다. 예를 들어, 공연 문화(performing arts)라는 주제에 관심이 있다면
"perform*"이라고 줄여서 검색하는 것이 가능하다. 그러면 performance(공
연), performing(공연하는), performer(연기자) 등과 관련된 자료가 검색된다.
다양한 데이터베이스별로 고급 검색 방법이 다를 수 있으므로 해당 데이터베
이스를 잘 살펴보거나 도서관 사서에게 문의한다.

검색 줄이기

연결어 AND를 넣으면 두 단어를 모두 포함한 제목이나 학술지논문만 검
색되기 때문에 자료 수가 축소된다. 예를 들어, 보육시설 아이들의 회복탄력
성을 연구할 경우, "회복탄력성"과 "보육 시설 어린이" 사이에 연결어 AND를

넣어 검색한다면 주제와 직접적인 관련이 없는 다른 집단 자료들이 걸러지기 때문에 검색이 축소된다(그림 4.4).

그림 4.4. 연결어 AND를 넣어서 검색을 축소한 예: 보육 시설 아이들의 회복탄력성과 관련 없는 다른 집단은 검색되지 않음

또한 연결어 NOT을 써서 두 번째 단어가 검색에 나오지 않도록 명시함으로써 자료 수를 줄일 수 있다. 예를 들어, 지역 전문대 교수인 마리는 영어를 제2외국어로 배우는 성인대상 프로그램을 개발하고자 했다. 이 주제로 문헌고찰을 하면서 학령기 전 아이들을 대상으로 하는 영어 교육을 제외하고 싶었기에 연결어 NOT을 사용하였다(그림 4.5).

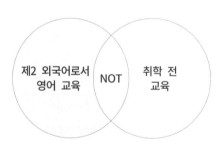

그림 4.5. 연결어 NOT을 넣어서 검색을 한정한 예: 제2외국어로서의 영어 교육 중 학령기 전 학습자는 포함되지 않음

자료 수를 줄이는 또 다른 방법은 주제에 대한 연구자의 관심을 보다 정확히 반영할 수 있도록 디스크립터를 계속 추가하는 것이다. 역사를 전공하는 아니타는 어릴 적 아버지가 읽어주던 그리스 신화를 기억하며 연구 주제를 "고대 그리스"로 정하였다. 그런데 이 검색어로 60,000건 이상의 방대한 자료

가 검색되었다. 아니타는 여성 문제에도 관심이 있었기 때문에 고대 그리스 여성으로 초점을 좁혔다. 이 두 용어를 합치니 4,300개가 넘는 자료가 검색되었다. 이번에는 고대 그리스 정치에서의 여성의 역할로 검색을 했고 여전히 다소 많은 수(560건 이상)의 자료가 나왔다. 이 시점에서는 그녀가 선택할 수 있는 몇 가지 대안이 있다. 그리스의 특정 지역을 선택할 수도 있고, 정치에서의 특정 역할이나 특정 시기를 지정할 수도 있다. 이 외에도 시간이 너무 촉박할 경우에만 제안되는 방법으로는 전문이 제공되는 학술지논문이나 해당 도서관 시스템 안에서 찾을 수 있는 자료만으로 검색을 제한할 수 있다.

자료를 줄이는 다른 방법으로는 원하는 자료의 종류나(예. 책, 학술지논문, 학회자료), 발행연도(예. 최근의 자료만 선택), 문서의 종류(예. 전문이 제공되는 것), 상호검토가 된 자료만을 선택하는 것이다. 자료를 선택할 때 지도교수나 기관의 지침을 따라야 하는 걸 잊어선 안 된다.

여전히 원하는 자료를 찾지 못했다면, 정확한 키워드를 사용했는지, 맞춤법이 맞는지 검토한다. 너무 긴 키워드를 넣으면 이것과 완벽히 들어맞는 자료만 검색될 수도 있으며, 반대로 너무 짧은 단어를 키워드로 사용하면 주제와 관련 없는 자료가 다수 검색될 수도 있다.

표 4.5는 검색을 확장하거나 축소할 때 도움이 되는 체크리스트다.

표 4.5. 검색의 확장 또는 축소

	단계	√
1	충분한 수의 자료를 찾지 못했다면 검색을 확장한다.	
2	자료가 너무 많거나 주제와 관련이 적다면 검색을 축소한다.	
3	연결어 OR를 써서 검색을 확장한다.	
4	줄임말에 *표를 붙인 형태의 키워드로 검색을 확장한다.	
5	연결어 AND와 NOT을 써서 검색을 축소한다.	
6	주제를 보다 명확히 설명하는 주제어/디스크립터를 추가하며 초점을 좁혀간다.	
7	원하는 종류의 자료를 선택한다(예. 책이나 학회지논문, 발행일자).	
8	키워드의 맞춤법은 정확한지, 너무 길거나 짧지 않은지 확인한다.	

연구팀은 EBSCOHost와 Premier Academic Elite를 사용해서 문헌을 검토하였다. 또한 해당 분야의 앞선 학술지이지만 최근 발간되어 주요 데이터베이스에는 아직 포함되지 않은 International Journal of Mentoring and Coaching in Education의 자료를 살펴보기 위하여 인터넷 검색을 하였다.

문화와 멘토링이란 주제에 부합하는 연구물이 많지 않기 때문에 멘토링과 다양한 단어를 연결해서 검색을 실시했다. 청소년과 학생은 검색 과정에서 제외하였고, 2000년에서 2013년 사이에 발간된 상호검토가 이뤄진 학술지에 실린 학술지논문으로만 검색을 제한하였다. 먼저 "멘토링", "문화", "교육"이라는 단어로 검색을 시작하였고, 문화를 "여성", "젠더", "다양성", "인종", "민족성" 등의 차례로 바꿔가며 검색을 이어갔다. 이를 통해 415개의 자료가 모아졌다. 초록을 읽어본 뒤, 교육적 맥락을 다루지 않은 자료는 제외하였다. 구체적으로 문화나 맥락적 이슈를 다룬 연구는 매우 적었기 때문에 그러한 문제를 살짝만 언급한 몇 개의 자료를 포함하였다. 추가적으로, 연구를 바탕으로 하지 않았더라도 다양한 국가에서 실시되는 프로그램을 설명한 학술지논문을 검토하였는데, 이러한 연구는 종종 가치 있는 문화적 이해를 제공하기 때문이다. 이 과정을 거쳐서 연구팀은 리뷰를 진행할 70개의 문헌을 선택하였다.

자료: Kent, A. M., Kochan, F., and Green, A. M.(2013).

전자 데이터베이스로 검색 결과를 기록하기

대부분의 전자 데이터베이스는 자신이 검색한 문서를 저장하고 본인의 메일로 보낼 수 있는 기능이 있다. 인용 시 표기할 출처도 제공한다. 전문이 제공되지 않을 경우에는 학교 도서관에 요청해서 이메일로 받을 수 있는지 문의한다.

전자 데이터베이스로 쉽게 자료를 검색하고, 저장하고, 조직화하고 싶다면 이러한 목적으로 만들어진 프로그램 서비스를 고려한다. 그중 하나는 EndNote(엔드노트)(http://endnote.com)인데, 회원가입 시 비용이 든다. 무료 서비스인 Zotero(조테로)(www.zotero.org/about)를 활용하는 것도 괜찮다. 클라우드 컴퓨팅, Google Document(구글 다큐먼트), Dropbox(드롭박스) 등에 자료를 저장하고 자신만의 참고문헌을 만들어도 된다. 무료로 여러 종류의 자료를 저장할 수 있는 Evernotes(에버노트)도 활용 가능하다.

이 외에도 사용자들이 본인의 즐겨찾기 목록을 게시하고 공유하는 소셜 북마킹을 활용해 본다. 대부분의 소셜 북마킹 앱은 사용자들이 공유된 링크의 정확성을 평가하고 코멘트를 남기도록 허용한다.

자신만의 참고문헌 만들기

일반적으로 문서의 마지막에 나오는 bibliography나 reference는 둘 다 참고문헌을 의미하지만 차이가 있다. Bibliography에는 배경 정보를 얻기 위해 살펴본 자료를 포함해서, 연구 과정에서 읽거나 참고한 모든 문헌을 적는다. 반면, reference에는 실제로 본문에서 인용하거나 언급한 자료만 나열한다(Ridley, 2012). 학위논문, 연구비 제안서, 학술지논문에는 bibliography가 아니라 reference를 사용한다.

참고문헌을 정리할 때는 보통 미국 심리학회(APA), 현대 언어협회(MLA), 시카고 대학 출판부(Chicago Manual of Style)에서 사용하는 3개의 주요 글쓰기 스타일을 따른다. 앞서 언급했던 EndNote의 경우, 문헌을 찾으면 이를 정리해서 원하는 스타일의 bibliography를 만들도록 도와준다. 퍼듀 대학 온라인 글쓰기 연구소 웹사이트도(http://owl.english.purdue.edu/owl) 무료로 다양한 스타일의 참고문헌 작성 정보를 제공한다. APA나 MLA 스타일의 참고문헌을 만들려면 Style Wizard(스타일 위저드)(www.stylewizard.com)를 참고한다(11장에서 관련된 추가 정보를 다룸). 지도교수나 기관의 지침, 논문 투고양식 등을 참고해서 어떠한 스타일을 선택할지 결정한다.

표 4.6은 검색한 자료를 정리하고 참고문헌을 작성하는 과정을 돕는 체크리스트다.

표 4.6. 컴퓨터로 검색한 자료를 정리하고 자신만의 참고문헌 만들기

	단계	√
1	자료를 검색하면 저장해서 자신에게 이메일로 보낸다.	
2	전문이 제공되지 않는 자료는 이메일로 받을 수 있는지 도서관에 문의해 본다.	
3	상업화된 서비스를 활용한 자료의 온라인 검색과 저장을 고려한다.	
4	자료를 구하면 바로 참고문헌에 추가한다.	
5	어떠한 스타일로 참고문헌을 만들어야 하는지 알아본다(예. APA, MLA, Chicago style).	
6	체계적인 관리를 위해 참고문헌 관리 시스템 사용을 고려한다.	

4장의 요약

1. 자료에는 책, 학술지논문, 학회자료, 리뷰, 출판을 목적으로 하지 않는 기타 자료 등 다양한 종류가 있으며, 이들은 1차, 2차, 3차 자료로 나뉜다.
2. 온라인 검색 엔진으로 정보를 보다 빠르고 쉽게 찾을 수 있지만, 신뢰성이나 타당도, 신빙성이 검토되어야 한다.
3. 주제 관련 자료를 검색할 때 가장 최근의 연구에서 시작하면 최신의 문헌들을 알 수 있다.
4. 자료를 검색하면 나중에 쉽게 재검색할 수 있도록 바로 저장한다.
5. 검색을 할 때는 연구 주제와 관련된 정확한 키워드나 검색어를 사용한다.
6. 학계나 도서관에서 자료를 범주화하기 위해 사용되는 주제어나 디스크립터를 활용해 본다.
7. 동의어나 관련 단어가 들어있는 유의어 사전을 활용해서 키워드를 찾아본다.
8. 구글 학술 검색이나 위키피디아로 검색하거나 또는 전문기관이나 정부기관에서 제공하는 보다 일반적인 온라인 자료를 활용해 본다.
9. 키워드를 줄이고 여기에 *표를 붙여서 검색을 확장하거나, 또는 원하는 자료의 종류를 구체화해서 검색을 축소할 수 있다.
10. 연구 과정에서 읽거나 참고한 모든 자료를 포함하는 참고문헌 목록(bibliography)을 만든다.

chapter 5

자료 선택과 분석
그리고 메모 작성

5장

자료 선택과 분석,
그리고 메모 작성

검색 과정을 거쳐 주제 관련 자료를 모았다면, 이제 분석을 하면서 비판적으로 읽어갈 차례다. 아마도 이 많은 자료를 다 읽어야 한다는 생각에 걱정부터 앞설지 모른다. 하지만 문헌고찰을 위해 자료를 읽는 것은 일반적인 읽기와는 다르다. 왜냐하면 주제에 대한 연구와 이론들을 분석적으로 읽고 결과물을 만든다는 구체적 목표가 있기 때문이다. 효율적인 문헌고찰 연구자가 되려면 문헌을 그냥 읽지 말고 구체적 목적과 실용적인 렌즈로 보아야 한다. 이 말은 자신만의 고유한 문헌고찰을 만들어내기 위해 검색한 자료 안에서 관련된 정보만을 발췌한다는 의미다(Blumberg, Cooper, & Schindler, 2008). 이를 위해 다음의 질문을 던져본다: 이 글에서 내 연구 주제를 이해하는 데 도움이 될 만한 것은 무엇인가? 글의 어떤 부분이 연구 질문에 대한 답을 찾게 해 줄까(Jesson et al., 2011)?

문헌을 분석하는 과정에는 자료를 여러 번 다시 읽기, 그리고 새로운 이해에 도달해 가기가 포함된다. 이 과정을 두 장에 걸쳐 설명하려 한다. 5장에서는 목적을 갖고 분석적으로 읽는 단계를, 6장에서는 비판적으로 평가하는 과정을 살펴본다.

이 장에서는 먼저 검색한 자료를 훑어보며 읽어볼 만한 자료를 선택하는 과정을 다루고, 다음으로는 선택한 자료를 빠르게 읽으면서 주제와 관련된 부분을 확인하는 과정을 설명한다.

자료 선택

검색된 자료 중에서 문헌고찰에 포함할 자료를 선택하는 과정은 다음과 같다: (1) 자료 훑어보기, (2) 문헌고찰의 범위 결정하기, 그리고 (3) 포함과 제외 기준 사용하기다.

자료 훑어보기

검색 후 모아둔 자료를 하나씩 훑어보면서 문헌고찰과 관련 있고 유용한 지 결정한다. 그다음에는 초록, 서론, 연구 질문, 결론을 빠르게 읽어보고 본문의 소제목과 각 섹션별 몇 문장씩을 읽어본다. 자료가 책이라면 뒷면이 있는 책 소개 글이나 북리뷰를 보면서 문헌고찰과 관련 있는지 검토한다. 책의 목차나 소개, 각 장의 처음 한두 단락씩을 읽어봐도 좋다(Dawidowicz, 2010).

기억할 것은 자료가 문헌고찰의 일반적 주제에 대한 것일지라도 리뷰에서 중점적으로 다루는 이슈를 논하는 데 도움이 되지 않을 수도 있다는 점이다. 문헌고찰에서 다룰 주제와 관련이 없거나 단지 살짝만 관련 있는 자료들은 문헌고찰의 초점을 흐리고 느슨한 결과를 낳는다(Machi & McEvoy, 2012). 그런가 하면, 문헌고찰의 핵심 이슈를 직접적으로 다루지 않는 자료도 가치 있을 수 있다. 연구의 주제를 깊이 이해하는 데 필요한 맥락적 정보를 제공해 줄 경우가 그렇다(Machi & McEvoy, 2012; Ridley, 2012). 자료를 읽으면서 이 연구에 담긴 정보가 내가 탐색하고 싶은 이슈에 부합하는지 또는 그 주제를 종합적으로 이해하는 데 필요한 배경지식을 제공하는지 질문해 본다.

문헌고찰의 범위 결정하기

자료의 유용성을 확인했다면 문헌고찰의 범위를 어느 정도까지 할지 결정한다. 2장에서 소개한 쿠퍼(Cooper, 1988)의 분류체계에 따라 네 가지 수준으로 접근해 보면 다음과 같다: (1) **철저한 문헌고찰**—모든 관련 자료를 리뷰한다; (2) **선별된 자료의 철저한 문헌고찰**—정의 내린 기준에 따라 어떤 자료를 리뷰할지 범위를 정한다; (3) **대표적 문헌고찰**—전형적이거나 특정 그룹으로 묶인 문헌만을 선택한다; (4) **중심적 문헌고찰**—영향력이 큰 문헌에만 집중한다. (1)과 (2)는 보통 체계적 문헌고찰 혹은 메타분석을 할 때 선호되고, 서술적이나 해석학적 현상학적 문헌고찰을 하는 연구자는 (3)과 (4)를 선택하는 경우가 많다. 어떤 접근을 선택하든 그러한 선택의 근거를 자세히 밝힌다. 또한 문헌고찰의 목적이 학위논문인지, 연구비 제안서인지, 학기말 보고서인지에 따라 다른 기준이 적용될 수 있으니 지도교수나 기관과 상의한다.

포함과 제외의 기준 사용하기

문헌고찰에 무엇을 포함하거나 제외할지 결정하는 것은 "아마도 문헌고찰에서의 가장 뚜렷한 특징이다"(Boote & Beile, 2005, p. 7). 자료들을 살펴보며 문헌고찰에 무엇을 넣을지 결정할 때는 일관된 기준을 사용해야 한다. 기준의 사용은 투명하고 신중한 선택이 되도록 도와준다.

체계적 문헌고찰을 한다면, 연구 질문을 만들 때 이미 포함이나 제외하는 기준이 결정되고 명시되었을 것이다(표 5.1의 체크리스트 참고). 이러한 기준에 따라 선택을 하면 연구 질문에 답을 할 수 있고, 관련 없는 자료를 보느라 시간을 낭비하지 않아도 된다.

표 5.1. 자료를 체계적 문헌고찰에 포함할지 평가하기 위한 체크리스트

포함과 제외 기준	√
상호검증된 학회지에 실린 자료	
참여자의 나이대	
개입/처치의 종류	
측정 결과(가설)	
연구 설계	
자료 분석 방법	

다른 종류의 문헌고찰이라면 포함과 제외의 기준이 보다 유연하지만 또한 까다로울 수 있다. 브루스(Bruce, 2001)는 문헌고찰에 포함할지 여부를 결

정할 때 고려할 8가지(중심 내용, 포괄성, 범위, 관련성, 흐름, 제외, 권위, 접근성)를 제안한다.

중심 내용은 검색한 자료가 문헌고찰에서 논의할 주제의 핵심과 관련되는지를 말한다. 예를 들어, 청소년기 여학생의 도덕성 발달을 탐색한다면, 피아제의 도덕성 발달이론이나 콜버그의 도덕성 발달 단계, 길리건의 페미니스트 도덕성 이론과 같은 주제를 포함하는 게 좋다.

포괄성은 문헌고찰의 범위를 어느 정도까지 할지와 관련된다. 앞서 설명한 쿠퍼의 4가지 분류 중에서 가장 적절한 것을 선택한다. 예를 들어, 청소년기 여학생의 도덕성 발달에 관한 질적 연구 설계를 생각한다면 대표적 문헌고찰이 적절하다. 반면, 양적 설계를 원한다면 선별된 자료의 철저한 문헌고찰을 고려할 수 있다.

범위는 연구의 구체적 초점을 넘어선 정보의 유용성과 관련된다. 이러한 정보는 연구 주제의 중요성을 강조할 맥락적 배경지식을 제공해 줄 수 있다. 예를 들어, 교사의 멘토링에 대한 문헌고찰을 한다면 주제와 직결되지는 않더라도 신규 교사의 인력 감소율이 학교 시스템에 미치는 영향과 관련된 자료를 살펴볼 수 있다.

관련성은 자료와 연구 주제가 관련되는지를 말한다. 관련성은 위에서 살펴본 "중심 내용"과는 구별되는데 왜냐하면 관련 있다고 파악된 자료가 자신의 분야가 아닌 다른 영역에서 나올 수 있기 때문이다. 예를 들어, 교사 멘토링의 경우 교육학이 아닌 심리학 분야의 성인학습 단계에 대한 문헌이 주제를 이해하는 데에 도움이 되며 연구자는 이를 문헌고찰 목록에 넣을 수 있다.

흐름은 사용된 자료의 시간대와 관련된다. 문헌고찰의 주제가 어떻게 전개되었는지를 보여주기 위해서 초창기의 중요한 문헌을 넣을 수 있지만, 최신의 연구 현황을 반드시 포함해야 한다. 예를 들어, 성별에 따른 직업 차별을 다룰 경우, 최근 5년간 진행된 연구물을 반드시 포함한다.

제외는 문헌고찰 안에서 자료의 어떤 면을 포함하지 않을지를, 그럼으로써 어떤 것을 포함할지를 명확히 하는 것이다. 예를 들어, 여성의 직업적 평등에 관한 문헌고찰을 한다면 미국에서 진행된 연구와 성별에 따른 직업 차별만을 다룰 것이며, 나이나 종교, 인종 등의 요인은 고려하지 않음을 명확히 할 수 있다. 그 밖에도 특정 언어로 쓰인 자료만을 포함한다고 명시할 수 있다.

권위는 탐구 영역에 중대한 영향을 끼친 이론가나 연구자 또는 기념비적인 연구물을 말한다. 문헌고찰의 주제가 어떻게 펼쳐져 있는지 이해하려면 그 분야의 중심적인 연구자의 문헌이 들어가는 게 좋다. 예를 들어, 문화 인류학에 대한 연구를 한다면, 마가렛 미드(Margaret Mead)와 그녀의 업적에 영감을 받아서 행해진 연구들을 언급할 수 있다.

　　접근성은 문헌고찰에 포함할 특정 자료를 구할 수 있는가와 관련된다. 최근에는 전자 자료 검색이 수월해졌지만 여전히 어떤 자료는 구하기 어렵거나 비용이 든다. 예들 들어, 구하기 어려운 절판된 책이나 출간되지 않은 연구물은 제외할 수 있다.

　　이러한 8가지 기준은 문헌고찰을 위한 자료를 선택할 때 도움이 된다. 그러나 문헌고찰의 포괄성을 강조할지 관련성을 강조할지 사이에서 학자 간 온도차가 존재함을 알아야 한다. 주제와 관련된 모든 문헌의 철저한 통합을 강조하는 입장도 있고(예. Boote and Beile, 2005; Hart, 1998), 연구 질문과 가장 관련된 자료만을 선별해서 리뷰해야 한다는 입장(예. Maxwell, 2006)도 있다 (Ravitch and Riggan, 2017). 라비치와 리건은 문헌고찰에 포함되는 자료의 수가 중요한 것이 아니며, 어떻게 하면 주제를 깊이 있게 이해할지와 연구자 본인의 연구 설계를 검토하는 것이 중요하다고 강조한다.

　　3장에서 논의하였듯, 체계적인 문헌고찰에서는 자료의 포함과 제외 기준의 설명이 필수적이다. 반면 서술적 문헌고찰과 해석학적 현상학적 문헌고찰에서는 이러한 기준이 필수적으로 요구되지는 않는다. 그러나 우리는 기준을 명시하라고 제안하는 부트와 베일(Boote & Beile, 2005)의 입장에 동의한다. 문헌고찰의 범위와 탐색의 수준을 명확히 밝히고 신중하게 고려된 포함과 제외 기준을 기술하는 것이 좋다. 상자 5.1은 이러한 문헌고찰의 예이며, 표 5.2는 포함과 제외를 고려할 때 스스로 물어볼 질문이다.

출판 편향

　　위의 8가지 기준에 따라 문헌고찰에 포함할 자료를 정할 때, 특히 체계적 문헌고찰을 쓸 때는 출판 편향 문제를 유념한다. 이 문제는 출판된 자료들이 주제에 대해 진행된 모든 연구들을 대표하는 것이 아님을 말한다. "서류 서랍 문제(the file-drawer problem)"(Rosenthal, 1979)라고도 불리는 이 현상은

상자 5.1. 포함과 제외 기준을 사용한 문헌고찰의 예

분석의 범위를 좁히기 위해서 연구에 포함하거나 제외할 자료 선정 기준을 개발하였다.... 대학 진학과 성공적인 대학 생활은 여러 영역에 걸쳐 연구되어 있으므로, 본 리뷰의 범위는 대학 입학 허가를 받은 후의 경험과 결과에 관한 문헌으로 한정하였다. 리뷰에 포함되기 위해서는, 반드시 (a) 미국 내 대학에 입학한 흑인 여자대학생의 경험을 탐색하였으며; (b) 실증연구나 이론적 아티클, 또는 역사적인 분석이어야 하고; (c) 상호검증이 이루어진 학술지나 학술적 출판사에 실린 글로써; (d) 2014년 3월까지 도서관이나 전자 검색을 통해 다운로드가 가능하며; (e) 성취, 자기개념, 학위 완료, 지지적 구조와 같이 대학에서의 교육적 성공에 관한 현상을 탐색한 것으로; (f) 인종, 성별, 또는 두 가지 모두와 관련한 대학 경험을 분석하고 논의한 것이 포함되어야 했다. 기준에 해당하는 다양한 학문 분야의 아티클을 포함하였다.... 대학 접근, 대학 허가 또는 대학 선택과 관련된 문헌은 제외하였다.

자료: Winkler-Wagner (2015, p. 173).

◗ 표 5.2. 문헌고찰에 포함하거나 제외할지를 결정할 때 고려할 질문

기준	물어볼 질문
중심 내용	이 연구는 내 연구의 주제에 대한 것인가?
포괄성	이 연구는 문헌고찰의 주제를 철저히 살펴보는 데에 어떠한 기여를 하는가?
범위	이 연구는 문헌고찰의 일반적인 배경을 이해하기 위한 정보를 제공하는가?
관련성	이 연구는 다른 영역에서 나왔지만 연구의 주제와 관련된 정보를 제공하는가?
흐름	이 연구는 최신의 것인가?
제외	이 연구는 문헌고찰의 틀 안에 명확히 포함되는가?
권위	이 자료는 획기적인 연구인가? 또는 해당 분야의 중요한 사상가나 연구자의 글인가?
접근성	이 자료를 구할 수 있는가?

한 번도 투고나 출판된 적이 없는 다수의 연구들이 존재하는 상황을 묘사한다. 그 이유는 연구자들이 결과가 부정적으로 나오거나 예상한 방향으로 나오지 않았을 경우 투고를 꺼리는 경향이 있으며, 논문 리뷰어나 편집장이 이러한 연구를 출판하라고 제안하는 경우가 적기 때문이다. 그러므로 문헌검색에서 찾은 연구들은 주제에 대해 진행된 **모든** 연구를 대표하는 것도, 무작위로 선정된 것도 아니기 때문에 편향되었을 수 있다(Song et al., 2009).

포화지점에 도달하기

연구자들은, 특히 초보 연구자들은 이만하면 자료를 충분히 찾았다고 자신 있게 말하기 힘들어한다. 지적 호기심은 끊임없이 더 많은 정보를 찾게 만

든다. 알하프(Ollhoff, 2013)는 참고문헌 검색을 멈추는 단서로 **포화지점** (saturation point)이란 개념을 제안한다. 비슷한 내용만 계속 읽는다든지 더 이상 주제와 관련해 새로운 것을 배우지 못한다면 포화지점에 다다랐음을 뜻한다. 가라드(Garrad, 2014)에 따르면 "문헌을 내 것처럼 충분히 알게 되는"(p. 118) 주관적인 느낌만이 검색을 멈추는 길이다.

개별 자료 안에서 관련된 정보 찾기

문헌고찰에 적합하다고 여겨지는 자료를 선택했다면, 관련된 부분을 여러 번 읽으며 분석을 한다. 이 과정은 문헌고찰 내내 지속된다.

아래에서는 선택한 개별 자료에서 적절한 정보를 찾아서 기록하는 방법을 설명한다. 먼저 자료를 폴더 안에 체계적으로 정리하는 것부터 시작한다.

폴더 생성하기

읽기를 시작하기 전에 전자 자료는 컴퓨터 폴더에, 출력한 자료는 자신에게 편한 폴더에 담아 저자 이름순으로 정리한다(Ridley, 2012). 폴더로 정리해 두면 필요할 때마다 자료 접근이 용이하고 새로 찾은 자료를 추가해 넣기가 쉽다(Garrard, 2014).

효과적으로 참고문헌을 관리하기 위한 소프트웨어 몇 가지를 소개하면 아래와 같다:

- EndNote: www.endnote.com
- Evernote: https://evernote.com/intl/ko
- Reference Manager: www.refman.com
- RefWorks: www.refworks.com
- Zotero: www.zotero.org/about

자료를 여러 번 읽기

폴더를 만들어서 선택한 자료를 정리했다면, 이제 각각의 자료를 읽을 차례다. 대부분의 연구자들이 제안하는 일반적인 과정은 이렇다: 먼저, 전체

문서를 재빨리 읽어보며 전반적인 내용을 익힌다. 그런 다음, 다시 읽으면서 문헌고찰에 도움이 되고 관련성이 높은 부분을 표시한다. 읽는 과정에서 관련된 부분이 자연스럽게 드러나도록 할 수도 있고, 또는 미리 연구 질문에서 발췌한 키워드를 자료에 표시할 수도 있다. 아래의 내용은 자료를 살펴볼 때 사용 가능한 질문의 예로 제슨 등(Jesson et al., 2011)의 제안을 바탕으로 구성하였다.

1 이 자료의 어떤 **이슈**가 문헌고찰에 기여를 할까?
2 문헌고찰의 중심 개념에 대한 **정의**가 나와 있는가?
3 문헌고찰의 배경지식에 기여할 만한 **정보**는 무엇인가?
4 문헌고찰에 적용할만한 **역사적인 요인**이 있는가?
5 문헌고찰과 관련된 **이론**이나 **철학적** 주장은 무엇인가?
6 흥미로운 연구 **방법**이 사용되었는가?
7 **결과**는 내 연구 질문과 관련성이 있나?
8 주제의 **중요성**을 부각할 만한 사실이나 통계정보가 있는가?

문헌고찰에 꼭 필요한 부분들을 찾아냈다면 형광표시를 하거나 다른 색의 폰트를 사용해서 잘 표시해 둔다. 그리고 표시한 부분들로 돌아가 다시 찬찬히 읽으면서 문헌고찰에 적합한지 재확인한다. 여백에 키워드를 써넣거나 핵심을 포착할 만한 단어를 적어 둔다.

메모 작성

읽으면서 적절한 부분을 표시하고 여백에 키워드를 적었다면, 이제는 노트에 메모를 할 차례다. 단, 기록할 내용은 자료 전반에 대한 것이 아니며 주제와 관련해서 표시해 둔 부분만임을 기억한다. 노트에는 관련된 이슈에 대한 저자의 표현, 그리고 그 부분이 문헌고찰에 어떤 의미를 제공하는지에 대한 자신의 해석과 요약을 적는다.

메모 작성은 번거롭고 시간이 드는 과정이지만 문헌고찰의 기초 자료로 가치가 있다. 메모를 모아두면 다음의 작업이 향상된다:

- 자료들 안에서 공통점과 차이점을 발견하고 전반적인 내용을 연결한다.
- 정보를 테마와 하위 테마로 정렬한다.
- 문헌고찰의 논리적 구조를 만든다.
- 자료의 출처를 밝혀서 의도치 않은 표절을 피한다.
- 나중에라도 쉽게 정보를 찾는다.
- 정보를 짜임새 있고 조직화된 방식으로 제시한다.

메모 과정

자료를 읽은 뒤 머릿속에서 아직 기억이 생생할 때 바로 메모를 시작한다. 내용 전체를 다 읽을 필요 없이 미리 표시해 둔 부분만을 집중해서 본다. 그 안에서 두드러진 내용을 추려내고 나머지는 그대로 둔다.

문헌고찰에 필요한 정보들은 여기저기에 퍼져 있으며 다 합치면 상당량이 모여진다. 그러므로 정보를 조직화된 방식으로 기록해 둘 필요가 있다. 그림 5.1의 예와 같은 아티클 기록용 정보카드 활용을 추천한다. 이 양식을 이용해 정보를 컴퓨터에 저장하거나 손으로 기록해 두면 자료를 효율적으로 저장하고, 분류하고, 검색하고, 재배열하고, 불러올 수 있다. 이 과정을 정리하면 아래와 같다.

1. 각 아티클별로 별도의 정보카드를 준비해서 번호를 붙인다.
2. 제일 윗부분에는 아티클에 대한 정보(저자, 출판연도, 제목)와 연구 질문 또는 연구의 목적을 적는다.
3. 그 아래의 항목은 셋으로 나눈다. 가장 왼쪽에는 각 이슈와 관련된 핵심 용어, 가운데에는 이와 관련된 내용 요약과 인용문, 오른쪽에는 이 내용에 대한 자신의 생각을 적는다.
4. 문헌고찰과 관련된다고 여겨지는 이슈의 개수에 따라 행을 추가한다.
5. 마지막 행은 이 자료에 대한 자신의 평가를 기록하기 위해 비워둔다(아티클 평가는 6장에서 다룸).

정보카드의 길이는 문헌고찰과 관련된 중요한 이슈의 개수에 따라 다양해진다. 다음에서는 각 항목을 어떻게 채울지 보다 자세히 설명할 것이다. 먼저 가운데 항목인 '분석과 요약', 다음에는 왼쪽 항목인 '핵심 용어와 범주', 마지막으로 분석 과정에서 '성찰'을 살펴본다.

저자(들) _____
출판연도 _____
아티클/챕터 제목 _____
연구 질문 _____

핵심 용어와 범주	분석과 요약	성찰/느낌
이슈 I:	 ——————— 인용문(+페이지 번호):	
이슈 II:	 ——————— 인용문(+페이지 번호):	
이슈 III:	 ——————— 인용문(+페이지 번호):	
아티클 평가		

그림 5.1. 문헌 정보카드 양식

분석과 요약

　정보카드의 가운데인 분석과 요약에는 아티클 내용 중 문헌고찰에서 다루는 주제를 이해하는 데 필요한 부분을 해석하고 요약한다. 명확하게 적어야 시간이 한참 지난 후에 다시 보더라도 글의 요지가 잘 떠오른다(원래의 아티클을 다시 찾아볼 경우를 대비해서 페이지 번호를 적어둔다.) 잘 기록해 둔 메모는 나중에 문헌고찰을 작성할 때 글의 일부분이 될 수도 있다(Ollhoff, 2013).

여기에는 주로 연구의 인식론, 설계, 결과, 한계, 시사점 같은 방법론적인 내용을 적는다. 양적 연구라면 실험설계나 기술 통계, 도구의 타당도와 신뢰도, 표집, 통계적 결과와 시사점을 기록하고, 질적 연구라면 연구자의 주관성, 신빙성을 높이기 위한 방법 등을 기록한다. 특히 질적 연구와 해석학적 현상학적 연구라면 연구의 사회적, 이론적 맥락과 문화적 구성 등을 적어둔다. 핵심적인 은유나 문구, 관점, 개념, 의미 등을 기록해 두면 나중에 연구들끼리 비교와 대조를 할 수 있다(Booth et al., 2016; Noblit & Hare, 1988; Walsh & Downe, 2005).

이론이나 개념적 내용을 기록할 때는 문헌고찰의 핵심 용어를 어떻게 정의 내렸는지에 주목한다. 학자마다 용어를 다르게 정의 내릴 수 있으며, 이로써 결과적으로 동일한 주제의 다른 측면이 강조된다. 또한 주제와 관련한 사회, 정치, 문화적 맥락이나 시간의 흐름에 따른 변화를 살펴보거나 연구를 바라보는 이론적 렌즈를 기록해도 좋다.

저자의 생각을 잘 담고 있는 문장을 발견하면 직접 인용을 한다. 정확하게 적고 페이지 번호도 달아둔다(11장에서 인용 방법을 다룸).

표 5.3. 자료에서 방법론 및 내용과 관련해 살펴볼 부분들

방법론	내용
지식에 대한 이론(인식론)	용어의 정의
연구 설계	역사적 발전과정
신뢰도와 타당도	이론
연구 장소	개념
참여자	철학적 관점
자료 수집 전략	사회와 문화적 맥락
자료 분석 과정	논의
연구자의 주관성	입장
은유, 문구, 관점, 의미	정책
결과	
한계점	
시사점	

표 5.3은 방법론과 내용 측면에서 중점적으로 살펴볼 부분을 제슨 등 (Jesson et al., 2011)과 부스 등(Booth et al., 2016)의 제안을 바탕으로 정리한 것이다.

핵심 용어

자료의 선택 부분을 요약하고 해석한 후에는 적어놓은 내용을 범주로 나누고 여기에 핵심 용어로 이름을 붙인다(정보카드의 가장 왼쪽 열). 핵심 용어는 범주의 내용을 잘 반영해야 하며, 사전에 미리 정해 둔 용어일 수도 있고, 자료 안에서 도출되기도 한다. 몇 개의 아티클을 정리하다 보면 반복되는 용어나 이슈가 드러난다. 기억할 점은 용어를 일관되게 적용해야 한다는 점이다.

범주를 나누고 이름을 붙여두면 나중에 테마와 하위 테마로 문헌고찰 글을 구조화할 때 도움이 된다. 저장된 자료를 핵심 용어로 불러오거나 다양한 방식으로 정보를 조직화하는 데에도 도움이 된다(Hart, 1998).

성찰

정보카드의 가장 오른쪽 열에는 요약한 자료에 대한 자신의 생각이나 통찰을 기록해 둔다. 특정 이슈가 다른 아티클과 일치하거나 다른지에 대한 의견도 적어둘 수 있다. 아티클에 대한 평가는 정보카드의 가장 아래쪽에 적는다(6장에서 논의할 기준에 따라 이루어짐).

표 5.4. 정보카드를 활용한 메모의 예

핵심 용어와 범주	아티클 제목	분석과 요약	성찰
주제 1: 멘토십의 정의	Ambrosetti, A., & Dekkers, J.(2010). The interconnectness of the role of mentors and mentees in pre-service	멘토링의 정의는 교사 교육에서의 멘토링에 영향을 미치는 맥락적 요인과 상호연결되어 있다. 다양한 정의가 있지만, 멘토링 과정에서 일어나는 행동에 대한 명확한 설명은 없는 상태다. 저자의 정의는 멘토와 멘티 사이의 위계적이고 상호적인 관계를 강조한다. 멘토링에 대한 다른 정의의 예:	"멘토"라는 단어의 어원이 무엇이고 현재의 정의에 어떤 시사점을 주는지 확인할 필요가 있음. 멘토의 정의가 맥락적 요인의 일부라는 주장이 마음에 듦. 이 생각을 내 문헌고찰에서 더 확장시켜야 함. 이 요약에 적혀 있는 아티

		멘토링은 과정(Smith, 2007). 멘토링은 과정이면서 또한 관계(Kwan & Lopez-Real, 2005). 멘토링은 맥락적(Fairbank et al., 2000). 멘토링은 관계적, 발달적, 맥락적 (Lai, 2005). **인용문**(p.52): "이 관계는 보통 구체적 일정, 정의된 역할, 명확한 기대, 이상적으로 명료하게 기술된 목적 안에서 발달적 패턴을 따른다."	클의 원본들을 찾아서 읽어봐야 함.
teacher education. *Australian Journal of Teacher Education, 35*(6), 42−55.			
주제 2: 멘토의 역할	Ambrosetti, A., & Dekkers, J. (2010). The interconnectness of the role of mentors and mentees in pre−service teacher education. *Australian Journal of Teacher Education, 35*(6), 42−55.	저자는 다양한 아티클에 근거하여 멘토 역할에 대한 일반적 관점을 다음과 같이 제시함: **지지자**: 멘티가 개인적, 전문적으로 성장하게 도움. **롤모델**: 바람직한 행동을 스스로 실행해 보임. **촉진자**: 멘티가 업무를 달성하도록 기회를 제공 **평가자**: 멘티의 성과를 평가하고 비평을 제공 **협력자**: 멘티와 협력적 관계를 유지하며 공유하고 반영해 줌. **친구**: 비판적 친구의 역할을 함. **트레이너**: 기술과 자원을 제공 **보호자**: 불편한 상황으로부터 멘티를 보호 **동료**: 멘티를 평등한 전문가로 대함.	흥미로운 관점임. 관찰한 멘토들을 범주화할 때 도움이 될지도 모름. Brondyke, S., & Searby, L.(2013)이 제안한 세 가지 관점으로 나눠질 수 있을까?
아티클 평가			

표 5.4는 멘토링이란 주제와 관련해서 정보카드를 작성한 예다.

전자 노트 필기

요즘은 노트필기를 도와주는 앱이나 소프트웨어가 많이 나와 있다. 이런 프로그램을 활용하면 정보카드 형식으로 기록해 둔 자료에서 키워드나 주제를 빠르고 간편하게 검토할 수 있다. 몇 가지 프로그램을 소개하면 다음과 같다.

- 에버노트(https://evernote.com/intl/ko): 노트 필기와 동기화가 쉽고 유연하다. 텍스트를 입력하거나 손으로 쓴 글씨를 스캔해서 넣을 수 있다.
- 구글 문서(https://www.google.com/intl/ko_KR/docs/about/): 온라인에서 무료로 문서를 만들고 수정할 수 있으며, 문서를 테마별로 정리할 수 있다.
- 원노트(https://www.onenote.com/Download?omkt＝ko－KR): 마이크로소프트 계정으로 무료로 전자 필기장을 공유할 수 있으며, 글이나 사진, 음성이나 비디오 저장이 가능하다.
- 심플노트(https://simplenote.com): 무료로 간편하게 메모할 수 있고 자동으로 동기화된다.
- 조테로(www.zotero.org/about): 파이어폭스(firefox) 웹브라우저의 일부로써, 인터넷 자료 수집과 참고문헌 저장이 가능하다. 이 외에도 여러 자료를 저장할 수 있고 메모기능이 있다.

주제를 보여주는 동심원

개별 자료를 분석하고 정보카드를 만들다 보면 핵심 용어와 범주가 생성된다. 그 과정에서 중점적으로 다루고 싶은 잠정적인 테마들이 드러난다. 더 많은 자료들을 분석하고 주제에 대한 지식이 쌓일수록 테마가 지속적으로 바뀌고, 수정되고, 때론 삭제되기도 한다. 중심 테마들을 적어두면 자료의 전체적인 그림이 그려져서 도움이 된다. 한 가지 예로, 동심원 모양의 지도를 활용해 문헌고찰에서 중점적으로 다룰 내용을 구성해 볼 수 있다.

동심원은 가운데 원을 둘러싼 다양한 원들로 구성된다. 가장 안쪽에는 핵심 주제나 연구 질문을 넣고, 주변 원들에는 문헌에서 도출된 주요 테마들을 적는다(그림 5.2). 표 5.5는 동심원을 만드는 단계에 대한 설명이다.

주요 테마

주요 테마

주요 테마

주요 테마

연구 주제나
연구 질문

그림 5.2. 테마별 동심원

표 5.5. 테마를 보여주는 동심원 작성 단계

단계		√
1	작은 원을 그리고 그 안에 연구 질문이나 중심 주제를 적는다.	
2	이 원을 중심으로 과녁 모양의 크기별 원들을 그린다.	
3	더 깊이 탐구하고 이해할 필요가 있는 테마들을 선택한다. 스스로에게 "이 연구 주제에 대해서 나와 독자들이 더 알아야 할 것은 무엇일까?" "내 연구로 이어지는 학문적 맥락을 제시하려면 무엇을 알아야 하는가?" 등의 질문을 던져본다.	
4	각각의 원에 테마를 하나씩 적는다. 이 단계에서는 테마들 사이의 위계에 신경 쓰지 않아도 좋다(7장에서 문헌고찰의 구조와 조직화를 다룰 때 테마의 순서에 대해 설명함).	

　　테마를 적은 동심원의 예로, 고등학교 교사이면서 교육과정전공 박사생인 미셸의 연구를 살펴보자. 미셸은 청소년 문학을 매개로 한 학생들 간의 사회적 담론의 촉진에 대해 논문을 쓰기로 하였다. 그녀는 문헌고찰의 테마를 정리하기 위해서 동심원을 그리고 가장 가운데 원에 "청소년 문학과 대화적 담론"이라는 논문의 주제를 적었다. 이를 둘러싼 4개의 원을 더 그린 뒤 각각의 원에 도출된 주요 테마를 적었다. 이 테마들은 지금까지 읽은 자료의 내용과 정보카드 기록, 그리고 주제를 이해하는 데에 핵심이 된다고 느껴지는 자신의 직관에서 나온 것이다(그림 5.3).

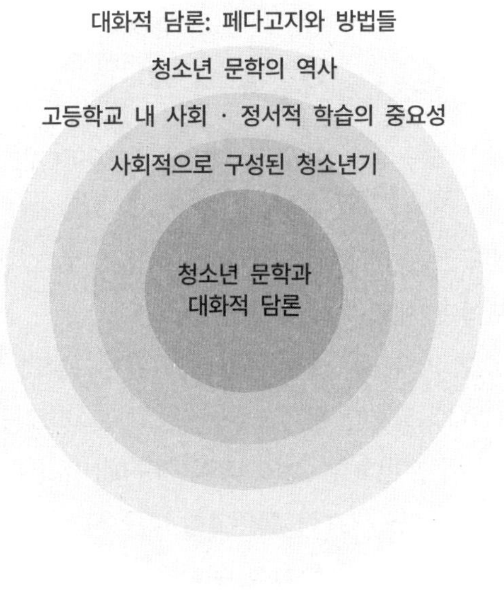

대화적 담론: 페다고지와 방법들

청소년 문학의 역사

고등학교 내 사회 · 정서적 학습의 중요성

사회적으로 구성된 청소년기

청소년 문학과
대화적 담론

그림 5.3. 테마별 동심원의 예

1. 문헌고찰의 자료 분석은 목적을 갖고 각 자료를 여러 번 읽는 과정을 거친다.

2. 문헌고찰을 위한 자료를 선택해서 전체적으로 훑어보고, 문헌고찰의 범위를 결정한 뒤, 포함과 제외 기준을 정한다.

3. 쿠퍼(Cooper, 1988)의 분류 체계에 따르면 문헌고찰의 범위별로 4가지 접근이 가능하다: (1) 철저한 문헌고찰–모든 관련 자료를 리뷰한다; (2) 선별된 자료의 철저한 문헌고찰–정의 내린 기준에 따라 어떤 자료를 리뷰할지 범위를 정한다; (3) 대표적 문헌고찰–전형적이거나 특정 그룹으로 묶인 문헌만을 선택한다; (4) 중심적 문헌고찰–영향력이 큰 연구물에만 집중한다.

4. 체계적 문헌고찰은 연구 질문을 작성할 때부터 포함과 제외 기준을 미리 명확히 정해 둔다.

5. 자료를 문헌고찰에 포함할지 결정할 때 고려할 8가지는 중심 내용, 포괄성, 범위, 관련성, 흐름, 제외, 권위, 접근성이다.

6. 검색한 자료를 폴더에 넣고 저자 이름순으로 정리해 둔다.

7. 자료를 여러 번 읽으며 문헌고찰 질문과 관련된 부분을 찾아 표시해 두고, 각 부분에서 방법론과 내용 관련 부분을 검토한다.

8. 자료 검색 과정은 순환적이며 문헌고찰 과정 내내 계속될 수 있다.

9. 자료의 중요한 부분을 메모로 남기면 문헌고찰을 글로 쓸 때 도움이 된다. 자료를 읽자마자 관련된 부분을 정보카드에 기록한다.

10. 주제를 나타내는 동심원을 활용해서 문헌고찰의 잠정적인 테마를 작성한다.

chapter 6

아티클 평가

6장

아티클 평가

적합한 자료를 선택해서 관련 정보를 요약하고 분석했다면, 이제 자료를 비판적으로 평가할 차례다. 목적을 갖고 정보를 발췌해서 요약할 때는 연구의 세부 사항에 관심을 두었다면, 비판적으로 평가할 때는 "자료를 전체적으로 판단"한다(Booth et al., 2016, p. 129). 일부 문헌고찰 연구자들은 요약과 동시에 비판적 평가를 하는 것이 보다 효율적이고 시간이 적게 소요되므로 이를 선호한다(Booth et al., 2016).

이 책에서 우리는 평가 과정을 두 장으로 나눠서 설명하고 있다. 앞서 5장에서는 발췌, 분석, 요약 과정에, 그리고 6장에서는 비판적 평가에 초점을 둔다. 그렇게 함으로써 각 단계에서 진행되는 과정을 보다 명확하게 전달할 수 있다고 생각하기 때문이다. 독자들은 두 단계를 합치거나 분리하는 방법 중 자신에게 적합한 것을 선택하길 바란다.

어떤 방법을 선택했든, 문헌고찰의 목적은 단지 어떤 문헌이 있는가를 보고하는 것이 아니라 비판적 평가를 제공하는 것이다(Wellington, Bathmaker, Hunt, McCulloch, & Sikes, 2005). 이는 자료의 질과 결과의 적절성을 검토하는 걸 의미한다. 이 장에서는 비판적 검토의 역할 그리고 연구 방법별 평가의 기준을 설명한다.

자료의 질에 대한 비판적 평가

문헌고찰을 할 때는 리뷰하는 자료에 비판적 입장을 취하는 것이 중요하다(Ridley, 2012). 이 말은 신중하고 제대로 된 판단을 내릴 수 있다는 자신감과, 동시에 자신이 평가하는 문헌의 연구자에 대해 어느 정도의 겸손함과 존경심을 지님을 의미한다(Wellington et al., 2005).

문헌고찰에 포함되는 연구의 주장과 방법론 그리고 결과의 타당도를 평가하기 위해서는 개별 자료의 장점과 부족한 점을 살펴봐야 한다. 문헌고찰의 질과 완성도는 상당부분 자신이 사용하는 자료에 달려 있다. 문헌고찰은 증거로 제시하는 자료의 타당성을 바탕으로 주장이 전개된다(Booth et al., 2008; Machi & McEvoy, 2012). 설계가 부실하고 결과가 의심스러운 연구는 문헌고찰의 질에 부정적인 영향을 주거나 잘못된 주장을 하게 만든다는 걸 명심해야 한다(Galvan & Galvan, 2017).

우리는 비판적 리뷰어가 되어야 하지만 그렇다고 혹평가가 되어서는 안 된다(Booth et al., 2008). 리뷰어로서 우리의 역할은 완벽한 연구를 찾아내거나(Petticrew & Roberts, 2006) 리뷰하는 모든 문헌의 작은 흠까지 다 들춰내는 게 아니다. 거의 대부분의 연구가 부족한 부분을 포함하며 리뷰어의 역할은 어떤 실수가 중대한지 또는 결과에 별로 영향을 주지 않는 것은 무엇인지를 고려하는 것이다(Booth et al., 2016). 일부 연구자들은(예. Cooper, 1988) 방법론이 심각하게 부적절하면 리뷰에서 제외하라고 말한다. 다른 쪽에선(예. Booth et al., 2016; Hart, 1998; McMillan & Wergin, 2010) 한계가 있는 연구라 할지라도 유용한 정보를 제공할 수 있다고 주장한다. 왈쉬와 다운(Walsh and Downe, 2005)은 질적 연구의 평가에 대해 논의하면서, 심각한 결함이 있는 연구라도 이를 통해 향후 더 나은 연구를 제시할 수 있기 때문에 문헌고찰에 포함할 가치가 있다고 제안한다.

요약하면, 중요한 것은 문헌의 결과가 문헌고찰을 하는 연구자의 주장이나 결론에 미치는 영향이다. 각 연구의 장점과 약점을 살펴보고 이것이 자신의 연구에 어떠한 영향을 주었는지 글로써 기술한다. 리뷰한 자료의 질을 명확히 인식하면 자신의 주장이 어떤 자료에서 나왔으며, 그럼으로써 믿을 만한 결론에 도달하였다고 독자들에게 이해시키는 "논리적 다리(logical bridge)"(Dowidowcz,

2010, p. 90)를 제공할 수 있다.

아마도 여러분은 문헌고찰에 포함되는 모든 자료의 질을 평가하고 싶을 것이다. 하지만 문헌고찰에서 핵심이 되며 자신이 향후 진행하고 싶은 연구와 관련이 높은 아티클 위주로 세부적 평가를 하길 권한다. 또한 우리는 갈반과 갈반(Galvan and Galvan, 2017)의 제안에 동의하는데, 때로 개별 연구를 논하기보다는 여러 연구에 걸쳐 공통으로 나타나는 한계점이 있을 경우 이를 하나로 묶어 비평하는 것이 나을 때가 있다.

개별 아티클을 평가할 때는 자신의 문헌고찰 방식을 고려한다. 예를 들어, 체계적 문헌고찰을 한다면 정확하고 엄격한 평가 기준을 사용한다(Jesson et al., 2011). 반면 해석학적 현상학적 문헌고찰이라면, 물론 정확한 자료를 사용하는 것이 중요하지만, 모든 연구를 문헌고찰에 넣을 수 있다(Walsh & Downe, 2005). 서술적 문헌고찰이라면 양적, 질적, 혼합 연구에 따라 평가 기준을 다르게 적용하는 유연한 태도를 취한다.

이 장에서는 서술적 문헌고찰에서의 연구 방법별 평가 기준을 설명한다. 이어서 해석학적 현상학적 글을 평가하는 지침을 따로 제시할 것이다.

대부분의 연구자는(예. Booth et al., 2008; Cooper, 1984) 연구 설계와 방법론의 질, 그리고 결과의 타당도와 신뢰도가 아티클 평가의 최우선 기준이 되어야 한다고 주장한다. 이러한 주장에 동의하지만, 우리는 맥밀란과 워진(McMillan and Wergin, 2010)의 방식에 따라 아티클의 모든 부분을 평가하는 기준을 제시하고자 한다. 왜냐하면 아티클의 질을 평가하기 위해서는 모든 부분을 살펴보는 게 중요하며, 이러한 지식이 문헌고찰에 도움이 된다고 믿기 때문이다. 그뿐만 아니라 연구의 모든 부분을 평가하는 기준을 안다면 자신의 연구를 평가하고 수준을 향상시키는 데에도 도움이 될 것이다.

개별 연구를 평가하는 기준

여기에서는 양적, 질적, 혼합 방법, 그리고 해석학적 현상학적 연구의 질을 평가하는 기준을 설명한다. 2장에서 언급했듯, 각 연구 접근별로 서로 다른 목적을 가지며 이것이 연구 진행 방식에 영향을 미친다. 모든 종류의 연구는 좋은 연구의 기준이 있고, 이 기준은 연구 전통이나 경향, 기대, 규범 능에서 만들어진다(McMillan & Wergin, 2010). 이러한 차이는 평가를 할 때도 고려되어야 한다.

양적 연구는 연구의 질을 입증하는 것이 연구 과정의 핵심 부분이며 이에 대한 평가 기준이 잘 성립되어 있다. 반면, 질적 연구자들 사이에서는 질적 연구를 어떻게 평가해야 하는지에 대한 논의가 지속되고 있다(예. Booth et al., 2016; Denzin, 2009; Marshall & Rossman, 2015; McMillan & Schumacher, 2010).

질적 연구자의 관점에서 보면, 진실은 다중적이고 지식은 사회적으로 구성된다(Walsh & Downe, 2005). 이러한 가정을 바탕으로 평가의 가치에 대한 세 개의 기본적 입장이 형성된다. 첫 번째 진영에서는(예. Dixwon-Woods, Shaw, Agarwal, & Smith, 2004; Dixon-Woods, Bonas, et al., 2006; Teddlie & Tashakkori, 2009) 결국 연구는 연구이므로 양적 연구자들이 쓰는 기준(예를 들어 내적·외적 타당도, 신뢰도, 전이 가능성, 확인 가능성, 투명성)이 질적 연구에 동일하게 적용되어야 한다고 주장한다.

두 번째 진영은 질적 연구와 양적 연구의 성격과 목적이 근본적으로 다르기 때문에 질적 연구에 적합한 기준을 사용해서 다르게 평가해야 한다고 주장한다(예. Bazeley, 2013; Creswell, 2018; Lincoln & Guba, 1985; Marshall & Rossman, 2015; Maxwell, 2013).

세 번째 진영은 정해진 기준을 적용하는 것 자체가 질적 연구의 성격이나 목적과 배치된다고 믿기 때문에 평가 기준에 함축된 어떠한 종류의 규제적 측면도 거부한다(예. Denzin, 2009; Hammersley, 2007).

이 책을 쓰는 우리는 질적 연구가 충실하게 실행되려면 기준이 필요하다는 입장이다. 그렇지만 링컨과 구바(Lincoln and Guba, 1985)와 같이 양적 접근에서 빌려온 전통적인 기준을 질적 연구에 적용해서는 안 된다고 믿는다. 질적 연구는 본래가 주관적이고, 구체적 장소나 소수의 참여자를 연구하는 방법이므로 대안적 기준을 적용할 필요가 있다.

평가 기준에 대한 논의는 세 부분으로 나눠 진행할 것이다. 첫 번째로, 양적, 질적, 혼합적, 해석학적 현상학적 연구에 공통으로 적용되는 기준을 설명한다, 두 번째로, 각 접근 방법별로 구별되는 기준을 제시한다. 세 번째로, 해석학적 현상학적 연구를 평가하는 기준에 대한 짧은 논의를 추가할 것이다.

양적, 질적, 혼합적, 해석학적 현상학적 연구의 공통적인 요소들

제목

독자들이 아티클의 내용을 처음으로 알게 되는 것이 바로 제목이므로 정확하게 표현되어야 한다. 부실한 제목이 달려 있다면 중요한 자료임에도 검색에서 간과될 수 있다. 제목은 간결해야 작성하고 "~에 대한 연구"처럼 도움이 되지 않는 단어는 피한다. 길이는 열두 단어가 넘지 않아야 좋다(미국심리학회 [APA] 논문작성법, 2010, p. 23). 가능하면 약어가 아닌 완전한 단어를 쓴다. 콜론(쌍점)을 쓰면 간결하면서도 설명력이 높아진다.

초록

초록에서는 연구를 요약해서 미리 보여준다. 길이는 학회지마다 다르지만 보통 50~150단어. 아티클의 내용을 정확하게 요약해야 하며 연구의 목적, 방법론에 대한 간단한 기술, 주요 결과가 들어간다(McMillan & Schumacher, 2010). 잘 쓰여진 초록은 정확하고 평가적이지 않으며, 논리정연하고 쉽게 읽히며 간결하다(American Psychological Association, 2010, p. 26).

서론

서론에서는 연구의 전반적인 맥락, 선행 연구들, 주요 용어와 개념 정의 등이 포함된다. 또한 연구 문제와 연구의 목적, 연구의 근거, 시사점이 제시된다. 연구 설계(예를 들어 실험이나 해석적)와 변수가 포함될 수 있다(McMillan & Wergin, 2010).

학위논문이나 제안서 등의 서론은 문헌고찰과 별개의 장으로 되어 있지만 학회지에 실린 아티클은 보통 서론과 문헌고찰이 하나의 장으로 합쳐져 있다. 연구 질문과 가설(필요할 경우)은 서론에 포함되기도 하고 또는 문헌고찰에 이어서 제시되기도 한다.

문헌고찰(선행 연구 또는 이론적 배경)

잘 구성된 문헌고찰은 연구 주제에 대한 배경 정보를 제공하며 해당 연구가 학계 안에서 어디에 위치하는지를 보여준다. 좋은 문헌고찰은 선행 연구들을 비판적으로 분석하고(McMillan & Wergin, 2010), 기존 지식의 간극이나 불일치 지점을 보여주며, 선행 연구 결과의 재검토 필요성을 제시하거나, 현 연구의 필요성을 밝힌다. 문헌고찰은 보통 주제에 대한 일반적인 정보에서 시작해 앞으로 진행할 연구와 가장 관련된 문헌들을 집중해서 논의하는 것으로 끝난다.

연구 질문과 가설

대부분의 실증적인 양적 연구에는 가설이 들어가지만, 그 외의 비실험적 연구에는 가설이 아닌 연구 질문이 포함되기도 한다(McMillan & Schumacher, 2010). 가설이 언급되었다면 검증할 수 있는 방식으로 기술되어야 한다.

질적 연구와 해석학적 현상학적 연구의 질문은 주로 열린 질문이다. '무엇' 그리고 '어떻게'로 시작하는 질문이 일반적이며 '네'나 '아니오'로 답이 나오는 질문은 피한다. 질문을 던짐으로써 탐구의 범위가 정해지지만 질문은 연구 과정에서 유연하게 변할 수 있을 만큼 일반적이어야 한다(Efron & Ravid, 2013; Marshall & Rossman, 2011). 질적 연구와 해석학적 현상학적 연구의 질문은 흔히 진행 과정에서 발전되고 바뀌어 간다(Boell & Cecez-Kecmanovic, 2010, 2014).

혼합 연구에는 두 개 이상의 연구 질문이 포함될 수 있고, 이에 따라 다른 접근으로 자료를 수집한다(Efron & Ravid, 2013). 혼합 연구자는 구체적인 질문과 열린 질문을 동시에 던질 수 있다. 연구 질문은 연구를 시작할 때 결정될 수도 있고 진행하면서 드러날 수도 있다(Creswell & Plano Clark, 2011).

연구별 특성을 보여주는 요소들

양적 연구: 방법론, 결과, 논의, 타당도와 신뢰도

방법론

이 부분에는 연구의 진행 과정, 참여자, 자료 수집 도구, 자료 수집 과정, 자료 분석 방법을 기술한다. 구체적으로 자세하게 기술해서 다른 연구자들이 저자와 연락을 하지 않고도 동일한 연구를 다시 해 볼 수 있을 정도가 되어야 한다(Garrard, 2014). 실험연구인지 비실험연구인지도 밝힌다. 실험연구를 하면

● 표 6.1. 양적, 질적, 혼합적, 해석학적 현상학적 연구의 공통 요소를 평가하는 체크리스트

공통 요소들		√
제목	짧고, 명료하며, 정확하게 아티클의 주요 내용을 요약함.	
초록	정해진 길이 내에서 정확하고 간결하게 아티클을 요약함.	
	평가적이지 않음.	
	연구의 목적이 포함됨.	
	연구 방법론이 포함됨.	
	주요 결과가 포함됨.	
서론	연구의 근거와 중요성이 제시됨.	
	주요 용어와 개념이 설명됨.	
	연구 문제가 언급되고 그 중요성이 검토됨.	
문헌고찰	연구 주제를 더 넓은 학문적 맥락과 연결시킴.	
	현재까지의 연구를 평가하기 위한 포괄적인 배경 정보를 제공함.	
	중요한 선행 연구 결과가 언급됨.	
	관련된 연구들을 비판적으로 논의함.	
	논리적으로 구성됨.	
	최신의 연구를 포함함.	
연구 질문이나 가설	연구 질문이 명확히 언급됨.	
	양적 연구일 경우, 연구 질문과 관련되며 검증 가능한 가설을 제시함.	
	질적, 해석학적 현상학적 연구일 경우, 주로 '무엇'이나 '어떻게'로 시작하는 열린 질문을 던짐.	
	질적, 해석학적 현상학적 연구 질문은 연구 과정에서 발전되고 변화될 수 있음.	
	혼합 연구의 연구 질문은 열린 질문과 구체적 질문이 모두 포함됨.	
	혼합 연구의 질문은 하나 이상일 수 있고, 각 질문에 따라 자료 수집 방법이 달라짐.	

변인 간의 인과관계를 확인할 수 있다. 반면 기술적 또는 비실험적 연구는 새로운 현상을 기술하거나 변인 사이의 비인과적 관계를 추론할 때 사용된다. 인과관계를 살펴보려면 실험연구가 최선이지만, 그러한 설계가 불가능하거나 실용적이지 않을 때는(Galvan, 2014) 비실험적 방법을 사용한다.

아래 내용은 양적 연구 방법론의 각 부분(참여자, 자료 수집 도구, 자료 수집 과정, 자료 분석)에 대한 설명이다. 이어서 양적 연구와 관련된 윤리도 간단히 언급된다.

참여자

연구 결과를 일반화하고 연구를 반복할 수 있으려면 연구 참여자에 대한 구체적인 정보제공이 중요하다(미국심리학회, 2010). 참여자 수와 인구학적 특성, 어떻게 자료가 수집되었는지를 보고한다. 표집 수가 충분하지 못하면 대규모 표집보다 결과가 약하다고 여겨질 수 있으며, 참여자가 지원자들로 구성된 경우라면 편견이 작용할 수 있다. 덧붙여서, 참여자에 대한 정보는 연구마다 다르다. 예를 들어, 특정 연구에서는 참여자의 나이나 성별이 매우 중요한 반면 다른 연구에서는 그렇지 않을 수 있다.

자료 수집 도구

양적 연구의 자료 수집을 위해 설문지, 검사, 평가점수, 기록 자료 등 다양한 도구가 사용된다(McMillan & Wergin, 2010). 구조화된 인터뷰나 관찰로도 양적 자료 수집이 가능하다. 자료 수집에 사용된 도구는 자세히 기술하고 샘플을 첨부하도록 한다.

대부분의 자료 수집 도구는 일반적으로 다음의 세 범주에 속한다: (1) 다른 사람이 개발한 기존 도구, (2) 기존 도구를 수정한 것, 그리고 (3) 연구에 맞게 새로 개발한 도구다(Creswell & Plano Clark, 2011).

기존 도구 사용: 현재 진행하는 연구가 기존 도구로 측정한 것과 동일한 주제나 개념, 또는 특성을 측정할 경우에 사용 가능한 접근이다.

기존 도구 수정: 자료 수집 도구의 개발 과정을 단축하는 접근이다. 자신이 수정을 한 이유를 밝히고 이러한 변화가 도구의 신뢰도와 타당도를 떨어뜨리지 않았음을 증명한다(양적 연구의 타당도와 신뢰도 부분 참고).

새로운 도구 개발: 시간과 노력이 가장 많이 들어가는 접근이지만, 연구의 특정 목적과 질문에 가장 가까운 도구를 개발해서 사용할 수 있다.

자료 수집 과정

연구가 진행된 전 과정을 자세히 설명해서 반복 연구가 가능하도록 한다. 연구 과정, 기간, 세부 일정, 자료 수집 방법을 기술한다.

자료 분석

자료의 분석 과정과 사용된 통계 방법을 기술한다.

연구 윤리

연구 참여자의 권리와 복지가 보장되어야 한다. 참여자들은 연구에 대한 정보를 제공받고, 언제든 철회할 수 있어야 한다. 미성년자라면 부모나 법적 보호자가 동의서에 서명한다. 특히 인간을 대상으로 개입을 실행하는 실험연구에서는 윤리 기준을 엄격이 따라야 한다(R. Ravid, 2015). 전문 학회나 기관, 대학에서 제공하는 윤리 기준을 점검한다.

결과

이 부분에서는 연구의 결과가 제시된다. 만일 앞에서 연구 질문이나 가설을 언급했다면, 결과에서 이를 다시 언급하고 검증을 위해 사용된 자료를 제시한다. 주요 결과를 보고하고 평가해서 연구 가설이 지지되었는지를 밝힌다. 결과는 수치 자료, 표, 도표 그리고 이러한 자료를 해석하는 글의 형태로 제시된다.

논의

연구 결과를 해석하고, 평가하고 설명하는 부분이다. 결과가 예상과 다르게 나왔다면 잠정적인 설명을 제시한다(R. Ravid, 2015). 또한 연구 결과는 같은 주제를 다룬 기존 연구와 어떻게 같고 다른지, 현재까지의 지식을 어떻게 확장하는지 기술한다.

연구의 결론과 현장전문가를 위한 시사점도 논의에 포함된다. 현 연구의 한계와 향후 연구를 위한 제언을 논의의 마지막에 제시한다.

타당도와 신뢰도

양적 연구를 설계할 때에는 **외적** 그리고 **내적** 타당도를 확보한다. 내적 타당도는 연구 결과가 미리 계획한 개입의 결과로 얻어진 것이며 통제하지 못한 다른 원인 때문에 일어난 것이 아님을 나타내는 지표다(R. Ravid, 2015). 반면 외적 타당도는 연구 결과가 더 넓은 인구나 다른 상황에도 일반화될 수 있는가를 의미한다.

두 종류의 타당도는 특히 인과관계를 탐색하는 실험연구에서 중요하다. 연구 대상의 변화(종속 변수)가 실험적 처치나 개입(독립 변수)에 의한 것이며 통제하지 못한 다른 요인 때문이 아닐 경우 그 실험은 내적 타당도가 높다고 할 수 있다. 통제하지 못했거나 예상치 못한 변수(외생 변수라고 함)로 인한 연구 결과(종속 변수)에는 대안적 설명이 제시될 수 있다(추가 정보는 www.socialresearchmethods.net/kb/intval.php 참고). 내적 타당도를 위협하는 요인으로는 참여자 선택 시의 편향(예를 들어, 실험 집단에 지원자를 넣은 경우), 시험 효과(사전 검사가 사후 검사를 수행하는 데 영향을 미치는 경우), 과거 경험(특히 장기간에 걸친 연구에서, 연구 과정 중에 발생한 사건이 종속 변수에 영향을 미치는 경우), 도구의 문제(개입의 효과성을 검증하는 실험 도구의 신뢰도와 타당도 정도) 등이 있다(R. Ravid, 2015).

대부분의 연구는, 단지 지엽적인 이슈의 언급을 넘어, 결과를 유사한 다른 장소나 집단 그리고 대상으로 확장시키길 원한다. 즉, 지식확장에 기여하려면 내적 타당도뿐만이 아니라 높은 외적 타당도가 요구된다. 그러다 보니 내적 그리고 외적 타당도 사이에 다소간 긴장이 발생한다. 가치 있는 연구가 되려면 통제를 강화해서 내적 타당도를 높여야 하는데 그러다 보면 현실의 모습과 멀어지며 외적 타당도에 한계를 가져온다.

자료 수집 도구의 타당도와 신뢰도

자료 수집 도구의 타당도와 신뢰도는 도구가 측정하고자 하는 것을 정확하게 측정하는지 그리고 그 결과를 가지고 적절한 추론과 해석이 가능한지의 문제를 말한다(R. Ravid, 2015). 자료 수집 도구는 특정 목적하에 개발되고 타당화되었기 때문에 다른 목적이나 맥락에서 사용될 경우 타당도가 다시 확보되어야 한다.

자료 수집 도구와 관련해서 세 개의 주요 타당도가 있는데 (1) 내용 타당도(문항이나 질문이 측정하고자 하는 내용을 제대로 측정하는가), (2) 준거 타당도(외부의 다른 도구로 측정한 값과 비교하여 어떠한가), 그리고 (3) 구성 타당도(측정하고자 하는 개념을 제대로 측정하는가)이다(Creswell & Plano Clark, 2011).

도구의 신뢰도는 자료를 모으는 데 사용된 도구가 일관되고 믿을 만한지를 의미한다(R. Ravid, 2015). 도구의 신뢰도를 검증하는 몇 가지 방법이 있으며, 이 방법들은 모두 검사 문항 간 혹은 다른 양적 도구와의 상관관계를 검토한다(Mertler, 2012). 대표적인 신뢰도 측정 방법으로는 (1) 검사-재검사 신뢰도(하나의 검사 도구를 같은 집단에게 두 번 실시하여 두 점수를 비교하고 상관계수를 구함); (2) 동형검사 신뢰도(내용과 난이도가 비슷하지만 문항이 다른 두 개의 검사를 같은 집단에게 각각 실시한 뒤 점수 사이의 상관계수를 구함); (3) 내적 일관성 신뢰도(하나의 부분 검사 결과로 전체 검사의 신뢰도를 추정) 등이 있다(R. Ravid, 2015).

연구의 종류에 따라 요구되는 도구의 신뢰도 수준도 달라진다. 예를 들어, 사람들을 진단해서 시설에 배치하는 심리 검사의 신뢰도는 .90 이상이 되어야 한다. 검사결과가 강력한 영향력을 행사하는 고부담 성취검사(high-stakes achievement tests) 역시 신뢰도가 .90 이상이다. 반면, 학생들의 비인지적 성취나 특성 등을 측정할 경우 더 낮은 신뢰도가 허용된다. 도구의 타당도를 논할 때는 그 선행 조건이 되는 신뢰도를 반드시 함께 언급해야 한다. 어떠한 측정 도구도 완전히 타당하다고 말하기는 어려우나(Galvan & Galvan, 2017) 타당한 검사는 신뢰할 수 있다.

표 6.2. 양적 연구를 평가하는 체크리스트: 방법론, 결과, 논의, 타당도와 신뢰도

		양적 연구 논문	√
방법론		구체적이고 세부적으로 기술함.	
		실험설계인지 비실험설계인지 언급함.	
	참여자	참여자의 특성을 구체적으로 자세하게 기술함.	
		표집 선정 과정을 설명함.	
	자료 수집 도구	자료 수집 도구를 명확하게 기술함.	
		기존의 도구를 사용하였는지, 아니면 도구를 수정하거나 새로 개발하였는지 설명함.	
		자료 수집 도구의 신뢰도와 타당도 정보를 제공함.	
		필요시 예시 문항이나 질문을 포함함.	
	과정	연구 진행 과정을 자세하게 설명함.	
		연구 과정, 기간, 계획을 기술함.	
		자료 수집 과정을 기술함.	

	자료 분석	연구 설계와 자료 분석을 설명함.	
		필요시 가설검증에 사용된 통계적 절차를 나열함.	
	윤리	윤리 기준을 준수함.	
결과		주요 결과를 보고함.	
		결과가 명확하게 제시되며 이해가 수월함.	
		표, 그래프, 도표 등으로 결과를 보충 설명함.	
논의		결과를 검토하고 설명하며 평가함.	
		연구 질문이나 가설과 관련하여 결과를 논의함.	
		선행 연구와 관련하여 결과를 논의함.	
		연구 결과를 바탕으로 결론을 정당화함.	
		예상치 못한 결과에 대한 가능한 설명을 제시함.	
		연구의 한계와 약점을 논의함.	
		현장 전문가를 위한 시사점을 제시함.	
		추가 연구를 제안함.	
타당도와 신뢰도		특히 실험연구의 경우, 내적 타당도 증거를 제시함.	
		외적 타당도 증거를 제시함.	
		자료 수집 도구의 타당도를 제시함.	
		자료 수집 도구의 신뢰도를 제시함.	
		적절한 신뢰도 수준의 도구를 사용함.	
		타당도를 논의하면서 자료 수집 도구의 신뢰도 수준을 언급함.	

질적 연구: 방법론, 윤리적 고려, 결과, 논의, 타당도와 신실성

방법론

질적 연구의 방법론 섹션은 양적 연구와 비슷한 과정으로 기술되지만, 보다 전체적이고 주관적이며 해석적인 경향이 있다. 이러한 특징은 방법론의 전략과 과정에 반영된다(Creswell, 2012). 질적 연구 접근법은 다양하지만 여기서는 공통된 특징을 살펴볼 것이다.

연구자의 역할

질적 연구에서는 연구자의 주관성을 인정하기 때문에 연구자는 자신의 가치, 가정, 편견을 인식하고 정직하게 언급한다. 질적 연구자는 주제에 대해 자신이 이미 알고 있는 인식을 유념하며 절제된 주관성을 행사한다. 이는 자신의 주관성이 연구 과정과 결과에 미치는 영향을 인식하고 그 영향력을 감시하려는 노력을 의미한다(Marshall & Rossman, 2011).

장소

질적 연구는 특정 장소에서 진행된다. 연구 결과에 대한 전체적인 이해를 하려면 연구 현장의 맥락적 요소를 잘 알아야 한다. 연구자는 장소에 대한 세부 정보를 제공하고 그 장소를 선택한 합리적인 이유를 밝힌다.

참여자

연구 참여자의 배경 정보와 선정 과정의 근거를 제시한다. 질적 연구의 참여자는 목적에 따라 신중하게 선택되어야 한다. 연구 주제에 대한 경험 지식을 갖추었으며, 이를 기꺼이 연구자와 공유하고자 하고 그럴 능력이 있는 참여자가 적절하다.

자료 수집 도구

여기서는 자료 수집을 위해 특정 전략을 선택한 이유를 제시한다. 가장 일반적인 자료 수집 전략은 열린 형태의 관찰, 인터뷰, 문서, 시청각 자료 수집이다. 인터넷과 소셜 미디어를 활용한 자료 수집도 증가추세다. 자료에서 나온 패턴과 양상을 교차 검토하고 결과를 확실히 하기 위해서 다양한 자료를 사용하는 경우가 많다(Merriam, 2019).

과정

이 부분에는 연구 과정을 자세히 기술한다. 보통 과정에 대한 기록을 부록에 첨부하는데, 인터뷰나 관찰 프로토콜, 현장 노트, 전사 자료, 원본이나 주석을 단 문서, 연구 동의서 등이 포함된다(Bazeley, 2013).

자료 분석

이 부분에는 자료를 코딩하고, 출현하는 범주를 확인하고, 발견된 패턴을 통합하고 해석하는 데 사용된 체계적인 과정을 기술한다. 증거를 바탕으로 결과를 지지하고, 대안적 해석을 검토하며, 다양한 자료를 활용해서 결과를 도출한다. 또한 절제된 주관성을 실행했는지, 선입견으로 해석을 하지는 않았는지 성찰한다.

윤리적 고려

대부분의 질적 연구는 자료 수집 과정에서 참여자와 직접적인 상호작용을 한다. 이들의 익명성을 보장하는 것이 중요하므로 비밀 유지와 참여자의 안전을 위한 특별한 조치가 필요하다. 특정 장소나 참여자의 이름 같은 정보가 드러나지 않도록 주의한다. 참여자들은 연구의 목적을 알아야 하고 참여를 위한 서면 동의를 해야 한다. 미성년자의 경우 부모나 보호자가 동의서에 서명한다. 적절한 기관으로부터 연구 진행을 위한 공식적 윤리 허가를 받아야 한다(Miller & Birch, 2012).

결과

연구 결과는 범주, 패턴, 테마와 같이 테마별로 또는 시간의 흐름별로 정리한다. 질적 연구의 결과는 "두터운(thick)" 내러티브(풍부하고, 세부적이며, 생생한 기술)로 묘사된다. 결과를 지지하는 근거로 자료에서 나온 증거나, 참여자의 목소리와 관점을 보여주는 인용문, 맥락이나 사건, 행동, 상호작용에 대한 세부적인 기술을 제시한다. 결과를 문헌과 관련된 이론적 틀 안에서 해석할 수도 있다(Yin, 2015).

논의

연구의 마지막 부분인 논의에서는, 연구 결과의 전체적인 의미를 알아본다. 이 의미는 연구 질문(들)과 관련해서 논의된다. 또한 결과의 시사점이나 필요한 행동이 제시될 수 있다. 질적 연구는 보통 결과의 시사점을 해당 연구 장소로 한정 짓지만, 결론은 다른 비슷한 맥락에 적용될 수 있다. 추가적으로, 연구 결과의 해석은 더 넓은 사회, 문화, 정치적 맥락에서의 논의로 넓혀질 수 있다(Maxwell, 2013). 논의에서는 연구자가 본인의 관점에서 연구 과정에 대한 성찰을 제시하기도 한다.

타당도와 신실성

대부분의 질적 연구자들은 양적 접근에서 빌려온 기준이 아닌 질적 접근 고유의 특성을 반영한 기준으로 질적 연구를 평가하자는 입장에 동의한다. 링컨과 구바(Lincoln and Guba, 1985)는 질적 연구의 신실성(trustworthiness)을 확보하고 타당도와 신뢰도의 개념을 재정의하기 위해서 일련의 가이드라인을 제안하였다. 이 가이드라인은 신뢰성, 전이 가능성, 의존성, 확증성이라는 네 개의 기준으로 구성되어 있다.

- 신뢰성(credibility)은 연구의 정확성과 진실함, 결과에 대한 신뢰와 관련된다.
- 전이 가능성(transferability)은 연구 결과가 다른 비슷한 상황에 적용될 수 있는가와 관련된다.
- 의존성(dependability)은 연구 과정에서 사용된 절차가 연구 질문에 적합한지, 그리고 적절하게 실행되었는지를 나타낸다.
- 확증 가능성(conformability)은 연구 결과가 자료를 중립적으로 정확하게 반영하며 연구자의 편견이나 추측에서 나온 것이 아님을 의미한다.

위의 네 가지 기준을 바탕으로 많은 연구자들이 제안하는 잘된 질적 연구의 특성은 아래와 같다(예. Bazeley, 2013; Creswell, 2012; Galvan & Galvan, 2017; Marshall & Rossman, 2011; Maxwell, 2013).

- 현장에서 오랜 기간을 보냄으로써 연구 장소와 참여자를 깊게 이해한다. 이로써 참여자의 문화, 관점, 행동, 상호작용을 보는 연구자의 통찰력을 높인다.
- 연구 과정 전체에 걸친 연구자의 편견을 공개적으로 솔직하게 논의한다. 성찰을 통해 연구자의 주관성을 통제하고 점검한다. 연구 주제나 참여자와 관련된 개인적, 전문적 관여 정도를 공개한다.
- 연구 과정과 절차를 자세하게 기술한다. 탐구 과정이 적절했음을 증명하기 위해서 표집, 자료 수집, 분석 방법을 세세하게 밝힌다.
- 심층 묘사를 분석의 일부로 제시한다. 맥락이나 사건, 참여자에 대한 생생한 기술뿐만 아니라 참여자의 관점과 경험을 있는 그대로 포착할 수 있는 인용문을 글의 중간중간에 배치한다.
- 다양한 방식으로 구해진 자료를 바탕으로 다각검증(삼각검증)을 한다. 이를 통해 정보를 얻고, 드러난 패턴을 교차 검토하며, 자료에서 발견된

결과의 신뢰도를 강화한다.

- 부정적 사례 분석을 통해 대안적 해석 가능성과 결과에 들어맞지 않는 자료를 제시한다. 상반되게 이해될 수 있는 가능성을 검토하고 이것이 최종 결과 해석에 어떻게 반영되었는지를 밝힌다.
- 참여자 확인을 통해 참여자의 관점과 경험이 연구 결과에 정확하게 드러났는지 확인한다. 참여자들과 전사 자료나 분석 결과, 또는 최종 결과까지 공유하고 정확성을 높인다.
- 동료 검토를 사용해서 연구가 믿을 만하고 성실하게 진행되었는지를 다른 연구자와 확인한다.

표 6.3. 질적 연구를 평가하는 체크리스트: 방법론, 결과, 논의, 타당도와 신실성

질적 연구 논문			√
방법론		구체적이고 세부적으로 기술	
	연구자의 역할	연구자의 주관성과 주제에 대해 이미 갖고 있는 생각을 논의함.	
	장소	장소에 대한 세부 정보와 그 장소를 선택한 합리적인 이유를 설명함.	
	참여자	참여자의 배경 정보를 제공함.	
		주제에 대한 경험이 있고 이를 공유할 의지와 능력이 있는 대상 중에서 참여자를 선정함.	
	자료 수집 도구	자료 수집 과정을 자세히 기술함.	
		자료 수집 도구를 자세히 기술함.	
		다각검증을 위해 다양한 자료를 수집함.	
		연구 질문에 적합한 자료 수집 전략을 사용함.	
	과정	연구 진행 과정을 구체적으로 자세하게 기술함.	
		인터뷰, 관찰, 프로토콜, 현장 노트, 전사 자료 등의 기록을 첨부함.	
	자료 분석	자료 분석 방법을 논리적으로 전개하고 명확히 제시함.	
		자료의 코딩과 범주화, 테마나 패턴을 찾아가는 과정을 설명함.	
		패턴 간의 관계를 자료로 뒷받침함.	
	윤리	참여자와 장소에 대한 비밀유지가 이루어짐.	
		공식적으로 (기관윤리위원회의) 연구 허가를 받음.	
		연구 정보를 참여자에게 제공하고 비밀유지를 보장함.	
결과		자료 분석을 통해 결과가 어떻게 도출되었는지를 명확히 설명함.	
		결과를 심층 묘사로 제시함.	
		예시적 인용문과 구체적인 일화로 결과를 뒷받침함.	
		결과에서 연구 질문을 명확하고 적절하게 언급함.	
		모순되는 결과나 특이한 자료를 결과에 포함함.	

	연구 질문과 연결해서 연구의 의미와 시사점을 논의함.	
논의	연구 결과와 기존 문헌을 연결시켜 논의함.	
	결과를 더 넓은 사회, 문화, 그리고/또는 정치적 맥락에서 논의함.	
	연구 진행 과정에 대한 연구자의 성찰을 포함함.	
타당도와 신실성	신뢰성, 전이 가능성, 의존성, 확증 가능성이 논의됨.	
	현장에서 오랜 시간을 보내며 자료를 수집함.	
	연구의 개인적 편견이나 선입관, 가정 등을 논의함.	
	연구 과정과 방법, 메모를 기록해 둠.	
	참여자, 장소, 사건에 대해 풍부하게(심층적으로) 기술함.	
	자료가 어떻게 다각도로 검토되었는지 설명함.	
	대안적 설명을 살펴본 과정, 그리고 결과와 일치하지 않는 정보를 제시함.	
	참여자와 동료로부터 연구의 정확성을 검토함.	

혼합 연구: 방법론, 결과, 논의 타당도, 신뢰도, 신실성

방법론

혼합 연구는 양적, 그리고 질적 연구 방법과 기법을 하나의 연구에 합쳐 놓은 것이다. 연구자가 하나의 접근으로부터 수집한 자료만으로는 부족하다고 생각할 때 이 방법을 사용한다(Creswell & Plano Clarke, 2011). 양적 방법과 질적 방법을 연구에 넣을 때의 순서나 중요도는 연구 설계에 따라 달라질 수 있다. 일반적인 세 가지 혼합 설계는: (1) 내재적 설계(embedded design), (2) 2단계 설계(two-phase design), 그리고 (3) 다각화 설계(triangulation design)(Efron & Ravid, 2013)이다. 연구자는 왜 이러한 방법을 선택하였으며 어떻게 연구를 진행 했는지 자세히 설명해야 한다. 혼합 연구는 양적, 질적 연구 질문을 제시하며 선택한 방법이 이러한 질문과 부합해야 한다.

연구자의 역할

연구자는 연구 질문에 따라 객관적 혹은 주관적 입장이나 태도를 취한다.

장소와 참여자

앞서 양적, 질적 접근을 논의할 때 설명한 대로 표집과 참여자 특성, 연구가 진행된 장수를 자세히 기술한다.

자료 수집 도구

양적, 질적 자료 수집 도구 모두를 기술한다. 구체적으로 자세히 기술하며, 예시가 되는 질문이나 문항을 첨부한다.

과정

양적, 질적 자료 수집 전략은 동시에 또는 연속해서 사용될 수 있다. 서로 다른 자료 수집 도구는 동일한 질문의 다른 면을 부각시키며 서로 보완이 된다(Efron & Ravid, 2013). 양적, 질적 자료 수집 단계 모두를 자세히 기술한다.

자료 분석

세 가지 혼합설계 종류에 따라(내재적, 2단계, 다각화) 자료 분석 과정이 달라진다. 이 차이는 다음의 세 가지 요인에 의해서인데, (1) 자료를 순차적으로 또는 동시에 분석하는지, (2) 양적 자료와 질적 자료를 언제 어떻게 통합하는지, 그리고 (3) 양적이나 질적 접근 중 우선시되는 것이 있는지 또는 두 접근이 등등하게 고려되는지이다(Creswell, 2018).

결과

혼합 연구에서는 양적 결과가 질적 결과에 영향을 미치고 설명력을 강화시킬 수 있으며, 질적 결과가 양적 결과에 추가적인 설명을 제시할 수 있다. 다각화 설계에서와 같이 자료가 합쳐질 수도 있는데, 이때는 양적, 질적 결과가 통합되고 동시에 분석된다(McMillan & Schumacher, 2010).

양적이나 질적 방법에서 나온 자료는 각각의 방식으로 제시된다. 또한 양적 그리고 질적 방법에서 나온 결과가 어떻게 통합되었는지에 대해 설명해야 한다.

윤리적 고려

양적 연구와 질적 연구 시의 윤리적 고려사항이 혼합 연구에도 동일하게 적용된다.

논의

연구의 결론과 그 의미를 보고하는 것은 양적, 질적, 혼합 연구에 차이가 없다. 모든 연구는 결과를 제시하고, 해석하고 설명한다. 또한 결과를 문헌고찰에서 검토한 다른 연구와 비교해서 평가한다. 두 가지 연구 방법에서 서로 다른 결과가 나왔다면 이를 검토하고 설명한다. 연구의 한계와 추후 연구 가능성도 제안한다.

타당도, 신뢰도, 그리고 신실성

혼합 연구의 타당도, 신뢰도, 신실성을 확보하는 과정은 각 접근별 특성을 반영한다. 앞서 설명한 양적 연구와 질적 연구의 타당도 검토 방법을 참고한다.

표 6.4. 혼합 연구를 평가하는 체크리스트: 방법론, 결과, 논의, 타당도, 신뢰도, 신실성

혼합 연구 논문			√
방법론		혼합 연구 접근을 선택한 이유를 명확히 설명함.	
		연구 질문과 연구 방법이 조화를 이루며, 각각의 방법은 적어도 하나의 연구 질문에 대한 답을 구하기 위해 설계됨.	
	연구자의 역할	연구 질문에 따라 객관적 혹은 주관적 입장을 취함.	
	장소와 참여자	연구 장소 그리고 참여자의 특성과 선정 기준을 자세히 기술함.	
	자료 수집 도구	양적, 질적 자료 수집 도구를 각각 설명함.	
		자료 수집 도구의 예시 문항을 첨부함.	
	과정	양적, 질적 자료 수집 단계를 각각 자세히 기술함.	
	자료 분석	자료 분석 과정은 혼합 설계의 종류를 반영함(내재, 2단계, 또는 다각화).	
		분석이 순차적, 혹은 동시에 진행되었는지 명시함.	
		양적, 질적 자료를 언제 통합하였는지 명시함.	
		양적, 질적 연구 중 어느 한쪽이 강조되었는지를 명확히 함.	
	윤리	양적, 질적 연구의 윤리적 고려사항을 따름.	
결과		자료를 생성한 방법에 따라 결과를 다른 형태로 보고함.	
		양적, 질적 방법에서 나온 결과를 어떻게 통합하였는지 설명함.	
논의		연구 질문과 관련된 주요 결과를 언급함.	
		일치하지 않는 결과를 탐색하고 저절하게 설명함.	

	해당 분야의 다른 연구와 관련해서 결과를 평가함.	
타당도, 신뢰도, 신실성	타당도, 신뢰도 그리고 신실성을 확보하는 과정을 각 접근별 기준에 맞게 제시함.	

해석학적 현상학적 연구: 경향성, 깊이, 장점 그리고 풍부함

대략적으로 말하자면 해석학은 텍스트를 해석하는 이론과 방법론이다. 주로 해석과 성찰을 통해 텍스트를 이해하려는 철학적, 개념적 연구가 이러한 전통에서 많이 쓰인다. 철학적이거나 이론적인 글, 시, 소설, 그 밖에 사고를 자극하는 것은 무엇이든 자료에 포함된다(Smythe & Spence, 2012). 맥스 밴 매넌(Max van Manen, 2014)은 "쓴다는 건 성찰하는 것이다; 쓴다는 건 연구하는 것이다"(p. 20)라고 하였다. 연구자는 텍스트의 내용이 아니라 그 의미에 관심을 둔다(Smith, 1991). 해석학 연구자는 "다른 사람들의 글이 서로 대화의 파트너가 되어서 스스로의 해석적 성취물의 한계와 가능성을 드러내도록"(van Manen, 1990, p. 76) 하기 위해서 해석을 한다. 이러한 연구 접근은 텍스트를 읽는 하나의 권위적 방식을 거부하고 동일한 텍스트가 여러 개의 의미 있는 방식으로 드러날 수 있다고 믿는다(Gadamer, 2004).

해석학적 전통의 모호한 성격은 규격화된 평가기준을 적용해서 연구의 질을 평가하는 방식과는 맞지 않는다(Gadamer, 2004). 그렇지만 해석학적 연구자들은 엄격한 연구를 위한 몇 가지 요건이 있다고 주장한다(Smith, 1999). 아래의 설명은 밴 매넌(van Manen, 1990, pp. 151-152)의 제안을 바탕으로 한 네 가지 평가 기준(경향성, 깊이, 강점, 풍부함)이다.

경향성

해석학 연구자는 텍스트의 내용보다 그 의미에 초점을 맞춰서 텍스트를 해석한다. 이때 의미란 참여자의 세상과 그들의 이야기 속에 연구자가 참여하는 데서 나온다(Kafle, 2011). 연구자가 텍스트에 가깝게 관여하기 때문에 도출된 의미에 연구자의 성향이 포함되어 있음이 인정된다. 따라서 텍스트 해석은 연구자의 삶이나 가치, 선입견, 편견과 같은 주관적 이해의 지평에서 나온다 (van Manen, 1990). 이러한 주관성에는 연구자의 역사관, 정치관, 주제를 둘러싼 문화적 배경 등이 포함된다. 연구자의 주관성은 의미부여의 배경으로 작용하며 피할 수 없는 부분이다.

연구자는 해석에 관여하는 다양한 수준의 주관성과 편견에 민감해야 하며 이를 인정하고 연구 과정에 어떤 영향을 미치는지를 성찰해야 한다 (Gadamer, 2004; van Manen, 1990). 연구자의 주관적 위치가 자신의 해석이나 통찰 그리고 부여한 의미에 반영된다 해도, 해석은 반드시 적절한 자료에 대한 충실하고 풍부한 분석으로 지지되어야 한다.

깊이

연구자는 단지 텍스트를 반영하는 것에 만족하지 않고, 다른 관점이나 접근에 열려 있을 필요가 있다. 이것은 주관성을 약화시키는 것이 아니라 시대나 문화, 맥락을 가로지르는 광범위한 관련 자료로부터 기존의 지평을 깊고 넓게 확장하는 것이다. 논문의 깊이는 저자가 참여자의 체험 세계로 들어가서 그들의 다양한 의도를 전달하는 능력으로 드러난다(Kafle, 2011).

글은 대화적 형식으로 제시되며 연구자는 다양한 관점을 지닌 저자들과의 대화 속으로 들어간다. 대화적 만남은 당연하게 받아들이는 가정들(Barrett, Powley, & Pearce, 2011)을 넘어선 새로운 이해를 불러오며, "전통을 깊이 인식하는 가운데에서 새롭게 보고 생각하는 방식"(Smith, 1991, p. 202)으로 이어진다.

강점

연구자는 해석학적 접근의 철학적 배경을 기술해야 한다. 왜 이러한 관점을 선택했는지 그리고 해석학적 연구 전통이 자신의 연구 목적에 어떻게 부합하는지를 고려한다.

해석학 연구자는 참여자의 이야기와 내러티브에서 드러나는 내재된 의미를 이해하고 제시할 수 있어야 한다. 해석학적 전통에서는 텍스트가 놓인 문화와 역사적 배경 안에서 해석을 했을 때 연구의 강점이 발휘된다. 연구자는 맥락이 텍스트의 저자들에게 미치는 영향을 고려하고 이들의 생각과 개념을 형성한 철학적 참조 틀을 강조한디.

해석학 연구자는 넓은 맥락적 이해와 구체적 텍스트 해석 사이에서 균형을 유지해야 한다(Gadamer, 2004). 끊임없는 대화 속에서 전체(맥락)와 부분(구체적인 텍스트) 사이를 왔다 갔다 하는 순환적 움직임이 "양쪽을 동시에 볼 수 있는 방식으로까지"(Geertz, 1979, p. 23) 계속되어야 한다.

풍부함

해석학 연구자는 내러티브의 형식과 내용 사이의 관계를 성찰하고 언어 사용이 불러일으키는 힘에 민감한 주의를 기울인다(van Manen, 2014). 단어의 어원이나 역사적 변천사, 현재 함축하는 의미를 알아보는 것이 중요하다. 또한 미학적 가치를 중요시하는 전통에 따라(Ricoeur, 1981) 문헌고찰의 글도 창의적이며 독창적이고 풍부해야 한다(Langdridge, 2007). 은유나 시적 이미지, 직유, 비유와 같은 언어적 표현은 새로운 통찰을 가져오는 데에 도움이 되고 텍스트의 다양한 의미를 드러내준다(Ricoeur, 1981; van Manen, 2014).

언어에 주의를 기울이는 것은 명료하고, 매력적이고, 설득력 있는 글쓰기와도 관련된다. 논지가 잘 정리되어야 하고 생각이나 개념, 통찰이 일관되게 흘러야 한다. 논리적인 추론을 바탕으로 개념과 주장을 전개하고, 문헌에서 나온 생각이나 통찰을 신중하게 논의하며, 개념적 그리고 철학적 숙고를 통해 나온 논리적인 결론을 제시한다.

마지막으로, 해석학 연구에서 풍부함은 글쓰기를 통해 문헌고찰의 중심 주제에 대한 새로운 이해와 통찰을 불러일으킴을 의미한다. 연구자는 리뷰한 저자들과의 대화 속으로 독자를 초대해서 논의를 통해 드러난 생각과 이해를 함께 나누며 대화가 지속되도록 한다.

표 6.5. van Manen의 기준을 사용해서 해석학적 현상학적 연구 아티클을 평가하는 체크리스트

해석학적 현상학적 연구 논문		√
경향성	연구자는 단지 텍스트의 내용을 보고하는 것이 아니라 그 의미에 초점을 맞춰서 해석함.	
	해석은 연구자의 삶이나 가치, 편견을 반영함.	
	연구자는 주제와 관련된 자신의 역사적, 정치적, 문화적 배경에 대한 관점을 인식함.	
	연구자는 자신의 편견과 선입관을 드러내고 그것이 텍스트의 의미를 형성하는 데에 어떠한 영향을 미쳤는지를 성찰함.	
깊이	문헌 자료들을 비슷하거나, 다양하거나, 또는 반대되는 관점의 맥락에서 제시함.	
	시대, 문화, 맥락을 넘어 넓은 범위의 관련 자료를 다룸.	
	대화체로 글이 전개되며 연구자는 다양한 관점을 지닌 저자들과의 대화에 참여함.	
	주제에 대해 당연시하는 가정을 넘어선 이해를 보여줌.	
강점	연구의 기반이 되는 전통적인 해석학적 현상학적 철학을 논의함.	
	이러한 종류의 문헌고찰을 선택한 이유와 필요성을 설명함.	
	문헌의 맥락적 배경의 영향을 논의함.	
	문헌의 철학적, 이론적 관점을 설명함.	
	넓은 맥락에 대한 이해와 구체적 텍스트 해석 간에 균형을 유지함.	
풍부함	글의 형태와 내용 간의 관계를 성찰함.	
	언어의 변천사와 어원, 현재의 함축적 의미를 살펴보며 숨어 있는 의미를 탐색함.	
	창의적인 글쓰기 방식을 취하며 시적 이미지, 은유, 직유 등을 사용함.	
	명료하고, 매력적이고, 설득력 있는 글쓰기 방식을 취함.	
	주제에 대한 새로운 이해와 통찰을 제시함.	

1. 문헌고찰을 할 때는 비판적 입장에서 바라보며 단점과 장점을 검토한다.

2. 때로 연구들에서 공통적으로 잘못된 패턴이 발견될 때는 개별 문헌을 비판하는 것보다, 연구들을 묶어서 비판하는 편이 낫다.

3. 모든 종류의 연구는 연구 전통, 경향, 기대, 규범에 따라 나름의 기준을 갖는다.

4. 양적, 질적, 혼합, 해석학적 현상학적 연구 모두에 공통적인 요소는 주제, 초록, 서론, 선행 연구다.

5. 양적, 질적, 혼합 연구가 윤리적으로 진행되려면 참여자의 권리와 복지가 확실히 지켜져야 한다. 참여자는 연구 정보를 제공받으며 언제든 연구에서 철회할 수 있어야 한다.

6. 양적 연구 설계에서는 내적 타당도와 외적 타당도를 확보한다.

7. 질적 연구에서는 타당도에 대한 세 가지 입장이 있다: (a) 양적 연구와 동일한 기준을 질적 연구에 적용해야 한다는 입장; (b) 질적 연구를 평가하는 나름의 기준을 사용하자는 입장; 그리고 (c) 특정 잣대로 질적 연구를 평가하는 것에 반대하는 입장이다.

8. 일반적인 질적 연구에는 연구자 역할, 장소, 참여자, 자료 수집 도구, 진행 과정, 자료 분석이 포함된다. 이러한 자세한 정보를 통해 독자들에게 연구 과정에 대한 전체적인 이해를 제공한다.

9. 혼합 연구는 양적 질문과 질적 질문을 던지며, 질문에 따라 자료 수집과 분석, 해석이 달라진다.

10. 해석학적 현상학적 연구는 모호한 특성으로 인해 일치된 기준을 적용하여 연구의 질을 평가하기 어렵다. 대신 경향성, 깊이, 강점, 풍부함이라는 네 가지 평가 기준을 주로 사용한다.

chapter 7

문헌고찰의 구성과 조직화

7장

문헌고찰의 구성과 조직화

지금까지 개별 연구들을 요약하고, 분석하고, 평가하였고, 자신의 문헌고찰 주제와 관련된 핵심 용어나 중심 개념, 방법론들을 검토하였다. 이제는 각각의 정보를 모아서 하나의 이야기로 엮어갈 차례다. 문헌고찰을 하는 연구자의 주요 목표는 선택한 주제와 관련된 현재까지의 지식을 종합적으로 이해하고 통찰을 제시하는 것이다. 그런데 요약한 자료를 조각조각 패치워크처럼 이어 붙여서는 이 목표를 이루기 어렵다. 문헌고찰의 목적은 논리적으로 분석하고, 통합하며, 조직화해서 전체적인 글을 작성하는 것이다. 연구들에서 발췌한 이론이나 연구 방법, 결과들을 잘 엮어가며 패턴을 찾고, 관계를 발견하며, 자료를 기반으로 논리적인 주장을 전개해야 한다.

낱개의 조각들이 모여 전체적인 그림이 되는 지그소퍼즐처럼, 연구자는 문헌들을 엮어서 독자들이 "조감도, 아니 더 나아가, 일련의 조감도들"(Feak & Swales, 2009, p. 17)을 통한 시야를 얻도록 해야 한다. 이 과정은 패치워크가 아니라 논리적 구조를 중심으로 형성된다. 자료와 이론들, 주장들이 연구 주제와 질문에 대한 지식의 "큰 그림"을 제시한다. 동시에 다양한 개념, 이론, 연구들을 창의적으로 연결해서 새로운 생각과 이해를 불러일으킨다.

세부 내용에 사로잡히지 않으면서 의미 있는 이야기로 문헌고찰을 완성해 가려면 조직화 전략을 개발할 필요가 있다. 적절한 전략은 다양한 자료에 논리적인 순서를 부여하고, 주제와 관련된 방대한 지식을 쉽게 이해시키며, 문헌에 대한 새로운 관점을 형성하는 데에 도움을 준다. 조직화된 설계를 하면 수집한 자료들 사이의 공통점과 차이점을 찾고, 결과들을 서로 비교하며, 일반적이거나 특이한 양상을 발견하기가 용이해진다. 또한 자신의 의견을 논리적으로 자연스럽게 전달할 수 있다.

리뷰한 문헌을 통합하고 조직화하는 방법에는 여러 가지가 있는데, 이 장에서는 자주 사용되는 네 가지 접근(매트릭스, 요약 표, 지도, 개요)을 살펴볼 것이다. 각 전략은 조직화하는 기법이나 형태, 자료의 제시, 자료에서 강조하는 양상 등에서 차이가 있으며, 테마와 패턴을 도출하고 내용 간의 관련성을 살펴보는 과정에 각기 다른 도움을 줄 수 있다.

문헌고찰을 조직화하는 접근법들

연구자는 자신에게 가장 잘 맞는 조직화 전략을 찾는 것이 중요하다. 이때 자신의 글쓰기 스타일을 알면 가장 잘 맞는 전략을 찾는 데 도움이 된다. 또한 문헌고찰의 연구 질문과 이 질문에 대한 지식을 어떻게 전달하고 싶은지 역시 글을 조직화하는 데에 영향을 미친다.

일부 연구자는 문헌고찰 초기부터 조직화 전략을 미리 정해 놓는 걸 선호하고, 일부는 어느 정도 문헌을 탐색한 뒤 적절한 전략을 선택하길 원한다(Ridley, 2012). 어떤 선택을 하든 조직화 전략은 진행 과정에서 지속적으로 바뀌거나 수정될 수 있다. 한때 논리적으로 보였던 구조라도 자료가 추가되고 주제에 대한 이해가 깊어짐에 따라 진화하고 변형된다.

어떠한 경우든 자료를 조직화하기 전에 먼저 연구 질문을 다시 검토하면서 자신이 강조하고 싶은 요점과 잘 부합하는지, 아니면 질문을 수정해야 하는지 결정한다. 문헌을 분석하고 종합할 때 연구 질문이 중심적 역할을 하기 때문이다.

다음에서는 앞서 언급한 네 개의 조직화 전략을 설명한다. 먼저 각 방법을 소개하고 장점을 살펴본 뒤 이를 활용한 예시를 소개한다.

통합 매트릭스

　　통합 매트릭스(the synthesis matrix) 전략은 분석한 개별 자료를 검토하고 이를 격자무늬의 표에 모아서 패턴과 주제를 파악하는 순환적 과정이다(Whittmore & Knafl, 2015). 이 전략을 사용하면 저자들의 서로 다른 관점, 방법론들, 결과들을 비교하고 그 안에 있는 관계를 살펴보는 데 도움이 된다(Garrard, 2014). 정리하면, 통합 매트릭스를 사용하면 문헌을 개략적으로 살펴보고, 상호관계와 패턴을 찾고, 수집한 아이디어나 이슈들을 테마와 하위 테마 아래에 일목요연하게 정리할 수 있다. 통합 매트릭스는 단독으로 사용하거나 또는 지도나 개요와 같은 다른 조직화 전략들의 기초 단계로 사용한다(5장에서 살펴본 문헌 정보카드나 주제를 나타내는 동심원을 이용해서 통합 매트릭스를 만들면 편리하다).

표 7.1. 통합 매트릭스 작성 단계

단계	
1	문헌 정보카드를 보면서 핵심 개념이나 단어들을 찾고 그것에 대해 분석하고 요약해 놓은 내용을 살펴본다.
2	카드 전체를 훑어보며 동일한 개념이나 단어를 검색한다. 비슷한 내용을 다른 단어로 이름 붙여 놓았을 수 있으므로 신중히 살펴본다.
3	관련 노트를 다 살펴보았다면, 이 내용들을 그룹별로 묶고 매트릭스에 넣는다. 문헌의 원제목도 잊지 않고 적어둔다.
4	이 과정은 워드 프로세서의 잘라 붙이기를 활용해도 되고 또는 컴퓨터 소프트웨어 프로그램을 사용해도 된다. 에버노트나 원노트, 워크플로우 등을 활용하면 문헌 정보카드 속 키워드 검색을 효과적으로 할 수 있다(Garrard, 2014).
5	매트릭스에 모아진 내용을 여러 번 읽어가며 패턴이나 반복되는 내용, 주제 등을 살펴본다. 이 내용들 간에 비슷한 부분이 무엇인지, 그것들이 논리적으로 어떻게 연결되는지 찾아보고, 드러나는 테마를 반영하는 제목을 붙인다(Whittemore & Knafl, 2005). 테마란 하위 테마나 관련된 생각, 공통되는 주장이나 결과를 아우르는 포괄적인 개념을 의미한다. 예를 들어, '평가'라는 테마는 평가의 종류, 평가의 활용, 평가에 대한 논의 등을 포함할 수 있다.
6	모아진 내용을 읽어보면서 향후 더 탐색하거나 고려해 보고 싶은 부분을 포함한 자신의 성찰을 짧게 적어둔다. 예를 들어, 평가에 대한 문헌을 읽으면서, '평가의 역사를 다룬 문헌을 찾아봐야겠다'고 적어둘 수 있다.
7	각각의 테마별로 그 안에 속한 내용들을 서로 비교하고 대조한다. 하나의 테마에 속한 내용

	들이 동일한 관점이나 하나의 방법론으로 구성된 것은 아니다. 오히려, 테마 안에는 특정 이슈를 탐구한 연구자와 이론가들의 일치되거나 상반되는, 또는 서로 보완되는 입장이 포함된다. 예를 들어, 평가라는 테마에 속한 교육학 문헌 중에는 증거기반 의사결정을 위해서 표준화된 평가에 찬성하는 내용이 있을 수 있고, 반면, 표준화된 평가의 남용을 비판하며 이보다는 교사가 개발한 평가를 활용한 논리적이고 교육적인 결정을 지지하는 내용이 포함되기도 한다.
8	하나의 테마에 속한 개별 정보들을 하위 집단으로 재구성한다. 하위 집단을 구성하는 방식은 다양하다. 예를 들어, 사용된 방법론의 종류별로 나누거나, 아니면 일반적인 정보로부터 구체적인 정보의 형태로 위계적 배열을 할 수 있다. 또는 중요한 문헌을 찾았다면 그 이후에 나온 연구들을 연대기순으로 배열할 수 있다(Garrard, 2014). 이 장의 뒷부분에서 테마 정렬에 대해 다룬다.
9	드러난 테마를 보면서 다듬어간다. 모든 연구들이 이 테마에 잘 들어맞는지, 또 다른 테마를 만들어서 분리시킬 연구가 있는지, 아니면 그냥 제외해 버릴지 결정한다(Garrard, 2014).

통합 매트릭스는 한 번에 완성되지 않으며 여러 번 순환하면서 조금씩 발전된다. 관련 문헌에 대한 큰 그림이 그려지기 전까지는 테마가 뚜렷하게 잡히지 않을 수도 있고, 문헌고찰의 초기 단계에서는 매트릭스의 칸을 다 채우지 못할 수도 있다. 그러나 문헌을 읽고 정보카드를 추가하다 보면 서서히 매트릭스가 채워진다. 이 과정에서 테마와 하위 테마가 정리되고, 이를 통해 주장하고자 하는 자신의 생각이 명확해지며 문헌고찰의 틀이 잡힌다.

통합 매트릭스의 예

통합 매트릭스를 어떻게 사용하는지 보여주기 위해서 학교에서의 멘토링에 대한 논문을 쓴 마리나가 작성한 매트릭스를 소개하고자 한다. 표 7.2는 통합 매트릭스 작성 초기 단계를 보여준다.

표 7.2. 통합 매트릭스 작성 초기 단계의 예: 멘토의 역할과 행동

테마와 하위 테마	참고문헌	분석과 요약	의견
멘토십의 정의	Ambrosetti, A., & Dekkers, J.(2010). The interconnectedness of the role of mentors and mentees in pre-service teacher education. *Australian Journal of Teacher Education*, 35(6), 42-55.	교사 교육에서 멘토링의 정의는 여기에 영향을 미치는 맥락적 요인들과 관련된다. 그러나 수많은 정의가 있지만, 멘토링 과정에서 어떠한 행동이 발생하는지를 뚜렷하게 기술해 놓은 것은 없다. 저자의 정의는 멘토와 멘티 간의 위계적이면서 상호적인 관계를 강조한다. 멘토링에 대한 다른 정의: 멘토링은 과정이다(Smith, 2007). 멘토링은 과정이면서 관계이다(Kwan & Lopez-Real, 2005). 멘토링은 맥락적이다(Fairbank et al., 2000). 멘토링은 관계적이고, 발전적이며, 맥락적이다(Lai, 2005). **인용**(p. 52): "관계는 일반적으로 특정기간 동안 발전하는 양상을 보이며, 정의 내려진 역할, 기대사항, 이상적으로 명확히 기술된 목적이 있다."	"멘토"라는 단어의 어원과 현재의 정의를 찾아봐야 함. 이러한 정의가 맥락적 요인의 한 부분임을 주장하고 싶음. 문헌 고찰 챕터에서 이 이슈를 확장할 필요가 있음. 요약에 적어놓은 문헌의 원본을 읽어봐야 함. **평가:** 다양한 자료를 바탕으로 멘토링을 폭넓고 비판적으로 고찰하고 있음. 현재 사용되는 멘토링의 정의를 다양하게 보여줌. 어떻게 정의되는가가 멘토가 어떻게 비춰지는지, 그리고 교사들에게 무엇이 기대되는지에 영향을 미친다는 점을 통찰력 있게 해석하고 있음. 문헌을 어떻게 수집하였는지, 포함과 제외의 기준이 무엇이었는지에 대해서는 설명이 없음.
	정의(어원) 온라인 어원 사전 www.etymoline.com/index.php?term=mentor	그리스어로 "현명한 조언자": 멘토, 오디세우스의 친구이자 텔레마코스의 스승. *오디세이*에서 멘토는 "조언자"의 의미. "의도, 목적, 정기, 열정"을 뜻하는 *mon-eye-에서 나옴(같은 어원을 갖는 단어: 산스크리트어 man-tar-["생각하는 사람"], 라틴어 meni-tor["주의를 주는 사람"], 어근 *men-["생각하다"]의 사역동사 형태	멘토의 어원이 현명한 "친구"라는 사실은 멘토와 멘티의 동등한 관계를 강조함. "생각하는" 부분이 멘토의 핵심적 특징임. 함께 생각하는지 또는 누구를 위해서 생각하는지는 역할의 상충된 관점을 반영함.

	Hudson, P., & Hudson, S.(2010). Mentor educators' understanding of mentoring preservice primary teachers. *International Journal of Learning*, *17*(2), 157−170.	공통된 정의에 도달하면 멘토링 과정에 도움이 될 것임. 관련된 사람들 간의 확실한 대화는 멘토의 역할과 책임을 공통되게 언급하는 데에 도움이 될 것임. 그들이 사용하는 일반적 정의는 "경험 많은 교사가 멘티의 역량을 확장시키기 위해 지지하고, 영향을 미치고, 격려하고, 도전하는 것"(p. 165). 이러한 정의에 따르면 멘토의 자질은 무엇보다도 지지적이고, 성찰을 촉진하며, 잘 들어주고, 전문적 도움을 주는 것임.	멘토의 역할에 대해 다룬 다른 문헌을 찾아보고 멘토의 정의, 그리고 멘토와 멘티가 인식하는 역할과 관련해 연결점이 있는지 찾아볼 것.
멘토 역할	Brondyk, S., & Searby, L.(2013). Best practice in mentoring: Complexities and possibilities. *Journal of Mentoring and Coaching in Education*, *2*(3), 189−203.	이 연구는 초등과 중학교에서의 멘토링과 관련된 다양한 역할을 다룸. 저자는 멘토의 역할이 다음의 세 가지 주된 방식으로 비춰진다고 말함: **전통적:** 멘토는 전달자/메신저. 권위적인 틀과 현상유지적 문화 안에서 기술을 전수. **과도기적:** 멘토는 협력자; 멘토와 멘티는 공동학습자. 문화적 차이는 존중되며 서로 연결됨. **변혁적:** 멘토는 변화의 대리인. 멘토와 멘티는 혁신적이고 창의적인 담론에 참여함. 이들의 역할은 유동적이며 변화함. 조직을 변화하려는 공동의 노력으로 새로운 현실을 창조.	멘토의 역할에 대한 세 가지 관점은 멘토의 역할과 맥락적 기대를 연결하는 켄트(Kent, 2013)의 연구를 떠올린다. **평가:** 개념적인 문헌임. 멘토링 과정은 매우 복합적이어서 최선의 방법을 단정 짓기 어렵다는 주장을 많은 문헌을 참고해서 사려 깊게 전개함.
	Ambrosetti, A., & Dekkers, J.(2010). The interconnectedness of the role of mentors and	저자는 다수의 문헌을 바탕으로 멘토 역할에 대한 몇 가지 공통된 인식을 보여줌: **지지자:** 멘티가 개인적, 전문적으로 성장하게 도움. **역할모델:** 바람직한 행동을 직접 예로 보여줌. **촉진자:** 멘티가 업무수행을 잘 하도록 기	흥미로운 목록임. 관찰한 멘토들을 범주화하는 데에 도움이 될 것 같음. Brondyk과 Searby(2013)가 제안한 세 가지 관점으로 나눠질 수 있을까?

	mentees in pre-service teacher education. *Australian Journal of Teacher Education*, 35(6), 42-55.	회를 제공. **평가자**: 멘티의 수행을 평가하고 조언을 제공. **협력자**: 협력적 관계를 갖고 멘티와 생각을 공유함. **친구**: 비판적 친구가 되어줌. **훈련자**: 기술과 정보를 제공함. **보호자**: 멘티를 불쾌한 상황에서 보호. **동료**: 멘티를 동등한 전문가로 대함.	
멘토 역할 (멘토로 활동하는 교사의 관점에서)	Hall, K. M., Draper, R. J., Smith, L. K., & Bullough, R. V.(2008). More than a place to teach: Exploring the perception of the roles and responsibilities. *Mentoring and Tutoring: Partnership in Learning*, 16(3), 328-345.	멘토가 자신의 역할을 어떻게 인식하는가는 개인의 경험에서 영향을 받음. 저자들은 멘토의 역할을 세 가지 집단으로 나눔. **지지 제공자**: 피드백 제공, 안내, 의견 공유, 본보기가 됨. **비판적 평가자**: 건설적 비판을 제공하고 성찰과 문제해결 강조. **팀 티칭**: 협력, 행동계획, 팀으로서 함께 가르침. 자료는 예비교사를 멘토링한 264명의 참여자에게 열린 질문 형태로 설문을 실시해서 수집. 이 중에서 무작위로 선정된 멘토들과 34건의 전화인터뷰를 진행함.	여기서 기술한 역할들을 다른 문헌에서 논의된 내용과 비교 및 대조할 수 있음. 설문 과정이 매우 체계적임. 내 연구를 설계할 때 참고할 만함.
효과적인 멘토링 실행 (효과적인 멘토링 관계에 속하는 부분임)	Hudson, P., & Hudson, S.(2010). Mentor educators' understanding of mentoring preservice primary teachers. *International*	멘토의 관점에 초점을 둔 혼합 연구 설계를 함. 설문, 질문지, 예비교사와 함께 일하는 14명의 멘토(남4, 여10)와의 포커스 집단 인터뷰 포함. 멘토의 관점에서, 효과적인 멘토링 경험에는 3개의 조건이 필요했음: (a) 멘토의 발달과 기대수준을 알아야 멘티에게 적절한 지지와 도전을 제공할 수 있음, (b) 먼저 전문적인 관계를 형성해야 함-관계 형성과 잠재적 문제를 파악하고 해결하는 데에는 시간이 필요함, (c) 절친한 사이와	**고려사항**: 내 글에서는 멘티의 발달 단계에 대해서 더 확장시켜야 함. **평가**: 분석과 결과 부분이 매우 세부적임. 주요 테마들에 대한 설명이 다소 혼동됨.

Journal of Learning, *17*(2), 157−170.	평가자라는 이중 역할이 모두 중요함. 절친한 친구로서의 역할은 멘토가 자신감과 다양한 시도를 할 수 있게 돕고, 반면 평가자로서의 역할은 교사의 성장을 돕는 데 사용될 수 있음.	
Efron, E., Winter, J. S., & Bressman, S.(2012). Toward a more effective mentoring model: An innovative program of collaboration. *Journal of Jewish Education*, *78*(4), 331−361.	이 연구는 효과적인 멘토링 관계의 세 가지 요소를 강조함. **성찰적 대화**: 멘토는 성찰적 대화를 통해서 교사들이 수업 경험을 검토하고, 성공과 실패 및 불확실한 부분을 돌아보고, 새로 얻은 경험지식을 평가하도록 격려함(Strong, 2009). **신뢰를 바탕**: 효과적인 멘토링 관계는 신뢰와 열린 대화 위에 형성됨(Levin & Rock, 2003; Yendol-Hoppey & Fitchman, 2007). 교사들은 멘토가 무비판적 자세로 비밀유지를 지킨다고 인식할 때 비로소 자신들의 어려움이나 불확실함, 걱정거리를 공유하는 것에 안전함을 느낌. **의미 있는 피드백**: 신뢰와 비판적 피드백이라는 멘토링의 두 핵심 요소 사이에 긴장이 있음. 교사들의 교수법을 향상시키는 동시에 협력적 관계와 신뢰를 쌓는 것의 문제임. **인용**: "교사와의 관계가 갖는 사회 그리고 감정 영역에서의 정서적인 성격은 멘토링 프로그램의 효과와 혜택을 높이는 데 핵심이 된다"(p. 352).	자료는 프로그램에 참여한 세 집단(교사, 멘토, 교장)에게서 질문지 형식으로 수집. 결과는 한정된 수의 참여자에게서 받은 열린 질문 형식의 답변을 바탕으로 도출. 평가자이면서 절친한 사이 가운데서 느끼는 긴장은 허드슨과 허드슨의 연구에서도 논의되었음.

요약 표

연구자는 주제와 직결된 문헌들을 하나의 요약 표(summary tables)에 요약할 수 있다. 이렇게 표로 만들면 문헌고찰을 쓸 때 내용을 기억하고 분류하기가 수월해진다. 요약 표를 글 속에 포함시키면 독자들이 다양한 문헌을 한

눈에 비교하고 대조해 보기 좋다. 표 하나에 담기엔 정보가 너무 많다면 팬 (Pan, 2013)의 제안대로 하나 이상의 표를 사용해서 문헌을 요약한다. 예를 들어, 양적 연구와 질적 연구들을 각각의 표에 따로 요약할 수 있다. 그 밖에도 개념 정의나 연구 방법, 결과와 같이 특정 영역에 초점을 맞춰서 여러 개의 표를 만들 수 있다.

요약 표 구성 방법

그림 7.1에서 소개하는 요약 표 양식을 사용하면 다양한 문헌을 한눈에 정리할 수 있다. 이 표에는 (1) 문헌의 출처, (2) 연구 목적, (3) 연구에 사용된 방법론, 그리고 (4) 주요 결과를 적어둔다. 문헌의 출처는 다시 저자, 날짜, 학술지로 구분된다. 저자명으로 정리해 두면 새로운 자료를 알파벳순으로 끼워 넣기 쉽고, 출판연도를 적어두면 연구가 진행된 시기가 파악된다. 연구의 목적은 주로 초록이나 서론에서 찾을 수 있다. 방법론 부분은 설계, 표집, 자료 수집 도구로 나뉜다. 실험연구라면 연구 과정이나 처치에 대한 정보를 추가할 수 있다. 결과는 마지막 열에 적어둔다. 결과는 다른 연구와의 비교가 쉽도록 통계 용어가 아닌 글의 형태로 적는 것이 좋다(Galvan, 2013). 이러한 방식으로 개별 연구는 요약 표의 한 행으로 정리된다.

요약 표의 예

요약 표를 어떻게 사용하는지 보여주기 위해서 아동기 우울과 처치에 대한 연구를 한 박사과정생 멜린다가 작성한 요약 표의 일부를 소개한다(그림 7.2).

엑셀 등으로 요약 표를 만들면 자료를 체계적으로 정리하고 분류하기가 좋다. 예를 들어, 양적 자료를 사용한 연구들을 더 살펴보고 싶다면 표의 연구 설계 열을 선택해서 정렬할 수 있다. 자신에게 맞는 다양한 형식의 표를 시도해 보면서 효과적으로 정보를 조직화하고 검색하는 방식을 찾는 것이 중요하다.

그림 7.1. 문헌 요약 표 양식

출처			연구 목적	방법론			결과
저자	날짜	학술지		설계	표집	자료 수집 도구	

7장 문헌고찰의 구성과 조직화　133

● 그림 7.2. 요약 표의 예

출처			연구 목적	방법론			결과
저자	날짜	학술지		설계	표집	자료 수집 도구	
Challen, Machin & Gillham	2014	*Journal of Consulting & Clinical Psychology*, 82(1), 75–89.	영국 전통 학교의 학생들을 대상으로 우울증상(그리고 이에 따른 결과)을 줄이기 위한 인지-행동 치료의 효과성 검증.	양적; 실험; 수업 시간 표를 바탕으로 치료 집단과 통제 집단으로 무작위 배정; 처음 18시간 뒤, 1년과 2년 뒤에 학생들에게 설문 실시.	N=2,844; 영국 16개 지역; 백인 67%, 여성 49%; 나이 11-12; 인구학적으로 다양. 25%는 무료 급식대상.	아동 우울증 검사; 아동의 두드러진 불안 검사 수정본; Goodman의 강점과 어려움 설문지.	개입 후, 실험 집단 학생들이 통제 집단보다 낮은 수준의 우울증상을 보고했으나, 효과 크기는 작았으며 1년이나 2년 후까지 경과가 지속되지 않음: 붙임이나 행동문제에 대한 두드러진 효과는 없음. 개입이 단기간의 우울증상에 작은 영향을 미쳤으나 붙임이나 행동문제를 줄이지 못함.
Germy, Berg, & Clausson	2015	*BMC Public Health*, 15, 1074.	청소년 대상의 인지-행동 우울 방지 프로그램에 대한 청소년의 경험 탐색.	개입에 대한 질적 평가.	N=89; 13-15세 청소년; 12번의 포커스 집단을 실시해서 교내 정신건강 프로그램에 참여한 청소년들의 경험을 포착, 매회 90분, 10주간. 6-18명의 학생을 대상으로 구성됨; 프로그램은 인지-행동 기법을 바탕으로 부정적 생각 문제 변화, 대화 훈련 문제	인터뷰는 질적 내용분석으로 분석; 전사한 텍스트를 토대로 전체 그림을 파악하기 위해 반복해서 읽음. 교내 정신건강 프로그램에 참여한 청소년들의 경험을 포착하기 위해 텍스트를 구조적으로 구성하고 텍스트를 의미 단위로 나눈 뒤 (N=478)	세 개의 범주와 8개의 하위 범주가 발견됨. 첫 번째 범주는 개인 내적 전략으로, 하위 범주로는 유도된 생각, 향상된 자신감, 스트레스 관리, 긍정적 행동이 있음. 두 번째 범주는 관계적 인식으로, 하위 범주로는 집단에 대한 신뢰와 타인 고려가 있음. 세 번째 범주는 구조적 제약으로, 하위 범주로는 부정적 사고틀과 수행에 대한 강조가 있음. 결론: 교내 정신건강 프로그램은

				해결 전략, 사회기술과 훈련의 강화 참여 건강증진 행동 등을 포함.	요약하면서 규도를 볼 임. 코딩 과정에서 전체적인 맥락을 고려. 제1저자가 첫 번째 코딩을 하고, 두 번째와 세 번째 저자는 각자 독립적으로 두 개의 인터뷰를 코딩함. 이후 세 명이 만나서 합의에 이를 때까지 코딩에 대해 논의함.	개인과 집단 수준에서 모두 도움 될 게 되는 것으로 인식되었으나, 학생들은 건강증진 접근이 더 다뤄지길 원함.
McCann & Lubman	2012	BMC Psychiatry, 12(1), 96–104.	호주 정부가 최근 설립한 정신건강 서비스(헤드스페이스)를 접하는 우울증을 앓는 어린 청소년들의 경험을 탐색함. 특히 어린 정신건강 문제가 발생한 지 얼마 안 된 어린 청소년들이 서비스를 어떻게 이용하는지, 그 과정에서 어떤 여러 어려움을 겪는지를 이해하고자 함.	질적; 기술적.	N=26; 심층 인터뷰로 자료 수집. 호주 멜버른 소재의 헤드스페이스에서 우울증을 앓는 참여자 모집. 참여자는 나이 16-25세로 평균 나이는 18세; 16명은 여성, 15명은 대부분 미혼; 15명은 부모와 함께 참가 중; 6명은 고등학교 재학 중, 7명은 다양한 근무 형태의 유급 근로를 함. 서비스 이용 기간은 평균 5개월 미만.	자료 수집 시 목표 표집이나 기준 표집이 사용됨. 포함 기준은 (1) 일차적으로 우울증 진단을 받고 (2) 16-25세 사이. 제외 기준은 (1) 정신병 진단 기록, (2) 현재 자살의도를 표현 (3) 영어로 대화가 불가능한 대상임. 다양한 질적 분석은 해석적 현상학적 분석을 사용. 자료에서 새로운 테마가 나오지 않을 때까지...	정신건강 서비스를 이용한 청소년의 경험을 반영하는 네 개의 테마가 도출됨: (1) 학교 상담가가 서비스 이용의 중재인, (2) 서비스 접속에 따른 이용 증가나 저하, (3) 초기 서비스 이용 시 접하는 장애물, (4) 서비스 재정지원에 따라 서비스 이용이 증가나 저하함. 전반적으로 이 연구의 결과는 청소년의 시설 이용 경험이 성인 고객과 비슷함을 보여줌(예를 들어, 센터 전문가의 신뢰관계가 중요한 점). 청소년들은 중요한 성인과의 차이점으로, 학교 상담자나 비공식적 접근에...

						인터뷰 진행; 각각의 테마를 심층 묘사함; 청소년인 서비스 이용 경험을 세부적으로 묘사.	의존함. 나이가, 나이가 어리다 보니 성인과 같은 사회관계나 도움을 청하는 기술이 부족해서 딸요한 도움 요청이 지연되기도 함.
Sifers & Mallela	2013	*Child and Adolescent Social Work Journal, 30, 169–180.*	과다행동과 우울 간의 관련성을 탐색.	양적; 기술적.	N=100; 중서부 소도시의 공립학교 8-14세 사이 학생; 동등한 성비; 백인 94%; 가정 평균 수입 79,949.	아동용 사회지지척도; 가정환경 척도; 아동용 행동측정 시스템, 2판.	과다행동은 또래관계의 어려움, 우울 증상과 관련됨; 과다행동은 가족 내 응집력 저하, 불화의 증가, 우울증상이 정도와 관련됨; 또래 어려움(가족과 비가족 모두)은 과다행동이 우울증상과 연결되는 전달자 역할이 될 수 있음.

문헌지도

문헌지도(mapping the literature)는 문헌에 포함된 개념이나 아이디어를 도표를 사용해서 보여주는 기술이다. 하트(Hart, 1998)는 "아이디어를 펼친다는 것은 주제에 대한 문헌과 생각을 종이 위에 지리적으로 그려보는 것"이라고 말한다(p. 144). "지리적으로" 시각화시켜 그려보면 뚜렷하지 않던 문헌 간의 관계나 이론적 개념, 패턴들이 더 잘 드러난다(Kalmer & Thomson, 2006). 그림으로 표현하면 다양한 연구를 범주화하고, 이슈가 발전해 온 흐름을 살펴보며, 학설을 분류하는 데에 도움이 된다(Daley & Torre, 2010). 시각적으로 만들면 이론적인 내용을 독자들에게 보여주기에도 좋다.

하트(Hart, 1998)에 따르면, 문헌지도는 서술적 지식과 과정적 지식에 기여한다. **서술적 지식**은 이론적이고 사실적인 정보에 대한 지식으로, 연구자는 지도를 그려보며 문헌에 있는 이론, 쟁점, 개념에 대한 지식을 알게 된다. 그리고 **과정적 지식**을 통해 이러한 부분들이 어떻게 서로 연결되는지를 이해할 수 있다. 그 결과 연구자는 다른 사람이 쓴 문헌을 자신만의 고유의 통찰과 이해로 검토하고 이를 새롭고 독창적으로 제시하게 된다.

지도에는 마인드맵, 개념도, 흐름도 등 여러 종류가 있다. 여기서는 마인드맵과 개념도에 초점을 맞춰서 설명하고, 이를 활용한 예시를 소개한다.

마인드맵

마인드맵(mind map)은 주요 테마를 중심으로 생각을 조직화하고 하위 구획으로 정리하는 데에 도움을 주는 시각적 도구다. 무엇보다도, 마인드맵의 장점은 단순함이다(Ramanigopal, Palaniappan, & Mani, 2012). 구성이 쉽고 그리는 데에 고차원의 능력이 필요하지 않다.

표 7.3. 마인드맵 구성 단계

	단계
1	원을 그리고 그 중심에 주요 개념이나 테마를 적는다.
2	원으로부터 밖으로 향하는 선을 그린다.
3	그려진 선의 끝마다 테마에 속하거나 테마를 지지하는 생각을 담은 하위 테마를 적는다.
4	(필요시) 하위 주제에서 밖을 향해 선을 그리고 그 하위 개념들을 적으며 확장시킨다.

마인드맵은 종이에도 쉽게 그릴 수 있지만, FreeMind, LucidChart, MindMeister, MindMup과 같은 소프트웨어를 사용하면 미리 요약해서 저장해 둔 문헌정보를 연결시켜 그릴 수 있다.

마끼와 매키보이(Machi and McEvoy, 2012)는 두 종류의 마인드맵(핵심 생각을 중심으로 한 마인드맵과 저자를 중심으로 한 마인드맵)을 제안한다.

핵심 생각 마인드맵

핵심 생각 중심의 마인드맵을 그리면 개별 테마를 중점적으로 살펴보고, 해당 테마와 관련된 내용으로 분석을 조직화하는 데에 도움이 된다. 여기에는 이론적 입장, 이슈의 변천사, 개념에 대한 다양한 정의들이 모두 포함될 수 있다. 문헌 정보카드와 테마 중심원(더 나아가 통합매트릭스)에서 마인드맵의 주제가 될 만한 단어를 찾아본다. 그림 7.3은 상담심리학과 박사생인 데이브가 그린 핵심 생각 마인드맵의 예다. 데이브는 1세대 이민자의 대학 생활 성공수준에 대한 논문을 쓰고 있다. 그는 문헌고찰에서 개인의 정체성이 이민자 학생의 성공에 핵심 요인이라는 것을 강조하고자 했다. 따라서 핵심 생각 마인드맵을 사용하여 문헌에서 나온 정체성 형성에 기여하는 다양한 요소를 정리하였다.

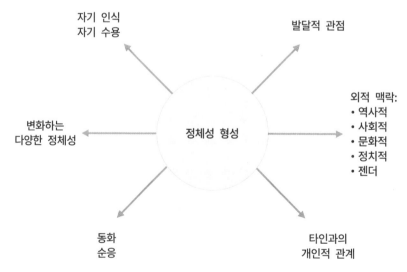

그림 7.3. 핵심 생각 마인드맵: 정체성 형성.(Machi and McEvoy(2012)를 바탕으로 함)

저자 중심 마인드맵

저자 중심 마인드맵은 연구 주제와 관련한 주요 인물에 초점을 둔다. 개별 문헌을 분석하다 보면 이 분야의 발전에, 그리고 주제를 이해하는 데에 중대한 기여를 한 특정 이론가나 연구자를 발견할 수 있다. 저자 중심 마인드맵을 그리면 이들의 입장과 영향력에 대한 깊은 이해가 가능하다. 또한 마인드맵을 바탕으로 다른 이론가나 연구자들의 생각과 비교가 가능하다.

저자 중심 마인드맵을 그릴 때는 원의 가운데에 저자의 이름을 적고 이를 중심으로 업적과 생각, 입장 등을 기록한다. 이 경우, 저자가 직접 쓴 연구물뿐만 아니라 이들의 생각과 관점을 해석해 둔 이차자료도 포함한다.

그림 7.4는 사회학과 학생인 리나가 작성한 한나 아렌트에 대한 저자 중심 마인드맵의 예다. 그녀는 20세기 민주주의 사회에 대한 연구를 하였으며, 문헌을 읽는 과정에서 정치적 이론가인 한나 아렌트의 연구에 매료되었다.

마인드맵은 주제나 저자에 대한 이해가 늘어남에 따라 문헌고찰 과정에서 지속적으로 수정되고 확장된다. 일부 연구자들은 통합매트릭스를 만들면서 동시에 마인드맵을 작성하기도 한다. 매트릭스는 마인드맵의 원에 들어갈 개념을 찾는 데 도움을 주고, 핵심 생각이나 저자 중심 마인드맵은 테마와 하위 테마가 어떻게 연결되는지를 시각적으로 보여주는 데에 효과적이다.

개념도

개념도(concept map)는 다양한 개념이 서로 어떻게 연결되었는가를 시각적으로 표현하는 위계적 구조다. 마인드맵이 하나의 개념에 초점을 두는 데 반해, 개념도는 다수의 개념들을 살펴보고 그 사이의 연결을 본다는 차이가 있다.

개념도를 만들면 리뷰하는 문헌에 대한 전체적인 이해에 도움을 준다. 특정 맥락 안에 있는 일반적 개념과 구체적 개념들이 위계적으로 정리되기 때문에 문헌고찰을 통해 도출해 낸 요소들, 그 사이의 연관성, 그리고 전체적인 구조가 한눈에 들어온다.

개념도는 넓은 개념에서 시작하며 점차 구체적인 개념으로 좁혀진다. 개념도는 다양한 방식으로 만들 수 있으며, 보통 7단계로 진행된다.

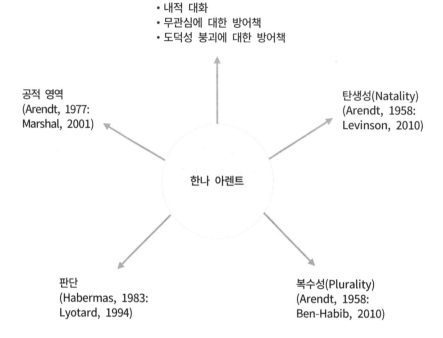

생각(1978):
• 내적 대화
• 무관심에 대한 방어책
• 도덕성 붕괴에 대한 방어책

공적 영역
(Arendt, 1977:
Marshal, 2001)

탄생성(Natality)
(Arendt, 1958:
Levinson, 2010)

한나 아렌트

판단
(Habermas, 1983:
Lyotard, 1994)

복수성(Plurality)
(Arendt, 1958:
Ben-Habib, 2010)

그림 7.4. 저자 중심 마인드맵: 한나 아렌트의 민주주의 개념(Machi & McEvoy(2012)를 바탕으로 함)

표 7.4. 개념도 구성 단계

	단계
1	자료를 읽으면서 개념들의 목록을 만든다(통합 매트릭스를 참고해도 좋다).
2	페이지의 가장 위쪽에 문헌고찰의 초점이나 질문을 적는다(주로, 페이지를 가로로 설정한다).
3	질문 아래에 가장 넓고 포괄적인 핵심 개념을 적는다.
4	가장 포괄적인 개념으로부터 가지를 친 개념을 적는다(1단계에서 만든 개념 목록 활용).
5	가지를 치며 하위 개념으로 진행하는 과정을 가장 구체적인 개념이 적힐 때까지 지속한다.
6	개념들을 상자나, 원, 또는 다른 그림 안에 넣는다.
7	개념들을 연결하는 선을 추가하고, 가능하다면 이들 간의 관계를 설명하는 단어를 한두 개 적어둔다.

연구자에 따라 다양한 색이나 모양을 활용해서 개념도를 만들기도 하고, 또는 이런 것이 불필요하다고 여기기도 한다. 어떠한 스타일을 선택하든, 개념 간의 관계를 간명하고 확실하게 드러내는 것이 핵심이다. 일부 연구자들은 (예. Booth et al., 2008; Machi & McEvoy, 2012) 포스트잇이나 정보카드에 개념들

을 적고 이를 이리저리 이동해 보면서 개념도를 만들라고 제안한다. 이렇게 하면 유연하고 창의적으로 개념도를 구성하는 데에 도움이 된다.

개념도를 만드는 소프트웨어 프로그램에는 MindGenius, MindView, SmartDraw 등이 있다. 대안으로, 전통적인 워드프로세스나 파워포인트를 활용해서 개념도를 그릴 수 있다. 디지털 프로그램을 활용하면 손으로 그리는 것보다 깨끗하고 정돈된 개념도를 만들 수 있으며, 지속적인 수정과 보완이 용이하다는 장점이 있다.

반면, 손으로 그릴 경우, 개념도를 시작할 당시에는 떠오르지 않았던 생각과 상상력을 높이는 효과가 있다. 어떤 방식이든 자신에게 가장 잘 맞는 것을 선택한다.

그림 7.5는 문화 간 멘토링을 주제로 에프론, 윈터, 브레스만(Efron, Winter, and Bressman, 2017)이 만든 개념도의 예다.

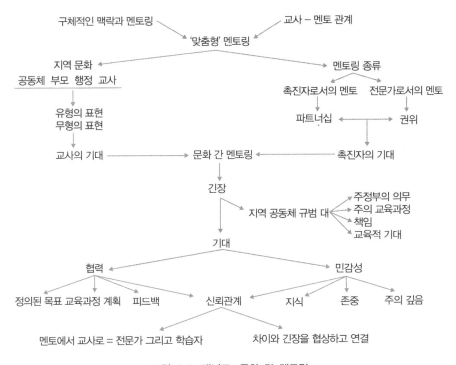

그림 7.5. 개념도: 문화 간 멘토링

표 7.5. 마인드맵과(또는) 개념도를 검토하는 체크리스트

마인드맵이나 개념도가...	√
1	연구 질문에 적절하게 만들어졌다.	
2	리뷰하는 문헌에 담긴 중요한 아이디어나 주제를 이해하는 데에 필수적인 개념들을 포함한다.	
3	연구 주제와 관련된 개념들을 시각적으로 명료하게 표현한다.	
4	연구 주제와 관련된 개념들을 간결하고 명확한 언어로 표현한다.	
5	개념이나 주제들 간의 관계를 보여준다.	
6	문헌들의 테마/저자와 관련된 이슈들을 포괄적으로 다룬다.	
7	논리적으로 구성된 테마와 하위 테마를 포함한다.	

개요

마지막으로 고려할 조직화 방법은 개요(outline)를 서술하기다. 개요는 리뷰한 문헌의 주요 요소들을 논의할 순서에 따라 논리적으로 펼쳐놓은 구조화된 계획이다. 주요 포인트와 그 하위 내용을 뚜렷하게 구분해 놓고 문헌고찰 안에서 이 내용들을 논리적으로 전개시킨다(Wolcott, 2009). 잘 만들어진 개요는 문헌고찰의 청사진이 되며 글을 더 쉽고 효과적으로 쓸 수 있도록 도와준다.

테마와 하위 테마 그리고 범주의 선정은 문헌고찰의 바탕이 되는 연구목표와 질문, 리뷰한 문헌들에 근거해야 한다. 개요를 구성한 뒤 전체적으로 읽어보면 이 내용이 연구 질문을 반영하는지, 수정이 필요한 부분이 어딘지 생각해 볼 기회가 주어진다.

표 7.6. 개요 구성 단계

단계
1	개요에 넣을 주요 주제들을 찾기 위해 문헌 정보카드를 읽으면서 공통된 부분들끼리 서로 모은다. 미리 이름 붙여둔 키워드가 도움이 될 수 있다(이미 통합 매트릭스나 마인드맵을 만들었다면, 이 단계가 훨씬 빠르고 쉽게 진행된다).
2	정보카드를 살펴보며 주요 테마와 하위 테마가 될 내용을 찾는다. 하위 테마는 주요 테마의 특정 측면을 정의 내리고, 설명하며, 지지하는 구체적 정보들로 구성된다.
3	하위 테마가 여전히 광범위하다면, 더 좁은 범주로 나눈다.

개요를 만들 때는 세 가지 선택을 해야 한다. 첫 번째는 개요의 **구성방식**과 관련되고, 두 번째는 개요의 **스타일**과 관련되며, 세 번째는 테마와 하위 테마의 순서와 관련된다.

개요의 구성방식

개요를 보여주는 기본적인 구성방식은 중요성에 따라 일련의 번호와 문자를 붙이는 것이다. 각 수준별 숫자나 단어는 농일하게 들여쓰기를 해서 아래와 같이 정리한다:

1. 개요의 **첫** 단계는 주요 테마로, 대문자로 된 로마숫자를 붙인다: Ⅰ, Ⅱ, Ⅲ, 등.
2. 개요의 **두 번째** 단계는 하위 테마로, 대문자 알파벳을 들여쓰기해서 붙인다: A, B, C, 등.
3. 개요의 **세 번째** 단계는 범주로, 아라비아 숫자를 들여쓰기해서 붙인다: 1, 2, 3, 등.
4. 개요의 **네 번째** 단계는 소문자 알파벳을 들여쓰기해서 붙인다: a, b, c, 등.
5. 추가적인 하위 범주가 필요하면 소문자 로마숫자를 붙인다: i, ii, iii, 등.

규칙에 따르면, 단 하나의 내용으로 구성된 하위 집합은 만들면 안 된다. 적어도 두 개 이상의 내용이 포함되어야 한다.

만들어진 개요의 구성방식은 다음과 같다:

```
Ⅰ. _____
    A. _____
    B. _____
        1. _____
        2. _____
            a. _____
            b. _____
                i. _____
                ii. _____
```

일부 연구자들은(예. Booth et al., 2008; Wolcott, 2009) 이렇게 들여쓰기나 숫자를 붙이는 공식화된 접근이 다소 복잡하고 제한적이라고 본다. 이들은 개요를 만드는 장점은 인정하지만, 보다 단순하며 느슨하게 구조화를 해서 창의성이 발휘되는 것을 선호한다.

개요의 스타일

개요를 만들 때의 두 번째 선택은 스타일이다. 일반적인 두 개의 선택은 다음과 같다:

- 몇 단어나 짧은 문구로 구성된 주제 개요
- 완전한 문장을 사용하는 문장 개요

부스 등은(Booth et al., 2008) 이 두 가지 스타일이 문헌고찰의 각기 다른 단계에서 유용하다고 말한다. 아이디어와 개념들을 구성하는 초기 단계에서는 단어로 된 주제 개요가 적절하다. 반면, 자료를 읽고 분석하는 과정이 진행될수록 완전한 문장으로 된 개요가 더 도움이 된다. 추가적으로, 짧은 단어로만 구성된 주제 개요는 시간이 지난 후에 읽다 보면 구체적 의미가 기억나지 않을 수 있다. 반면, 완전한 문장으로 된 개요는 주제에 대한 생각이나 기억을 쉽게 떠올리게 한다. 연구자에 따라서 두 가지 스타일을 모두 사용하기도 하는데, 중심 주제는 완전한 문장으로 만들고 하위 주제와 범주는 짧은 문구를 사용한다.

개요의 예

아래에 소개하는 개요의 예는 바바라 셔먼(Barbara Sherman, 2014)이 쓴 박사논문의 문헌고찰 챕터를 바탕으로 한 것이다.

상자 7.1. 장학생들: 부유한 사립학교의 유리천장을 비집고 지나가다

Ⅰ. 연구 현장 소개

  A. 장학생에게 영향을 미치는 역사적, 사회적, 정치적, 교육적 맥락 이해의 중요성

  B. 문헌고찰에서 논의할 주요 쟁점들

Ⅱ. 미국 초기 이민자들(18세기 후반-20세기 초)

  A. 이민자의 물결이 문화적 규범을 마주하면서 형성된 사회적 위계(Ramirez et al., 2008)

  B. 인종차별을 조장하는 사회적 이론

    1. "과학적"이란 단어의 사용은 이민자를 인종적 범주로 분류함을 의미(Jackson & Weidman, 2006)

    2. 사회적 다윈주의: 인종을 능력, 그리고 생존 가능성과 연결(Darwin, 1871; Jeynes, 2011; Spencer, 1851)

    3. 우생학 운동과 이민제한리그(Immigration Restriction League의 웹페이지, 하버드 대학교)

  C. 편견, 인종주의, 차별의 사회적 구성

    1. 편견, 인종주의, 차별의 개념 정의(Katz, 1978)

    2. 사회적 타자 인식에 미치는 정치적, 경제적, 사회적 환경의 영향(Higham, 1893; Perry, 2010)

    3. 아시안 이민자(Tan, 1989), 남아메리카 이민자(Roseblum, Soelke, & Wasemn, 2012), 아프리칸 아메리칸(Ogbu, 1978; Tim, 1992)을 향한 태도

Ⅲ. 이민자 급증에 대한 교육학 반응

  A. "타인"을 주류 밖에 놓는가 아니면 동화시키는가?(Zangwill, 1976)

    1. 겉으로 내세우는 평등이라는 신념 대 차별이란 현실(De Hoyus, 2012; Ramsey & Williams, 2003)

    2. 이민자를 교육하고 "미국문화"에 동화하도록 부추김(Ramsey & Williams, 2003)

    3. 아메리칸 인디언이 "진짜 미국인"이 되려고 미국사회라는 용광로에 합류(Manuelo, 2005)

  B. 공동체와 학교에서의 인종차별

    1. 인종차별을 강화하는 법: 짐 크로우 법, 1896년의 플레시 대 퍼거슨 사건(Wright, 2009)

    2. 호레이스만의 공립학교 대 인종차별 분리 교육(Cayton et al., 2003)

    3. 흑인어린이 차별에 대항한 말콤 리틀(말콤 엑스)의 이야기(Haley, 1999)

  C. 문화적 다양성: 문화를 유지하기 위한 소외된 공동체의 투쟁

    1. 문화적 다양성과 이민을 받아들이는 1920년대 교육과정 프로그램(Ratner, 1984)

    2. 취업, 교육, 군복무에서의 평등한 기회를 요구하는 1940년대 흑인 리더들(De Hoyos, 2013)

    3. 동등한 권리를 요구하는 흑인권력운동(De Hoyos, 2013)

    4. 라티노와 아시안 운동의 등장(Brown Power and Yellow Power)

Ⅳ. 전환점: 미국 교육이 다양성을 포용하기 시작

    A. 인종 간 평등함을 만들려는 시도(Norton, 2002)
      1. 브라운 대 토피카 교육위원회 재판(Patterson, 2001)
      2. 힐다 타바의 집단 간 교육운동(Banks, 2007; Norton, 2002)
      3. 교육과 시민 인권운동: 1960(Cayton, 2003; Patterson, 2001)
      4. 이민자 정책 개혁: 새로운 이민정책(1965)(Ludden, 2006)
    B. 다문화주의를 지지하는 교육: 1970s
      1. 문화적 다원주의가 다문화 교육으로 진화(Banks, 2001; Ramsey & Williams, 2003)
      2. 다문화 교육의 목적(Grant, 1978)
      3. 다문화 교육이 사회 해체주의를 수용(Nieto, 2012)
      4. 백인 정체성 이론(Helms, 1990)
V. 성취 격차
    A. 인종 간 성취 격차(Ladson-Billings, 2009; NAEP, 2009)
      1. 성취 격차에 영향을 미치는 계급과 경제력(Scott & Lonhardt, 2009)
      2. 성취 격차 줄이기(전국적 교육평가, 2009; 조용한 혁명: 교육부 장관 아니 던컨의
      내셔널프레스클럽 연설, 2010)
      3. 성취 격차의 문화적 vs. 사회정치적 뿌리(Hilliand, 1992; Ladson-Billing, 2001,
      2009; Ogbu, 1999; Williams, 1996)
VI. 한쪽만의 이야기는 교육과정을 위험하게 함
    A. 단일한 이미지로 소외되는 집단(Adichie, 2009)
      1. 집단의 이미지를 만들고 파괴하는 글의 힘(Horn, 2003; Katz & Earp, 1999)
      2. 소수 청소년에 대한 미디어 이미지(Katz & Earp, 1999)
    B. 숨겨진 교육과정이 던지는 메시지(Audre Lorde, Tatum, 1997, p. 22에서 재인용)
      1. 숨겨진 교육과정의 정의(Giroux & Penna, 1979; Murrell, 2007)
      2. 숨겨진 교육과정이 만드는 장벽(Grunty, 1987; Jardine, 2006; Langhout, 2008)
        a. 숨겨진 교육과정에의 두 가지 접근: 기능주의 접근과 신마르크스주의 접근(Anyon,
        1980; Apple, 1980; Lynch, 1989)
        b. 주도권에 의해 결정되는 숨겨진 의제(Sari & Doganay, 2009)
      3. 제도화된 차별: 숨겨진 교육과정의 산물(Anyon, 1980; Freire, 1970; Murrell, 2007)
        a. 문화자본(Bourdieu, 1986; Yosso, 2005)
        b. 정치적 제도로서의 학교(Dewey, 1916; Freire 1970)
      4. 인간 존엄에 미치는 숨겨진 교육과정의 영향(Sari & Doganay, 2009)
      5. 사회 구성물을 강화하는 숨겨진 교육과정(Anyon, 1980; Tyack, 1993)
VII. 사립학교 교육의 도전과제
    A. 자원이 부족한 학교에서부터 부유한 사립학교까지(Murell, 2007)
      1. 문화 역량의 정의(Ingram, 2011)
      2. 문화 역량의 역할과 성공적인 통합(Banks, 1981, 1987)
    B. 문화 역량이 없는 학생에 대한 낙인(Salzman, 2005)

1. 알아야 할 가치가 있는 것으로 간주되는 지식(Bullhan, 1985; Pinar et al., 2008)

2. 결함 이론과 그 결과(Hale, 2011)

C. 교내 사회관계에 미치는 인종의 영향(Baldwin, 1971; Castnell & Pinar, 1993; Fanon, 1970; Pinar, 2008)

VIII. 학교의 책임: 실천하는 민주적 시민 양성

A. 민주 사회에서 학교의 역할(Dewey, 1916, 1959; Horn, 2003; Pinar, 2008)

1. 민주주의 가치의 뿌리인 인간의 존엄성(Kaboglu, 2002)

2. 학교 공동체에서 민주주의 실천(Jardine et al., 2006; Sari & Doganay, 2009)

B. 교육과정 속의 "괴물" 드러내기(Nall, 1999)

1. 민주주의 가르침과 모순되는 교육과정(Dewey, 1959)

2. 문화적으로 민감한 교육(Banks & Banks, 1995; Gay, 2000)

3. 학교 안의 다양성이 교육을 풍성하게 함(Troyna & Hatch, 1992)

IX. 학교 안의 다양성이 교육을 풍성하게 함(요약과 논의)

표 7.7. 개요를 평가하는 체크리스트

	개요가..	√
1	연구 질문에 적절하게 개발되었다.	
2	연구의 주제와 관련된 최신의 지식을 전체적으로 제시한다.	
3	하나의 생각에서 다음 생각으로의 이동이 논리적이다.	
4	문헌에 포함된 내용을 포괄적으로 담고 있다.	
5	불필요하거나 중복되는 내용이 없다.	
6	하나로 합쳐야 하거나 또는 나뉘어야 할 부분이 없다.	
7	서로 다르거나 때로 대립되는 의견이나 관점을 포함한다.	
8	내용이 간결하고 명확하게 기술되었다.	
9	지나치게 세부적이거나, 짧지 않다.	
10	자료의 저자와 출판연도를 포함한다.	

개요의 구성

개요를 만들 때 고려할 세 번째 사항은 어떻게 구성할 것인가 하는 문제이며, 이는 자신의 문헌고찰 목적과 맞아야 한다. 개요를 구성하는 하나의 방식이 있는 것이 아니므로 자유롭게 만들 수 있다. 체계적 문헌고찰의 개요를 제외하고는(체계적 문헌고찰은 아래에서 추가로 논의한다), 문헌고찰에서 도출된 테마와 아이디어들이 논리적이고 일관되게 이어지도록 글을 자유롭게 구성해도 좋다.

아래에서는 가장 일반적인 구성 접근 몇 가지를 소개할 것이다. 테마별 개요, 연대기적 개요, 이론과 실증연구를 분리한 개요, 이론에서 방법론으로 이어지는 개요, 체계적 문헌고찰의 개요, 그리고 해석학적 현상학적 문헌고찰이 여기에 해당한다. 각각의 특징을 예시와 함께 설명하였다. 첨부한 예시에는 문헌고찰의 주요 테마만을 보여주며 하위 테마는 포함하지 않았다.

테마별

개요를 구성하는 가장 일반적 접근은 이를 테마별로 나누는 것이다. 두드러진 테마들은 문헌고찰 과정에서 드러날 수도 있고 또는 미리 정해 두었을 수도 있다. 각각의 테마에는 이론적 글과 실증적 연구가 모두 포함할 수 있다. 상자 7.2는 교육적 리더십에 대한 석사논문을 쓴 조셉이 평가라는 테마에 대해 작성한 테마별 개요의 예다.

상자 7.2. 테마별 개요 구성의 예

Ⅰ. 역사 속 평가에 대한 다양한 관점
Ⅱ. 총괄 평가(이론, 연구, 실행)
Ⅲ. 형성 평가(이론, 연구, 실행)
Ⅳ. 제도에 따른 평가
Ⅴ. 교사에 따른 평가
Ⅵ. 학생에 따른 평가

연대기별

주요 주제들을 시간대별로 정렬해서 연대기별 개요를 구성할 수 있다. 이러한 구성은 시간에 따라 변화하는 주제를 다룰 때 적합하다. 개요에 포함되는 내용은 주로 과거에서 현재까지 주제의 발전상을 나타낸다. 문헌고찰에서 이러한 구성을 할 경우, 이론의 발전 과정이나 정책의 출현, 연구 방법의 발전 과정, 실행의 변화 등을 탐구할 수 있다. 상자 7.3은 2차 세계대전 이후 현재까지 교육개혁의 역사적 순환에 대한 논문을 쓴 미나가 작성한 연대기별 개요의 예다.

🌙 **상자 7.3. 연대기별 개요 구성의 예**

ㅣ. 학교에서의 냉전시대-스푸트니크를 발사한 러시아의 영향(1957)

Ⅱ. 시민인권운동-초등, 그리고 중등교육법(1967)

Ⅲ. 위기의 국가-연방정부의 역할 확장(1983)

Ⅳ. 아동 낙오 방지법-뒤처진 아이들(2002)

Ⅴ. 필수 과목: 기회, 도전, 위험(2010s)

Ⅵ. 아동 낙오 방지법 개혁-모든 학생 성공법(2015)

Ⅶ. 성찰: 책임과 표준화를 강화하는 정부의 확장된 역할

이론과 실증연구 분리

만약 이론적 글과 실증연구 등 다양한 자료를 리뷰했다면, 이들을 두 부분으로 나눠서 정리할 수도 있다. 앞부분에서는 이론적, 그리고 개념적 연구들에 초점을 맞추고, 뒷부분에서는 실증연구(양적/질적), 방법론, 결과 등에 초점을 맞출 수 있다. 일부 연구자들은(예. Carnwell & Daly, 2001; Ridley, 2012) 이러한 문헌고찰 구성을 선택할 경우, 단순히 문헌을 기술하는 데에 만족하지 말고 비판적 입장을 취하라고 주장한다. 상자 7.4는 훈련을 받는 상담자들의 문화 역량 발전에 대한 박사논문을 준비 중인 매그다가 작성한 이론과 실증연구 분리형 개요 구성의 예다.

🌙 **상자 7.4. 이론과 실증연구 분리형 개요 구성의 예**

ㅣ. 문화의 정의, 그리고 관계에서의 역할

Ⅱ. 다문화 역량 이론

Ⅲ. 다문화 역량 이론이 상담 분야에 미친 영향

Ⅳ. 상담에서의 다문화 역량의 역할에 대한 훈련 중인 초보 상담자들의 자기인식

Ⅴ. 상담 프로그램에서 다문화 역량을 개발하기 위해 실행되는 방법들에 대한 비판적 분석

Ⅵ. 상담자의 다문화 역량 개발을 위한 연구의 근거 제안

Ⅶ. 성찰: 책임과 표준화를 강화하는 정부의 확장된 역할

이론에서 방법론으로 이동

문헌고찰을 위해 찾은 대부분의 자료가 이론적인 글이며, 실증연구를 거의 찾지 못했다면, 이러한 구성을 고려해 볼 수 있다. 글을 두 부분으로 나누어서, 앞부분에서는 주제와 관련한 이론적 논의와 다양한 입장, 그들 간의 공통점과 차이점 등을 전개한다. 뒷부분에서는 앞서 논의한 이론적인 내용을 보

완할 연구 접근을 탐색하고 자신의 연구 질문으로 연결한다. 그림 7.5는 초국적 페미니즘 이론에 대한 문헌고찰을 한 에이프릴이 구성한 개요의 예다.

🌙 상자 7.5. 이론에서 방법론으로 이동하는 개요 구성의 예

 Ⅰ. 페미니즘과 문화적 패권주의
 Ⅱ. 페미니즘 이론을 향한 생각의 발전
 Ⅲ. 초국적 페미니스트 이론
 Ⅳ. 생각의 요약
 Ⅴ. 이야기의 힘: 페미니스트 관점
 Ⅵ. 내러티브 연구 설계

체계적 문헌고찰의 개요

이러한 접근은 특히 체계적 문헌고찰을 할 때 적합하다. 이 경우 연구자에게는 유연성이나 자유로운 구성이 허용되지 않으며 정해진 구조를 따르는 것이 기대된다(Booth et al., 2016). 전형적인 구조는 상자 7.6의 예와 같다.

🌙 상자 7.6. 체계적 문헌고찰 개요 구성의 예

 Ⅰ. 연구 질문 작성
 Ⅱ. 포함할 연구 기준
 Ⅲ. 문헌검색 방법
 Ⅳ. 자료 추출(각 자료에 어떤 요소가 들어있는지 탐색)
 Ⅴ. 자료 분석(자료를 평가하고 요약해서 표의 형태로 만듦)
 Ⅵ. 결과와 해석
 Ⅶ. 논의와 시사점

해석학적 현상학적 개요

마지막 문헌고찰 구성의 접근법은 해석학적 현상학적 탐구다(Boell & Cecez-Kemanovic, 2014). 이 경우, 특정 개념적 틀을 활용해서 선택된 주제에 대한 논의를 제시한다. 제임스 마그리니의 논문(2014)의 챕터에서 이러한 구조를 예로 찾을 수 있다. 이 챕터에서 마그리니는 자아와 관련된 밴 매넌(van Manen)과 하이데거(Heidegger)의 글을 논의한 후 현재 교육에서의 책임과 표준화를 비판한다. 해석학적 현상학적 렌즈를 사용해서 현재의 교육연구와 실행을 특징짓는 지배적 언어를 문제화하고 약점을 드러내며 간극을 밝힌다. 상

자 7.7은 해석학적 현상학적 개요 구성의 예다.

상자 7.7. 해석학적 현상학적 개요 구성의 예

ㅣ. 해석학적 현상학적 해석의 전개
ㅐ. 실증주의 그리고 현상학적, 존재론적 자아의 상실
ㅐㅐ. 표준화된 학습에 사용되는 언어 비판
ㅐV. 현상학적 존재론적 용어로 바라본 이해로서의 학습

고려할 점

문헌고찰의 구성을 계획하는 시점에서는 분석을 통해 나온 결과들을 다양한 방식으로 배열해 본다. 개요를 만드는 과정은 여러 번에 걸쳐 진행되며, 처음부터 특정 방식을 정해 두는 건 옳지 않다. 드러난 테마와 하위 테마 역시 자료를 읽다 보면 변경되고 수정될 수 있다. 중간중간에 이러한 구성이 적절한지 검토해 본다. 개요란 수정과 변경에 열려 있는 살아 있는 유기체(Dawidowicz, 2010)라는 걸 기억한다.

추가적으로, 문헌고찰을 단독으로 하는 연구가 아니라면, 문헌고찰의 결과가 자신의 논문 전체와 자연스럽게 연결되어야 한다. 깔때기처럼 처음에는 주제를 넓은 관점에서 논의하다가 점차 좁혀가며 연구 질문에 초점을 맞춘다. 문헌고찰이 마무리 단계에 이르면 자신이 진행하려는 연구와 가장 비슷하고 관련 있는 문헌을 부각한다(Wellington et al., 2005).

이 장에서 소개한 다양한 전략을 이리저리 섞어보거나 발전시켜서 자신만의 방식을 만들어가는 것도 좋다. 이렇게 목적을 갖고 상상력을 발휘하며 창의적으로 작업하는 과정 속에서 연구자는 작은 조각들을 모아 하나의 큰 그림을 드러낼 수 있다.

7장의 요약

1. 문헌고찰을 구성하는 방법은 기법이나 표현 양식, 강조하는 부분 등에서 서로 다르다.
2. 통합 매트릭스는 잠정적인 테마와 하위 테마를 간명하게 보여주기 때문에 문헌에 대한 전반적인 이해를 가능하게 한다.
3. 요약 표는 주제와 직결된 연구 내용을 요약할 때 사용된다. 여러 연구에서 나온 정보를 취합하고 분류하는 데에 도움이 된다.
4. 요약 표를 만드는 대신 마인드맵처럼 지도의 형식으로 정리할 수 있다.
5. 개념도는 다양한 개념이 서로 어떻게 연결되는지를 시각적으로 표현하는 위계적 구조다. 넓은 개념에서 시작해서 점차 구체적인 개념으로 이어진다.
6. 개요는 문헌고찰에서 나온 주요 요소들을 논리적으로 펼쳐놓은 구조화된 계획으로, 논의할 순서대로 배열한다.
7. 개요에 들어가는 테마, 하위 테마, 범주는 문헌고찰의 바탕이 되는 연구 목적과 질문에 근거해야 한다.
8. 개요를 만들 때에는 개요의 구성방식, 스타일, 순서를 고려한다.
9. 일반적인 개요의 구성에는 테마별, 연대기별, 이론과 실증연구의 분리, 이론에서 방법론으로의 이동, 체계적 문헌고찰, 그리고 해석학적 현상학적 문헌고찰이 있다.
10. 개요는 순환 과정 속에서 만들어진다. 이미 만들어놓은 개요에 제약을 받지 말고 새로운 내용이 나올 때마다 개요를 수정하고 보완한다.

chapter 8

논지를 구성하는
주장 발전시키기

8장
논지를 구성하는 주장 발전시키기

문헌고찰의 핵심에는 연구 주제와 관련된 질문에 초점을 맞추고, 자신의 연구를 위한 기반을 마련하는 것이 들어 있다. 연구자는 관심 있는 연구 주제를 다루면서 자신의 연구로 이어질 수 있는 주장을 내세운다. 연구자의 주장은 다수의 문헌을 읽고, 분석하고, 통합하고, 비판하고, 엮어가는 과정 속에서 벽돌처럼 쌓여간다. 이때 문헌 속 저자들의 생각을 단순히 반복하는 것이 아니라 드러난 내용을 확장시키고 자신만의 고유한 관점으로 제시해야 한다. 주제와 관련된 현재까지의 지식을 재구성하는 데에는 "어느 정도의 개념적 혁신이 포함되며"(Strike & Posner, 1983, p. 52) 해당 분야의 최신 연구에 대해 잘 알고 있으면서도, 여기에 휘둘리지 않음을 보여줄 필요가 있다(Ridley, 2012).

앞 장에서 우리는 핵심 용어와 테마를 도출하기 위한 자료의 발췌와 개별 자료의 비판적 분석 과정을 살펴보았다. 테마별로 자료를 모아서 이를 시각적으로 표현하거나 개요를 만들었다. 이렇게 시각화하고 조직화 과정에서 어느 정도의 명료함과 일관성이 드러나면서 연구자는 적절한 논지를 형성할 수 있게 된다. 이 과정이 순차적으로 진행되는 것처럼 보이겠지만, 논지를 형성하는 과정은 순환적이다. 처음의 잠정적이던 생각이 지속적으로 발전하며, 때로 연구자는 초기 단계로 돌아가거나 나중 단계로 비약하기도 한다

(Douglas, 2014). 따라서 자신만의 논지를 구성하기 위해 모든 문헌을 다 읽을 때까지 기다릴 필요는 없다. 향후 전개하고자 하는 논지가 초기 단계에서 잠정적으로 결정되기도 한다(Booth et al., 2008).

문헌고찰의 맥락에서 논지란 연구자가 주장하려는 핵심 생각이며, 주제에 대해 내세울 자신의 입장이다. 논지가 없는 문헌고찰은 연구나 개념, 이론들을 두서없이 쌓아놓은 정보의 잡동사니가 될 위험에 처한다. 연구자는 근거를 기반으로 주장을 펼치는 논증을 통해 자신의 논지를 독자들에게 합리적으로 설득시킨다(Booth et al., 2008; Hart, 1998; Jesson et al., 2011; Machi & McEvoy, 2012; Ridley, 2012).

마끼와 매키보이(Machi and McEvoy, 2012)는 대부분의 문헌고찰에서 자신의 주장을 전개해 나가는 두 종류를 방법이 있다고 말하며 이들을 **발견의 논증**(argument of discovery)과 **옹호의 논증**(argument of advocacy)이라고 하였다. 발견의 논증은 연구 주제에 대해 알려진 현재까지의 지식을 제시하는 것이고, 반면 옹호의 논증은 지금까지 얻은 지식을 분석하고 비판하며 확장시키는 것이다. 이 두 종류의 논증은 그 목적과 구성방식에서 차이가 있다. 이 장은 두 부분으로 구성되며, 앞부분에서는 발견의 논증에 초점을 둔다. 우선 세 가지 기본 요소(주장, 근거, 논거)로 구성된 단순한 논증을 살펴본 뒤, 복잡한 정도에 차이가 있는 네 가지 유형의 추론(일대일 추론, 독립 추론, 종속 추론, 연쇄 추론)에 대해 기술한다. 뒷부분에서는 옹호의 논증을 다룬다. 여기서는 연구에서 드러난 결과의 의미를 해석하며 문헌고찰을 마무리하는 과정을 설명한다.

논증하기

문헌고찰에서 논증은 다양한 종류의 근거를 바탕으로 여러 형태로 제시될 수 있다. 그러나 논증을 하는 기본적인 규칙은 존재한다. 이해를 돕기 위해 먼저 단순한 논증의 구성을 살펴보자.

단순한 논증

단순한 논증은 주장, 근거, 논거로 구성된다(Booth et al., 2008; Hart, 1998; Machi & McEvoy, 2012).

- 주장: 내세우는 의견이나 생각
- 근거: 이러한 주장을 지지하기 위해 모은 자료
- 논거: 근거와 주장을 연결하며 근거가 주장을 어떻게 지지하는지를 설명

부스 등(Booth et al., 2008)은 모든 논증이 다음의 질문에 답하기 위해 구성된다고 설명한다:

1 자신의 주장이 무엇인가?
2 이 주장을 지지하기 위한 근거는 무엇인가?
3 근거와 주장을 연결하는 가정은 무엇인가?

상자 8.1은 주장, 근거, 논거의 세 요소가 어떻게 사용되는지를 보여준다. 이 예시는 공립학교 교사이자 코치인 카렌이 교사들의 소진에 대해 실시한 문헌고찰을 바탕으로 하였다.

상자 8.1. 주장, 근거, 논거 사용의 예

주장: 관리자들은 신규교사들의 높은 소진율을 우려하고 있다.
근거: 새로 시작하는 교사의 약 3분의 1이 3년 안에 직장을 떠나며, 거의 50%의 교사가 첫 해에 교직을 떠난다(Ingersoll, Nerrill, & May, 2014).
논거: 신규 교사의 높은 퇴직률은 교육제도의 심각한 문제를 반영한다.

주장을 내세울 때는 주장의 **종류**(type)와 **질**(quality)이라는 두 가지 면을 고려해야 한다.

주장의 종류

하트(Hart, 1998)는 문헌고찰에서 자주 사용되는 다섯 종류의 주장(사실 주장, 가치 주장, 정책 주장, 개념 주장, 해석 주장)을 제안하였다. 이해를 돕기 위해 청소년의 교정시설 수감이란 주제를 사용해서 각 주장의 예를 설명하겠다.

- **사실 주장:** 무언가를 확실한 사실이나 진실로 제시한다. 예를 들면 다음과 같다: "국가 청소년 교정시설에 수감된 소수집단 청소년 비율은 백

인 청소년보다 세 배 이상 높다."

- **가치 주장:** 이론이나 견해, 현상, 행동방침이 좋은지 나쁜지 혹은 바람직한지 아닌지를 말한다. 예를 들면 다음과 같다: "청소년의 교정시설 수감은 이들의 정서, 심리, 사회성개발에 파괴적 영향을 미친다."
- **정책 주장:** 특정 행동방침이 다른 것과 비교해 바람직한지를 논한다. 예를 들면 다음과 같다: "청소년의 교정시설 수감 비율을 줄이려면, 교정시설이라는 처벌 조치가 사용되기보다 공동체의 효과적 개입이 실행되어야 한다."
- **개념 주장:** 개념을 정의하거나 현상을 묘사한다. 예를 들면 다음과 같다: "'학교에서 교도소로(school-to-prison-pipeline)'라는 용어는 공립학교와 청소년 사법제도에서 실행되는 소수집단 청소년에 대한 처벌적 과정을 말한다."
- **해석 주장:** 자료나 근거를 이해할 수 있는 해석적 틀을 제공한다. 예를 들면 다음과 같다: "연구 결과를 바탕으로 우리는 고등학교 시절 학생들의 유급이 공교육에서의 중퇴율을 높이고, 그 결과 교정시설 수감 비율을 높인다고 말할 수 있다."

주장의 질

논증이 독자들에게 타당하고 설득력 있게 받아들여지려면, 핵심적이고, 정확하며, 의미 있는 주장을 펼쳐야 한다(Booth et al., 2008).

- **핵심적:** 타당하고, 논지와 직결되는 주장이어야 한다.
- **정확함:** 모호한 주장은 모호한 논지로 이어진다. 이는 명확한 개념정의가 없거나 개념을 잘못 사용할 때 발생한다. 자신의 논지를 설득력 있게 이해시키려면 구체적이고, 정확하며, 명료한 언어를 사용한다.
- **중요함:** 사소하고 무의미한 주장이 아닌, 자신의 논지를 강화하고 연구질문으로 이어지는 주장이어야 한다.

문헌고찰을 할 때 단지 주장만 해서는 안 되며 자신의 주장을 근거로 뒷받침해야 한다. 주장의 설득력은 제시하는 근거의 질에 달려 있다.

근거

근거는 주장을 뒷받침하는 데에 사용되는 자료다. 단, 자료와 근거는 다르다(Machi & McEvoy, 2012). 자료는 가치중립적 정보를 말하고, 근거는 자신의 주장을 타당화하기 위해 제시하는 자료를 의미한다. 문헌고찰을 하려면 자신의 관점과 주장을 정당화하기 위한 자료가 근거로 필요하다. 근거 없는 개인의 의견이나 신념, 입장만으론 설득력이 떨어진다. 일부 학계에서는 주장에 대한 근거로 문헌고찰을 하는 연구자의 개인적 경험이나 신념, 그리고 통찰을 제시하는 것이 허용된다. 하지만 개인적 경험이나 의견은 결코 그 자체로 주장에 대한 타당한 근거가 될 수 없다(Machi & McEvoy, 2012). 제시하는 근거는 실증연구(양적 또는 질적) 그리고 해당 분야 학자들이 쓴 개념적, 이론적, 철학적 연구에서 나와야 한다.

내세우는 주장의 신뢰성은 근거에 달려 있고, 근거의 강력함은 제시하는 자료에 달려 있다. 적절한 종류의 자료를 효과적으로 사용하는 것이 중요하며, 자료의 정확함, 엄밀함, 권위, 대표성, 현재성, 관련성이 요구된다(Booth et al., 2008; Machi & McEvoy, 2012). 각각의 의미는 아래와 같다:

- **정확함:** 양적 근거를 제시할 경우, 정확한 방법으로 연구된 자료를 사용해서 일관되고 확실하게 기술하며, 오류나 편견이 없어야 한다. 질적 자료를 제시할 경우, 참여자나 장소, 참여자의 관점, 연구자의 주관성이 자세히 기술되어야 한다.
- **엄밀함:** 통계 자료를 제시할 때는 정확한 수치를 언급한다. '대부분', '일부', '간혹', '보통'과 같은 단어는 피하며, 적용될 집단을 고려해 볼 때 이 근거가 적절한지 생각한다. 질적 자료라면 어떠한 과정으로 연구를 진행했는지 자세히 기술해야 하고, 사회 문화적 맥락이 고려되어야 한다.
- **권위:** 적절한 연구 질문에 따라 올바르게 진행된 연구의 결과를 근거로 사용한다. 이론이나 철학적 자료를 사용한다면, 해당 분야의 믿을 만한 연구자의 글을 근거로 사용한다.
- **대표성:** 자료가 대표하는 집단이 자신의 연구 주제와 맞아야 한다. 특정 집단을 과하거나 부실하게 반영하지는 않았는지, 혹은 잘못 표현하지는

않았는지 확인한다. 추가적으로, 제시하는 근거는 여러 접근과 다양한 방법을 통해 얻어진 것이어야 한다.

- **현재성**: 주장을 정당화하려면 최신의 연구를 인용한다. 물론 역사적 관점을 제시할 때는 과거 연구나 유명한 철학자를 인용하는 것이 좋지만, 실증연구로 주장을 뒷받침할 경우에는 가장 최근의 자료를 바탕으로 한다.
- **관련성**: 근거로 제시하는 자료는 주장과 직결되어야 한다. 인용되는 연구의 대상이나 사회적 맥락, 개입 방법 등이 자신의 연구를 반영해야 한다.

근거의 목적은 주장을 지지하는 것이다. 따라서 근거와 지지하려는 주장 사이에 명확한 논리적 연결이 필요하다. 이러한 연결 없이는 근거가 타당할지라도 독자들에게 주장을 설득시키기 어렵다. 이때 논증의 제3요소인 논거가 사용된다.

논거

논증의 세 번째 요소인 논거는 근거와 주장을 연결하는 논리적 원칙이다 (Booth et al., 2008; Hart, 1998). 연구자의 논거는 자신의 근거가 적합하다고 생각하는 이유가 된다. 논거는 직접적으로 언급되거나 암묵적으로 주장 속에 포함된다.

논거가 주장의 설득력을 강화하려면 다음 내용이 중요하다:

1. 일반적 원칙에 포함되어 있는 가정이 독자들에게 가치 있는 것으로 널리 여겨진다.
2. 논거의 바탕이 되는 논리가 연구자의 구체적인 주장과 근거에 모두 명확히 적용된다.

상자 8.2는 언급된 논거의 예로, 학교 교과과정에서의 미학의 중요성에 대한 폴 레이프(Reiff, 2016)의 논문의 일부다. 이 예시에서는 심미적 경험의 일반적 기여를 논거로 부각시켰다. 그럼으로써 학교 교육과 예술을 통합해야 한다는 자신의 주장과, 그 근거로 제시하는 미학 교육이 학생들의 발달에 미치는 영향에 대한 교육과정 사상가들의 글을 연결한다.

🌙 상자 8.2. 언급된 논거의 예

논거

심미적 경험은 우리를 초월적이고 우주적인 것과 만나게 함으로써 자신을 넘어 그 이상을 추구하게 만드는 힘이 있다.

주장

심미적 경험은 멀리하지 말고 학교 교육과정에 통합해야 한다.

근거

Greene(2001)은 미학 교육이란 학생들에게 "진정한 깨달음"(p. 45)을 얻게 하는 과정이라고 하였으며, 이는 자신만의 관점으로 새로운 이해를 추구하도록 격려하는 것이다.... 학교는 이러한 가치를 신경 써야 할 도덕적 책임이 있다고 Greene은 결론짓는다.

자료: 레이프(Reiff, 2016)의 박사 논문을 바탕으로 함.

앞서 언급했듯, 논거를 암묵적으로 포함하는 주장도 있다. 그렇게 하는데에는 다양한 이유가 있지만, 보통 다음의 두 가지 중 하나의 이유에서인데, (1) 제시하는 근거와 주장이 뚜렷하게 연결되거나, (2) 주장에 담긴 가정이 이미 독자들에게 익숙하기 때문에 반복할 필요가 없다고 판단한 경우다.

상자 8.3은 논거를 언급하지 않으면서 주장과 근거를 제시한 예다. 이 주장에 담긴 표현되지 않은 논거는 (1) 표준화된 시험 성적이 학생들의 학업 수행을 평가하는 정확한 측정 도구라는 것 혹은 (2) 학생들의 학업 성취가 사회경제적 배경, 제한된 영어능력, 학습이나 행동장애의 영향을 받지 않는다는 것으로 볼 수 있다. 이 글의 저자는 (물론 그렇지 않은 경우도 있겠지만) 독자들이 이 두 가지 내용에 동의한다고 가정한다.

🌙 상자 8.3. 논거가 명시되지 않은 주장의 예

어떠한 교육 시스템이든 교사 자질에 대한 평가와 학생들의 학업 성취를 함께 다뤄야 한다. 종단 자료를 활용한 연구들은 교사효과가 학생들의 표준화된 시험 성적에 주요 요인임을 보여준다(Borman & Kimball, 2005; Fong-Yee, 2013; Goe & Stickler, 2008).

논증에 포함되는 주장, 근거, 논거 이외에도, 주장의 견고함을 높이는 세 가지가 더 있다. 한정하는 조건이나 수식어(qualifier), 지지(backing), 반론(counterclaim/rebuttal)이 여기 해당한다(Booth et al., 2008; Hart, 1998; Machi & McEvoy, 2012; Toulmin, 2003).

한정하는 조건이나 수식어

일부 초보 연구자들은 독자를 설득하기 위해서 자신의 주장이 보편적이라고 부풀린다(예를 들어, '항상' 또는 '어디서나' 그렇다고 표현함). 그러나 교육학을 포함한 사회과학에서의 예측은 늘 변화하는 조건에 영향을 받게 마련이며, 주장은 종종 예외나 한계를 포함한다.

자신의 주장을 더 믿을 만한 것으로 만들려면 이 주장이 특정 조건하에서 사실임을 보여주는 제한 조건을 언급한다(Booth et al., 2008; Toulmin, 2003). 예를 들어, 아래의 주장은 지나치게 확장되어 있다.

사회자본이론은 사회연결망에서의 신뢰와 협력, 정보공유와 상호호혜가 이러한 연결망에 포함된 **모든** 사람들에게 혜택을 준다고 제안한다.

이 문장을 아래와 같이 범위를 좁혀서 주장하면 실재를 더 가깝게 반영한다:

사회자본이론은 사회연결망에서의 신뢰와 협력, 정보공유와 상호호혜가 이러한 연결망에 포함된 **대부분의** 사람들에게 혜택을 준다고 제안한다.

보통 범위를 줄이거나(예. 인구통계, 나이, 젠더, 인종, 장소) 조건을 한정 짓는 방법으로("만일 ~에 따라 실행된다면...", "만일 모든 참여자가 ~에 대한 개념적 이해를 공유한다면...") 자신의 주장을 좁힐 수 있다. **대부분, 일부, 많은, 다수의, 일반적으로, 보통, 종종**과 같은 단어를 써서 자신의 주장이 절대적이지 않으며 한계가 있음을 명시할 수 있다(Toulmin, 2003).

지지

주장하는 내용의 의미와 시사점을 이해하기 위해서 필요한 개념정의나 배경 정보를 포함하는 경우도 많다. 이럴 경우 참고자료가 요구된다. 또한 주장은 구체적 사건이나 예상 시나리오, 개인적 경험 등의 행태로 지지되기도 한다(Hart, 1998).

반론

반대되는 관점이나 모순되는 증거가 없는 주장은 거의 없다. 자신의 분야에서 진행된 논쟁을 떠올려보면 본인 역시 한쪽의 입장이나 그 반대편을 지지했을 수 있다.

주장을 더욱 믿을 수 있게 만들려면 양쪽의 주장을 모두 인식하면서 자신과 반대되는 관점에 대응하는 게 좋다. 그렇게 함으로써, 자신이 솔직하고 책임감 있게 동전의 양면을 다 살펴본 뒤 현재의 입장을 취했음을 독자에게 보여줄 수 있다. 또한 반대되는 주장과 비교하고 대조해 보면 자신의 관점을 더 명료하게 가다듬을 수 있다(Booth et al., 2008; Hart, 1998).

반대주장에 대해 반박하는 일반적인 세 가지 방식을 소개하면 아래와 같다:

1. 반론에 포함된 증거의 약점이나 부족한 부분을 부각시킨다.
2. 상대방이 내세운 반대의견의 약점이나 논제에서 벗어난 부분을 밝힌다.
3. 상대방 주장의 일부분을 가치 있다고 인정하고 그 내용의 일부를 자신의 주장에 추가한다. 동시에, 그 밖의 부분에 대해서 도전하거나 이의를 제기할 수 있다.

반론의 예시 문구를 살펴보면 다음과 같다:

1. 일부 연구자들은(예. ....) 우리의 입장에 대해 ...라는 이유로 .... 반대한다.
2. 이 모델을 비판하는 이론가들은(예. ....) 그 효과성에 대해 ...와 같은 이유로 회의적이다.
3. 이 접근에 비판적인 입장에서 제시한 증거는 다음과 같은 이유에서 신뢰할 수 없다. 예를 들어, ...
4. 해당 연구자가 제기한 주장의 일부에는 동의하나, 여전히 다음의 근거들은 ....
5. 비록 해당 연구자들의 주장에는 동의하지 않지만, 이들이 중요한 쟁점

을 제기하고 있는데 ....

어떠한 전략을 선택하든, 반론은 정확하고 공정해야 하며 상대방을 존중하는 태도가 필요하다. 상대방의 주장을 폄하하는 것은 금물이다.

추론의 형태

앞서 논증에 포함되는 요소들을 살펴보았다. 그런데 논증에는 여러 형태가 있으며 결론이나 주장에 이르기 위해 근거를 제시하는 방식도 다양하다. 아래에서는 복잡한 정도에 따른 네 개의 추론 형태(일대일 추론, 독립 추론, 종속 추론, 연쇄 추론)를 소개한다(Fisher, 2004; Machi & McEvoy, 2012; Walton, 2013). 이러한 추론 형태를 기술하는 용어는 다양하지만, 이 책에서는 왈튼(Walton, 2013)이 제안한 용어를 사용할 것이다.

일대일 추론

일대일 추론(one-on-one reasoning)은 개별 근거로부터 하나의 주장을 도출해 내는 것이다. 이러한 추론 형태는 문헌고찰에서 사용되는 가장 기본적인 논리구조다. 시각적으로 표현해 보면 아래의 그림과 같다:

근거 ————————▶ 결론

이 그림에서 화살표는 "그러므로"를 의미한다. 상자 8.4는 일대일 추론의 예다.

상자 8.4. 일대일 추론의 예

Tessema, Ready, 그리고 Astani(2014)는 학생들의 주당 평균 근로시간과 두 개의 종속변인 간의 상관관계를 탐색하였다: 학생들의 만족도(상관(r)=-.05)와 성적(상관(r)=-.13). 연구 결과는 주당 근로시간이 학생들의 만족도와 성적에 부적 관련이 있음을 보여준다.

자료: Tesseman, M. T., Ready, K. J., and Astani, M.(2014).

독립 추론

독립 추론(independent reasoning)에서는 여러 개의 근거가 특정 주장을 지지하기 위해 제시된다. 각각의 근거는 독립적으로 주장을 정당화하지만 하나로 합쳐질 경우 결론을 더욱 확실하게 만들어준다. 다시 말해, 근거1, 근거2, 근거3 등이 모두 독립적으로 동일한 결론으로 이어짐을 의미한다. 시각적으로 표현해 보면 아래의 그림과 같다:

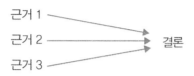

상자 8.5는 독립 추론의 예다.

🌑 상자 8.5. 독립 추론의 예

많은 교육자와 연구자들(예. Bullough, 2011; Campbell, 2008; Joseph & Efron, 2005; Knowles, Lander, & Hawkin, 2012; Rosenberg, 2015)은 교사업무의 모든 영역에 도덕적 의미가 스며 있다는 데에 동의한다.

종속 추론

종속 추론(dependent reasoning)의 경우, 몇 개의 근거가 서로 의지해서 하나의 결론으로 이어진다. 독립 추론과는 대조적으로, 개별 근거는 그 자체로가 아닌, 오직 합쳐졌을 때에만 유의미한 결론을 도출해 낼 수 있다. 만일 이를 구성하는 근거 중 하나가 타당하지 않다면 탄탄한 결론 도출이 어려워진다. 이는 근거1, 근거2, 근거3 등이 모두 결론 도출에 필요함을 의미한다. 시각적으로 표현해 보면 아래의 그림과 같다:

근거 1
근거 2 ⎬ 결론
근거 3

종속 추론의 예로 코번과 페뉴엘(Coburn and Penuel, 2016)의 연구를 들 수 있다. 이 연구는 연구자와 현장전문가 사이의 파트너십에 대해 논의하고 있다. 상자 8.6의 예를 보면 저자는 결론을 도출하기 위해 서로 종속된 네 개의 근거를 제시한다.

근거들

• 근거1: 공중보건 분야의 연구에 따르면 연구자와 파트너십을 형성한 공동체 지도자일수록 일차적 예방 프로그램을 위해 더 많은 자원을 제공하는 것으로 밝혀졌다. 대조군 공동체와 비교해 보았을 때, 이러한 결과는 파트너십 형성이 청소년의 음주나 흡연율을 낮추고 비행행동 건수를 낮추는 데 긍정적 영향을 미친다는 것을 의미한다(Brown et al., 2011; Hawkins et al., 2008, 2009).

• 근거2: 정신건강 분야에서는, 부모와 연구자들이 초등학교 연령대 아이들의 행동교정을 위한 개입 프로그램을 개발하고 검증하였다. 이들은 아이들의 저항적 행동과 부모의 스트레스를 줄이기 위한 개입의 효과를 연구하기 위해서 프로토콜을 개발하였는데, 무작위 표집으로 살펴본 결과 해당 프로토콜이 목표달성에 효과적인 것으로 나타났다(McKay et al., 2011).

• 근거3: 특수교육 분야에서는, 자폐 범주성 장애로 고통받는 신생아와 유아를 돕기 위해 파트너십이 구성되었으며, 그러한 협력의 결과로 아이들의 의사소통과 이들의 발달을 돕는 부모의 양육기술이 향상되었다(Brookman-Frazee et al., 2012).

• 근거4: 범죄학에서는, 보스턴 지역 갱단의 폭력을 줄이는 데 초점을 둔 파트너십의 결과로 다른 비슷한 도시와 비교해서 전반적인 청소년 범죄율이 감소하는 효과를 거두었다.

결론

여러 영역에서, 연구자와 현장전문가들이 협력적인 파트너십을 형성해서 문제해결을 위한 개입을 개발한 경우 긍정적인 결과를 가져왔다(King et al., 2010; Metzler et al., 2003).

자료: Corburn and Penuel(2016)을 바탕으로 함.

연쇄 추론

연쇄 추론(chain reasoning)의 경우, 하나의 결론이 다른 결론의 전제가 된다. 따라서 논증이 여러 단계로 진행되며, 매개가 되는 결론이 다른 결론을 지지해 주고, 그 결론은 또다시 다음 단계의 결론을 지지하게 된다. 이러한 과정은 최종 결론이 도출될 때까지 지속된다. 주로 이론을 형성할 때 자주 사용되는 추론의 형태다. 시각적으로 표현해 보면 아래의 그림과 같다:

근거 1 + 근거 2
↓
결과 1 + 근거 3
↓
결과 2 + 근거 4
↓
결과

상자 8.7은 연쇄 추론의 예다. 이 연구는 학교 맥락에서 살펴본 위탁부모 서비스의 가치에 대한 것으로, 네 단계에 이르는 추론을 통해 주장하는 결론에 도달한다.

상자 8.7. 연쇄 추론의 예

층위를 이룬 주장

1. 집이 없거나 학대받는 아이들은 걱정이 많아서 불안함에 시달린다. 이러한 불안은 아이들의 집중력에 부정적 영향을 준다. 저하된 집중력은 다시 학업 성취에 해로운 영향을 미친다 (Scherr, 2007).

2. 교육에 미치는 해로운 영향을 줄이기 위해서, 집이 없거나 학대받는 아이들에게 안전함과 정서적 안정감을 느끼게 할 가정이 필요하다(Geiger & Schelbe, 2014).

3. 안정된 가정은 정서적 안정과 안전을 제공한다. 믿을 만한 위탁부모들은 이러한 가정을 제공해서 아이들이 학업에 집중하도록 돕는다(Frey, 2014; Okpych & Courtney, 2014).

4. 안정된 위탁부모 서비스 환경 속에서 학업에 집중할 능력이 생기면 학생들의 교육적 수행이 향상된다(Pecora, Williams, & Kessler, 2005).

결론

안정된 위탁부모 서비스는 종종 집이 없거나 학대받는 아이들의 학업 성취에 중요한 기여를 한다.

어떠한 형태의 추론을 사용하든 내용을 논리적으로 구성하는 것, 그리고 근거가 되는 연구 결과나 자료를 제시하는 것이 중요하다. 근거와 주장(결론)의 관계는 명확하고 직접적이어야 한다. 만일 근거와 주장을 이어주는 논거가 미심쩍다면, 자료의 출처를 밝혀서 확실히 해 두는 것이 좋다.

자신의 논지를 발전시킬 때는 잘못된 주장으로 인해 신뢰할 수 없는 결론으로 이어지지 않도록 주의한다. 아래에서는 신뢰도를 훼손시킬 수 있는 주된 실수들을 기술하였다(하트(Hart, 1998), 그리고 마끼와 매키보이(Machi and McEvoy, 2012)의 내용을 바탕으로 함):

- **입증되지 않은 주장**: 믿을 수 없거나 설득력 없는 근거를 사용함으로써 주장이 입증되지 않는 경우: 가능하다면 차라리 공공영역에서 구할 수 있는 믿을 만한 정보를 사용한다.
- **관련 없는 근거**: 직접적인 관련이 없거나 적용되지 않는 근거를 바탕으로 주장이나 결론을 내리지 않는다.

- **대안의 부재:** 마치 해당 이슈를 보는 단 하나의 방식이 있는 것처럼 한 가지 해석이나 설명만을 싣지 않는다. 대안적 설명이나 해석, 또는 관점을 제시한다.
- **가장된 유사성:** 두 가지 사이에 차이점이 존재하는데도 이를 비슷하다고 주장하지 않는다.
- **극단적인 예:** 근거 중에서 단지 특이하고 극단적인 부분만 강조하고 나머지 입장은 무시하는 잘못을 피한다.
- **잘못된 인과관계:** 인과관계를 주장할 때는 원인이 되는 행동과 결과가 되는 효과 간에 반박할 수 없는 연관이 있는지 확인한다.
- **암시된 개념:** 주장에서 언급되는 주요 개념은 반드시 개념정의를 한다.
- **감정적 언어:** 감정이나 도의적인 주장을 피하고 증거를 바탕으로 추론한다.
- **편향된 언어:** 근거를 제시하지 않은 채 편향된 표현을 사용해서 자신의 입장을 강화하지 않는다.
- **개인적 공격:** 반론을 펼치는 상대 연구자를 모욕하거나 개인적 수준에서 욕설하지 않는다.

표 8.1. 문헌고찰에서 제시된 주장을 평가하는 체크리스트

내용	√
논증은 다음을 포함:	
· 논증을 정당화하는 주장	
· 주장을 지지하는 근거자료	
· 주장과 근거를 이어주는 논거	
주장은:	
· 핵심적임	
· 정확함	
· 중요함	
근거는:	
· 정확함	
· 엄밀함	
· 권위가 있음	

· 대표성	
· 현재성	
· 관련성	
논거는 근거와 주장을 적절하게 잘 연결함	
한정하는 조건이나 수식어를 넣어서 주장이 특정 조건에서 사실임을 언급함	
논증은 다음을 포함:	
· 개념 정의나 배경 정보	
· 반대되는 관점이나 모순되는 증거	
추론 형태는:	
· 일대일	
· 독립적	
· 종속적	
· 연쇄적	

논의: 이 모든 것이 무엇을 의미하는가?

연구자가 주제에 대해 내세우는 입장인 논지를 구성하는 것은 문헌고찰 작성에서 대단히 중요한 부분이다. 그리고 이것은 앞서 언급한 두 종류의 논증, 즉 발견의 논증과 옹호의 논증 모두에 해당된다(Machi & McEvoy, 2012).

발견의 논증에서는 선행 연구들을 분석하고 자신이 발견한 현재까지의 지식을 제시한다. 이때의 초점은 주제에 대해 지금까지 알아낸 것이다. 옹호의 논증은 문헌고찰의 마무리 부분에 해당하며, 미래지향적 맥락에서 그 지식의 의미를 해석하는 것이다.

옹호의 논증이 하는 역할은 문헌고찰을 시작할 때 자신이 던진 질문을 바탕으로 수집한 자료를 읽고 해석하면서 얻은 정보, 다시 말해 해당 주제에 대한 현재의 지식을 비판적으로 평가하고 그 지식을 확장시킬 기반을 다지는 것이다. 아래에서는 이 과정을 세 부분(요약하고 해석하기, 비판적으로 평가하기, 확장하기)으로 나누어 설명한다. 문헌고찰의 다른 모든 부분과 마찬가지로 이 세 가지는 고정된 것이 아니다. 이 세 가지 요소를 자신만의 방식으로 구성해서 새롭게 제시할 수도 있다.

알아낸 내용을 요약하고 해석하기

여기에서는 발견의 논증을 전개하면서 알게 된 것을 요약하고 해석한다. 먼저 문헌고찰의 질문이 무엇이었는지를 독자들에게 상기시킨 뒤, 문헌을 분석하고 통합하면서 얻은 지식이 이 연구 질문에 어떠한 답을 제공하는지 이야기한다. 글은 자신이 내세우는 주요 주장들 위주로 전개하거나, 분석에서 드러난 유형들을 강조하거나, 주요 결과를 제시하는 형태일 수도 있다. 문헌으로부터 도출한 의미와 통찰은 무엇인지, 그리고 이것이 연구 질문에 어떻게 답을 하는지를 독자들에게 전달한다.

요약은 핵심 진술 위주로 짧게 구성한다. 이때, 지금까지 소개하지 않았던 새로운 정보를 제시하거나 본문에서 언급하지 않은 이슈를 제시해서는 안 된다. 일부 연구자는 글머리 기호나 표를 첨부해서 핵심 내용을 강조하기도 한다.

알아낸 내용을 비판적으로 평가하기

문헌고찰을 통해 얻은 타당하고 믿을 수 있는 지식을 요약하는 한편, 고찰한 연구들의 장점과 한계를 비판적 입장에서 평가해야 한다. 선행 연구들에서 발견된 문제나 지식 간의 간극, 모순되는 내용, 덜 밝혀진 부분, 덜 반영되거나 제외된 집단 등을 강조할 수 있다. 또는 지금까지 사용된 방법론이 현상에 대한 참여자의 이해를 반영하지 못한다는 점을 언급하거나, 연구의 범위가 한정되어 있어서 더 많은 대상에게 결과를 일반화시키지 못한다고 지적할 수 있다. 그 외에도, 주제를 보는 이론적 틀이나 주제에 대한 개념화에 한계가 있다든지 또는 그 안에 모순된 부분이 있음을 지적할 수도 있다.

양적 연구라면 연구 설계나 통계 결과에 대한 비판적 분석이 제시된다. 타당도나 신뢰도, 통계적 유의 수준, 주된 오류 등은 무엇인지, 이러한 문제가 전반적인 연구 결과와 결론에 어떠한 영향을 미치는지 등이 논의대상이 된다. 질적 연구와 해석학적 현상학적 문헌고찰에서는 선행 연구들을 비판적으로 검토하는 것뿐만 아니라, 연구자 스스로를 향해서도 비판적 입장을 취해야 한다(Douglas, 2014; Wellington et al., 2005). 자신의 이론적 입장과 가지고 있던 가정이 참고자료의 선택이나 연구 질문 그리고 분석과 해석에 어떠한 영향을 미쳤는지를 검토해 본다.

현재까지의 연구의 한계를 비판할 때는 '~할 필요' 또는 '~의 문제'와 같은 용어를 주로 사용한다. 문헌고찰에서 사용되는 표현의 예는 다음과 같다:

- ...를 알아보기 위해서는 더 많은 연구가 필요하다.
- 현재까지의 결과가 갖는 문제는 ....
- ...를 제대로 보여주는 연구가 없는 실정이다.
- 현재까지의 문헌을 통해 드러난 문제는 ....
- ...에 대해 알려진 바가 거의 없다.

알아낸 내용을 확장하기

문헌고찰은 현재까지의 지식을 확장하는 촉매가 되어야 한다(Torraco, 2005). 기존 문헌을 평가하고 부족한 부분을 밝히다 보면 추가적으로 탐색해 볼 영역으로 이어진다. 추후 연구나 취해야 할 행동 등이 여기 해당한다. 문헌고찰을 단독으로 실행했다면 해당 분야에 대한 일반적인 제안으로 이어지고, 만약 논문의 일부로 문헌고찰을 한 것이라면 연구의 필요성으로 이어진다.

단독 문헌고찰

단독 문헌고찰(1장 참고)일 경우, 특정 주제와 관련된 현재까지의 지식에 대한 논의는 연구 설계로 이어지지 않은 채 그 자체로 마무리된다. 연구자는 문헌의 의미를 돌아보고 정책이나 실행상의 변화를 제안하거나 또는 고찰한 문헌에서의 문제나 한계를 언급한다. 그런 다음, 해당 분야의 지식을 확장시키기 위한 향후 탐구 방향을 제시한다. 상자 8.8은 단독 문헌고찰에 실린 논의의 예다.

상자 8.8. 단독 문헌고찰 논의의 예

요약하면, 본 문헌고찰을 통해 밝혀진 근거들은 제한된 흥미(Ris: Restricted Interests)가 교실활동에 포함될 때 자폐 스펙트럼 장애아동의 사회 참여, 학습, 행동에 유의미한 혜택이 있음을 보여준다. 따라서 우리는 자폐 스펙트럼 장애아동들의 제한된 흥미를 주류 교육과정에 적절히 포함시켜서 이들의 학습과 사회화를 촉진시킬 것을 제안한다....

문헌고찰에 포함된 연구들은 제한된 흥미를 교육에 포함시키는 것에 대한 지금까지의 과학적 지식을 보여주지만, 여전히 더 많은 연구가 필요하다. 제한된 흥미를 포함시키는 구체적 기법에 대한 대규모 표본 검사 연구를 진행한다면 자폐 스펙트럼 장애아동들이 어떻게 학습하고 동기 부여되는가를 이해하는 데에 도움이 될 것이다. 제한된 흥미가 동기부여, 학습과 흥미에 대한 자기 통제, 그리고 사회경제적 안녕에 미치는 영향에 대한 지식은 자폐 스펙트럼 장애에 대한 통찰, 그리고 행복한 배움의 세계로 나아가기 위한 넓은 교육적 수단을 제공할 것이다. 방과 후 활동과 가정환경 등 다양한 교육환경에서 연구가 진행된다면 이 문제와 실행 방법에 대한 우리의 이해를 넓혀줄 것이다.

자료: Gunn and Delafield-Butt(2016).

내재된 문헌고찰

이 경우, 문헌고찰의 결과가 논문이나 연구 프로젝트, 제안서 등의 기초가 된다. 연구자는 문헌고찰로 알아낸 내용과 연구 질문을 연결시키면서 자신의 연구로 이어간다. 문헌고찰에서 나온 비판은 자신의 연구에서 탐색할 부분을 정당화시키는데, 예를 들어 기존 지식의 부족한 부분을 탐구한다든지, 지속되는 갈등의 해결을 모색한다든지, 선행 연구에서 드러나는 한계를 극복하는 것 등이 여기에 해당한다. 상자 8.9는 이러한 논의의 예다.

상자 8.9. 기존 지식을 확장할 필요성을 제기한 예

본 연구에서는 먼저 다양한 학생 불이익 지표에서 드러나는 교사의 불평등한 분배와 관련된 통합적 분석을 제시한다.

다음으로, 교사의 수준 차이가 학군, 학교, 교실에 미치는 효과를 살펴본다. 우리가 알기로, 지금까지 오직 한 편의 연구만이 이 문제를 다루었다(Clotfelter et al., 2005).... 본 연구의 결과는, 적어도 하나의 주에서만큼은, 구역별, 학교별, 교실별 교사의 분배가 초래하는 불평등에 대한 폭넓은 이해를 제공한다.

마지막으로 우리는 Sass 등(2010)의 제안에 따라, 교사의 수준별 분배 분포도의 하위 부분에 초점을 둔다.... 그리고 쌔스 등의 연구에서 더 나아가 단지 빈곤의 수준만을 보는 것이 아니라 학생 불이익 지표 전 영역을 고려할 것이다.

자료: Goldhaber, Lavery, and Theobald(2015).

마지막으로 상자 8.10은 요약하고 해석하기, 비판적으로 평가하기, 확장하기가 모두 포함된 문헌고찰의 마지막 부분의 예다.

상자 8.10. 기존 지식을 요약하고, 비판적으로 검토하고, 확장시킨 내용이 포함된 문헌고찰
마지막 부분의 예

요약

과학적 소양의 개발은 모든 학생에게 중요한 목표이며, 성별과 인종에 따른 과학적 성취의
차이는 성인기의 다른 불평등의 전조가 될 수 있는 교육 불평등을 암시한다. 연구에 따르면 고
등학생들의 STEM(과학·기술·공학·수학 융합교육) 성적은 이들이 대학교 이공계열에 입학해
서 학업을 유지할지의 여부를 예측하며, 고등학교의 STEM 성적은 대학의 이공계열에서 학업유
지와 관련된 인종 간의 격차를 설명하는 데에 도움이 된다.

비판

이는 어린 학생들의 초기 경험이 어떻게 불평등의 토대가 되는가에 대한 의문을 제기하지만,
학생들이 초등학교에서 중학교로 이동하면서 어떻게 과학적 격차가 벌어지는지, 또는 초기의
과학적 격차가 개인적 요인(학생들의 사회경제적 지위와 선행하는 수학과 독서 능력) 그리고 학
교 안팎의 맥락적 요인으로 설명될 수 있는가에 대해서는 여전히 알려진 바가 거의 없다.

지식의 확장

본 연구에서 우리는 이러한 과학적 소양의 한계를 살펴본다. 전국을 대표하는 종단자료를 사
용해서 다음의 질문에 답을 하고자 한다:

연구 질문 1: 성별과 인종에 따른 3학년에서 8학년 학생들의 과학 점수 격차는 어떠한가?

연구 질문 2: (a) 개인적 요인과 (b) 학교, 교사, 그리고 교실은 8학년 학생들의 과학시험 격
차를 어느 정도로 설명하는가?

자료: Quinn and Cooc(2015).

1. 논지란 주장하고자 하는 핵심 생각이며, 주제에 대해 내세울 자신의 입장이다.

2. 대부분의 문헌고찰에는 발견의 논증과 옹호의 논증이라는 두 종류의 논증 방법이 있고, 이 둘의 목표와 구성방식은 서로 다르다.

3. 모든 논증은 다음의 질문에 답하기 위해 구성된다: 자신의 주장이 무엇인 가? 이 주장을 지지하기 위한 근거는 무엇인가? 근거와 주장을 연결하는 가정은 무엇인가?

4. 근거는 주장을 지지하는 자료다. 근거는 실증연구(양적 또는 질적), 그리고 해당 분야의 학자들이 쓴 개념적, 이론적, 철학적 연구에서 나와야 한다.

5. 논거는 근거와 주장을 연결하는 논리적 원칙이다. 논거를 제시할 때는 (a) 포함되는 가정이 독자들에게 가치 있는 것으로 널리 여겨지는지, (b) 논거 의 바탕이 되는 논리가 연구자의 구체적인 주장과 근거에 모두 명확히 적 용되는지를 확인한다.

6. 주장의 탄탄함을 높이는 추가적인 세 가지는 한정하는 조건이나 수식어, 지지, 반론이다.

7. 복잡한 정도에 따른 네 개의 추론 형태(일대일 추론, 독립 추론, 종속 추 론, 연쇄 추론)가 있다.

8. 입증되지 않은 주장, 관련 없는 근거, 대안의 부재, 가장된 유사성, 극단적 인 예, 잘못된 인과관계, 암시된 개념, 감정적 언어, 편향된 언어, 개인적 공격은 주장의 신뢰도를 훼손한다.

9. 옹호의 논증은 문헌고찰의 마무리 부분에 해당하며, 미래지향적 맥락에서 그 지식의 의미를 해석한다.

10. 옹호의 논증은 보통 (a) 요약하고 해석하기, (b) 비판적으로 평가하기, (c) 확장하기의 세 부분으로 나뉜다.

chapter 9

문헌의 종합과 해석

9장

문헌의 종합과 해석

앞 장에서는 문헌고찰을 통해 알아낸 내용을 전개하고 확장하며 자신만의 관점으로 제시하는 것에 대해 살펴보았다. 논지를 전달하기 위해 체계적으로 주장을 펼치는 과정이 마치 규칙에 따라 순차적으로 진행되는 것처럼 보일 수 있다. 그러나 논지를 구성하는 것이 자료의 통합과 해석의 일부분이기는 하지만, 이와 같은 전체적인 과정을 단순한 절차로 축소시킬 수는 없다 (Britten et al., 2002). 자료의 통합과 해석이 잘되었는가는 얼마나 창의적이고 신중하게 의미를 발견했는가에 달려 있다. 다시 말해, 선택한 자료 안에서 독창적인 연결고리를 발견하는 것, 그리고 이 내용이 문헌고찰의 연구 질문과 논리적으로 연결되는 것이 핵심이다(Ridley, 2012).

연구자는 고차원적 사고 능력(Dawidowicz, 2010)과 고도의 개념화(Strike & Posner, 1983)를 사용해서 자료의 조각들을 모아 "구성 요소들의 합보다 큰 새로운 전체"(Walsh & Downe, 2005, p. 209)로 엮어간다. "새로운 전체"는 실증 연구와 이론적 문헌에서 나온 내용이 잘 연결된 논지로 정리된 전체적인 이야기라고 볼 수 있다(Pope, Mays, & Popay, 2007). 부스 등(Booth et al., 2016)은 이 과정을 이미 존재하는 자재를 사용해서 새로운 건물을 만드는 과정으로 묘사한다.

이러한 통합 과정에는 총합과 해석의 두 종류가 있다. **총합적 통합**(aggregative synthesis)은 다수의 연구를 요약해서 지식을 모으고 일반화시키는 결론을 찾는 것에 초점을 둔다. 서술적 문헌고찰에서도 때로 이러한 통합방식을 사용하지만, 주로 양적 연구의 통합과 체계적 문헌고찰에서 사용된다(Dixon－Woods et al., 2006b). **해석적 통합**(interpretative synthesis)은 기존 연구를 창의적인 방식으로 합쳐서 새로운 개념이나 주장, 설명, 또는 이론을 만드는 것이다. 주로 질적 연구의 통합과 해석학적 현상학적 연구에 사용된다(Noblit & Hare, 1988).

이 장에서는 문헌의 통합과 해석 과정을 설명할 것이다. 먼저 서술적 문헌고찰의 통합에 사용되는 전략들을 알아본다. 이 전략들은 다른 종류의 문헌고찰을 할 때도 자주 사용된다. 그런 다음, 양적, 질적, 혼합적 통합과 해석학적 현상학적 연구에 사용되는 전략을 차례로 살펴볼 것이다.

서술적 문헌고찰의 통합

연구 주제와 관련된 문헌들을 일관된 논지로 통합하려면 개별 자료의 분석으로부터 "이를 포함하는 보다 일반적 내용으로의 추상화"(Whittemore & Knafl, 2005, p. 551)가 요구된다. 그러려면 살펴본 개별 자료들 사이에 어떠한 패턴이나 경향이 있는지 찾아볼 필요가 있다.

방대한 자료 안에서 드러나는 패턴이나 경향을 체계적으로 알아내는 데에 도움이 될 몇 가지 전략에는 자료를 그룹으로 나누기, 자료를 비교하고 대조하기, 상충되거나 모순되는 자료 탐색하기, 비판적 입장 취하기가 있다. 앞서 언급했듯, 이 전략들은 서술적 문헌고찰의 통합뿐만이 아니라 다른 종류의 통합에도 모두 적용할 수 있다.

자료를 그룹으로 나누기

이때는 작성해 둔 문헌 정보카드나 테마 중심원(5장 참고), 그리고 매트릭스나, 표, 지도, 개요의 형식으로 자료를 정리하면서 알아낸 테마와 하위 테마(7장 참고)를 다시 살펴본다. 정보를 조직화하였기 때문에 그 안에서 변인이나 테마, 구성 요소, 유형들이 서로 어떻게 연결되는지의 관련성을 찾는 데에 도움이 될 수 있다(Booth et al., 2016). 이들 간의 관련성은 "일관되고 뚜렷"(Hart, 1998, p. 111)해야 한다. 즉, 머릿속으로 큰 그림을 그리면서 그 안의 구체적인 요소들을 탐색하고, 이 모든 것이 연구 질문과 어떻게 관련되는지를 고려한다.

앞서 예시로 소개한 에릭의 경우를 살펴보자. 중학교 교장인 그의 연구 관심은 차터스쿨(대안적 성격의 공립학교)이었다. 에릭은 자신이 작성한 정보카드, 테마 중심원, 통합 매트릭스를 살펴보면서 연구들을 몇 개의 테마별로(중학생의 표준화된 시험 성적 차이, 학교 교육과정, 학교 조직 구성, 부모의 개입), 그리고 사용된 특정 연구 방법론별로 나누었다.

자료를 비교하고 대조하기

일단 변인이나 개념, 테마 등을 중심으로 자료를 분류했다면, 다음 단계는 이 내용이 서로 어떻게 연결되거나 다른지를 살펴볼 차례다. 테마에 들어 있는 개념이나 아이디어, 변인들 사이의 관계를 알아보는 한 가지 방법은 그룹으로 묶인 자료들의 철저한 비교와 대조다. 이렇게 하면 서로 다른 이론, 정책, 대안적 방법론, 연구 설계, 다양한 결과와 결론 사이의 유사성과 차이점을 발견할 수 있다. 그리고 이러한 결과나 주장들이 서로 지지하는지 혹은 반대되는지를 알게 된다. 이 과정에서 연구자는 연구 주제의 복잡성과 미묘한 차이를 알게 되고, 같은 그룹에 속한 연구들이 서로 같아 보이지만 그 안에 다양성이 존재함을 알게 된다(Booth et al., 2016).

벤다이어그램은 자료에서 논의된 아이디어, 이론, 방법론, 연구 결과 등을 비교하고 대조하는 좋은 방법이다(Hart, 1998; Machi & McEvoy, 2012). 먼저 두 개의 겹치는 원을 그린다. 각각의 원은 특정 이론이나 방법론 또는 실증연구들을 대표한다. 가운데 겹치는 부분에는 공통된 요소를 적는다. 겹치지 않는 부분이 바로 두 자료들 간의 차이점이 된다.

벤다이어그램 사용의 예를 소개하기 위해 다시 차터스쿨에 대한 문헌고찰을 한 에릭의 경우를 살펴보자. 에릭의 문헌고찰 중심 테마는 차터스쿨과 공립학교였다. 그림 9.1은 두 종류의 학교를 비교하기 위해 그가 만든 벤다이어그램이다.

벤다이어그램을 만들 때는 공통점과 차이점이 타당하고 검증 가능한지 확인한다. 예를 들어, 입증할 근거가 없다면 차터스쿨이 전통적인 공립학교보다 항상 성취도가 높다고 주장할 수 없다. 또한 비교 과정이 핵심이긴 하지만, 한쪽 원에 포함하는 내용에 대응하는 요소가 반드시 다른 쪽 원에 포함되는 것은 아니다(Hart, 1998).

상자 9.1, 9.2, 9.3에서는 자료를 비교하고 대조할 때의 세 가지 기준의

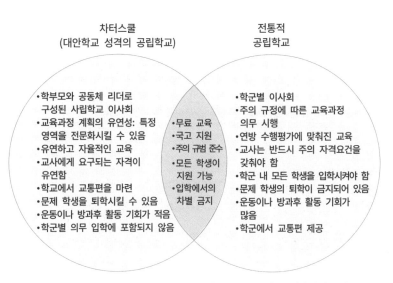

그림 9.1. 차터스쿨과 전통적인 공립학교를 비교하는 벤다이어그램

예를 제시하였다. 상자 9.1은 두 개나 세 개의 이론을 대조하는 것에 초점을 두고 있다. 상자 9.2와 9.3은 양적 그리고 질적 연구의 비교와 대조 기준이다(Dawidowicz, 2010).

상자 9.1. 이론의 비교와 대조

1. 각 이론의 주요 목적은 무엇인가?
2. 각 이론의 핵심 주장은 무엇인가?
3. 이론과 가장 관련된 이론가나 연구자들은 누구인가?
4. 이 이론은 해당 분야의 사회/경제/정책적인 면에 어떻게 적용되는가?
5. 이 이론의 실질적인 시사점은 무엇인가?
6. 이 이론에 대한 주요한 비판은 무엇인가?

다음의 면에서 연구들 간에 유사점이나 차이점이 있는가?
1. 이론적 틀
2. 연구 가정
3. 연구 설계
4. 표집
5. 연구 결과
6. 결론
7. 시사점

다음의 면에서 연구들 간에 유사점이나 차이점이 있는가?
1. 이론적 틀
2. 역사적 배경
3. 연구 장소의 사회경제학적 조건
4. 연구 장소의 문화
5. 참여한 개인(또는 조직)
6. 참여자들이 인식하는 가치
7. 연구 결과

상충되거나 모순되는 자료 탐색하기

자료들을 서로 비교하다 보면 포괄적이거나 잘 들어맞는 설명이나 패턴 또는 결론만을 찾고자 하는 게 우리의 자연스런 경향이다. 문헌고찰을 하는 연구자는 자신의 입장을 강화하는 정보만을 포함시키고, 잘 들어맞지 않는 자료는 없었던 것처럼 하고 싶은 유혹을 느낄지 모른다. 현실이란 복잡하고 다양한데도 마치 자신의 논지가 일관되게 진행되는 것처럼 보여주고자 한다.

문헌고찰 전문가들은(Booth et al., 2016; Walsh & Downe, 2005; Whittemore & Knafl, 2005) 충분히 검토해 보지 않은 채 섣부르게 주장을 내세우지 말라고 경고한다. 자칫하면 주장의 신뢰도를 해치고 문헌고찰 전체에 문제를 야기할 수 있다. 자료의 통합 과정은 투명해야 한다. 동떨어진 자료, 모순되는 결과, 또는 반대되는 설명이 모두 밝혀져야 한다. "분석적 정직함이 최우선이다"(Whittemore and Knafl, 2005, p. 551).

추가적으로, 자료를 읽는 과정에서 자신의 초기 생각을 지속적으로 재점

검한다. 새로 읽은 내용에서 나온 정보가 자신의 주장을 잘 지지하는지 확인하고, 또는 새로운 정보를 정확히 반영하기 위해서 주장을 수정한다(Booth et al., 2016; Miles, Huberman, & Saldaña, 2013).

양적 자료일 경우, 자료의 통합 과정에서 드러난 모순되는 연구 결과는, 특히 그 결과가 모두 수준 높은 연구들에서 나왔다면, 심각한 도전과제가 될 수 있다(Whittemore & Knafl, 2005). 이런 경우에는 쿠퍼(Cooper, 1998)의 제안대로 "투표 계산법(vote counting)" 전략을 사용해서 통계적으로 유의한 정적 결과의 빈도와 부적 결과의 빈도를 비교할 수 있다. 만일 모순되는 증거가 많이 있다면, 연구자는 이 문제를 해결하기 위해 특별히 설계된 추가 연구가 필요하다고 제안한다.

또한 표집의 특성이나 연구 설계와 같이 결과의 타당도에 영향을 미쳤을 수 있는 연구의 구성 요소들을 더 탐색할 필요성을 고려할 수도 있다. 이러한 상충되는 증거들은 종종 추가 연구 가능성을 제기한다(Whittemore & Knafl, 2005). 비슷한 주제를 다룬 다른 연구들과 상당한 차이를 보이는 결과가 나온 연구가 있다면, 문헌고찰에서 이 연구를 전반적인 분석에 포함시킬지, 아니면 단독으로 분석할지를 연구자가 결정해야 한다(Booth et al., 2016).

대조적으로, 질적 연구나 해석학적 현상학적 연구에서는 동떨어진 자료를 반기는 편이다. 실제로 자료들 간에 차이나 맞지 않는 부분이 전혀 없다면 분석과 통합을 제대로 했는지 의심해 봐야 한다. 왜냐하면 이러한 접근의 연구들 간에는 서로 완전히 동일한 의미를 도출되는 경우가 드물기 때문이다(Walsh & Downe, 2005). 차이점을 간과하거나 무시하지 말고, 오히려 현상에 대한 이해를 깊게 하고 새로운 의미를 발견하는 기회로 보는 것이 중요하다(Walsh & Downe, 2005).

비판적 입장 취하기

연구 주제에 대한 문헌들을 제대로 통합하기 위해 필요한 것이 바로 비판적 입장의 유지다. 문헌고찰의 목적은 선택한 자료의 단순한 요약이 아니라 여기에 대한 비판적 평가의 제공이다. 더글라스(Douglas, 2014, p. 140)가 지적했듯, 자료를 단순히 보고하는 것은 "지식을 말하는 것"인 반면, 문헌고찰의 목적은 "지식의 전환"과 새로운 통찰의 제공이다.

자료에 대한 비판적 평가는 문헌고찰 과정의 여러 단계에서 역동적이고 순환적으로 일어난다. 앞서 우리는 개별 자료의 질을 평가하는 방식을 자세히 다뤘었다(6장 참고). 통합 단계에서는 비판적 평가가 개별 자료를 넘어 리뷰한 문헌 전체로 확장된다. 리들리(Ridley, 2012, p. 141)의 용어를 빌리자면, 개별 자료의 비판적 평가 단계가 "비판적 독서"라면, 문헌의 통합 과정에서 일어나는 전반적인 평가는 "비판적 글쓰기"다.

비판적 글쓰기 단계에서는, 주요 테마들과 중심 주장을 위주로 개별적 평가를 엮어서 정리한다. 그리고 연구들의 강점과 부족한 점에 대해 밝힌다. 특히 여러 연구들에 걸쳐 공통적인 형태의 강점이나 약점이 드러났을 때 이러한 비판적 평가가 적절하다. 그 밖에, 연구 주제와 관련해서 특히 중요한 자료를 선택한 뒤 이에 대한 심층적 평가를 할 수도 있고, 또는 자주 언급되는 연구들에 초점을 맞추기도 한다.

비판적 평가를 하려면, 자료를 꼼꼼히 살펴보고 근거와 사용된 방법론, 결론이 도출된 과정 등을 검토한다. 그리고 오류나 맞지 않는 부분, 증거의 한계, 타당성의 부족 등을 지적할 수 있다(Hart, 1998). 단, 작고 사소한 세부사항에 집착하기보다는 중요한 부분에 초점을 맞춰 평가하는 것이 바람직하다. 질적 연구나 해석학적 현상학적 연구를 리뷰한다면, 해당 학계에서 진행 중인 담론과 그 아래에 깔린 가정을 문제시하거나 여기에 도전하는 것에 비판의 초점이 맞춰진다(Boell & Cecez–Kecmanovic, 2014; Dixon–Woods et al., 2006b).

연구자는 비판적 입장을 견지하며 해당 학계의 선두적인 문헌에 대해서도 질문을 던져야 한다. 평가할 때는 수집된 정보를 바탕으로 신중하게, 존경하는 자세로 공평하게 한다. 자료를 왜곡하거나 잘못 해석하지 말고 실제 자료에서 언급한 내용을 바탕으로 한다(Wellington et al., 2005). 오류를 나열하기만 한다든지, 연구의 결과, 또는 이론적 입장이 부적절하다거나 약하다고 언급하는 것만으로는 부족하다. 대신, 이론이나 연구의 결론이 왜 문제가 되는지를 명확히 설명하고, 그렇게 평가한 이유를 확실하게 제시한다.

비판적 입장이 되려면 자신의 생각과 다르거나 심지어 반대되는 이해방식에 열린 태도를 유지할 필요가 있다(Wellington et al., 2005). 사려 깊고, 성찰적이며, 확신을 갖는 한편, 겸손하고 존중하는 자세가 반드시 필요하다. 가장 중요한 것은 공평하고 균형 잡힌 판단을 내리는 것이다.

엘보우(Elbow, 1973)는 문헌을 비판적으로 평가하려면 "믿음"과 "의심" 단계의 균형이 필요하다고 강조한다. 믿음의 단계에서는, 의도적으로 저자의 관점에 열린 자세를 취한 채 저자가 말하는 주장과 생각을 이해하려고 노력한다. 반면 의심의 단계에서는, 회의적인 자세를 취하고 자료에 비판적으로 접근한다. 이 둘이 합쳐질 때 문헌고찰이 엄격하게 진행되며 연구 주제에 대한 복잡하고 다양한 단면들이 인식된다.

요약하면, 서술적 문헌고찰에서 자료를 통합할 때 사용되는 공통 전략은 자료를 그룹으로 나누고, 자료를 비교하고 대조하며, 상충되거나 모순되는 자료 탐색하고, 비판적 입장을 취하는 것이다. 그림 9.2는 이러한 전략을 보여준다.

그림 9.2. 서술적 문헌 통합을 특징짓는 공통 전략

앞서, 서술적 통합에서 사용되는 전략은 다른 종류의 통합에도 적용될 수 있다고 기술하였다. 하지만, 양적, 질적, 혼합, 해석학적 현상학적 방식마다 자료를 통합하는 방식에는 차이도 존재한다. 다음 부분에서는 각 접근들을 서로 구분하는 두드러진 양상들에 대해 간단히 논의하려고 한다.

양적 문헌 통합

양적 자료를 통합하는 일반적인 두 개의 접근이 있는데, 메타분석과 양적 서술적 통합이다(Schick－Makaroff, MacDonald, Plummer, Burgess, & Neander, 2016). 메타분석은 통계적 절차를 사용해서 동일한 주제나 연구 질문을 다룬 개별 연구들의 수치자료를 합하고, 분석하고, 통합하는 걸 말한다. 메타분석은 다수의 연구에서 나온 통계 결과를 합치기 때문에 개별 연구로는 나올 수 없는 결과가 도출된다(Lau, Ioannidis, & Schmid, 1997). 반면에, 양적 서술적 통합은 보다 직관적인 접근으로, 양적 자료를 포함하는 다수의 연구에서 나온 결과를 글로 요약하고 통합한다. 두 가지 접근 모두 결과 도출까지의 체계적 과정을 순서대로 제시하기 때문에 외부 전문가의 검토가 가능하다(Petticrew & Roberts, 2006; Schick－Makaroff et al., 2016).

메타분석

메타분석(meta－analysis)이란 용어는 글래스(Glass, 1976, p. 3)가 처음 사용했다. 1900년대 초부터 다수의 연구를 통계적으로 합치는 연구가 진행됐지만, 1970년대 전에는 사회과학에서 메타분석이 거의 사용되지 않았다(Cooper et al., 2009). 메타분석을 하면 다양한 연구에 사용된 개입, 처치 또는 프로그램의 효과를 연구하고 원 자료에서 나온 결과들을 사용해서 효과 크기를 결정할 수 있다. 여러 연구에서 나온 결과를 합치면, 개별 연구보다 표본 크기가 커진다(Jesson et al., 2011). 연구자 개인의 해석에 의존하는 전통적인 문헌고찰과는 달리, 메타분석은 보다 엄격한 통계적 방법을 사용해서 자료를 합치고, 분석하고, 통합한다. 또한 메타분석은 향후 연구의 새로운 방향을 제시할 때도 사용된다(Schmidt & Hunter, 2015).

메타분석의 예를 살펴보기 위해, 아동기 우울에 대한 연구를 진행했던 박사과정생 멜린다를 떠올려보자(3장 참고). 그녀는 문헌고찰의 일부로 메타분석을 진행해서 아동기 우울증상을 완화시키기 위한 개입 프로그램의 결과들을 분석했다. 그리고 그 결과를 바탕으로 자신의 연구를 계획했다.

많은 연구자들이 통계적 지식이 요구되는 메타분석을 어려워한다. 그럼에도 불구하고, 우리는 문헌고찰을 하는 모든 연구자들이(질적 고찰을 포함) 메타분석 방법을 사용한 문헌을 리뷰하게 될 경우를 대비해서 이를 이해하고 해석하기 위한 기본적인 지식이 필요하다는 팬(Pan, 2013)의 주장에 동의한다.

효과 크기

효과 크기는 두 개의 평균(예를 들어, 처치 집단과 통제 집단에서 구한 평균) 사이의 차이를 보여주기 위해 사용되는 지수다(R. Ravid, 2015). 또한 상관계수를 사용해서 두 변수 사이의 관련된 정도를 보여줄 때 사용한다. 이때는 상관계수(연속자료로 된 두 집단 간 측정 결과의 관련된 정도를 나타내는 지수)를 효과 크기로 전환한다(R. Ravid, 2015). 먼저 분석에 포함된 개별 연구 자료를 효과 크기로 바꾼 후, 이를 합쳐서 메타분석을 진행한다. 도표를 사용해서 메타분석 결과를 비교하면 효과적으로 여러 연구의 결과를 검토할 수 있다(Jesson et al., 2011).

상자 9.4는 자문화와 타문화 적응의 구성 요소들, 그리고 문화적응 전략 간의 관계를 알아보는 연구에서 효과 크기를 언급한 예다(Yoon et al., 2013).

상자 9.4. 효과 크기 계산의 예

대부분의 분석은 상관계수(r)로 효과 크기를 측정하였다. 다른 통계(평균과 표준편차, t검증)를 포함한 일부 효과 크기(4.5%)는 r로 전환하였다. r로 바꾸지 않은 채 평균과 표준편차를 사용한 유일한 분석은 통합과 다른 문화적응 전략(예를 들어, 흡수, 분리, 소외) 간 정신건강의 평균차이를 추정하기 위해 실시되었다.

자료: Yoon et al.(2013).

출판 편향

출판 편향은 분석에 포함되는 개별 연구들의 표본이 편향되어서(예를 들어, 주로 사례수가 큰 연구들이 사례수가 적은 연구보다 출판될 확률이 높아지면서 발생) 이로 인해 결과의 타당도를 위협할 때 발생한다(Rothstein, Sutton, & Borenstein, 2005). 이 문제는 모든 문헌고찰에서 고려되어야 하겠지만, 특히 메타분석의 경우 분석결과를 치우치게 할 수 있으므로 확인해야 한다. 메타분석을 실행하는 연구자는 출판 편향 가능성을 수정하는 통계적 절차를 거치고 이를 보고한다(Card, 2015).

메타분석에 포함하거나 제외할 연구를 확인하기 위해 보통 적어도 두 명의 연구자로 구성된 팀이 분석을 실행한다. 한 명 이상의 연구자가 합의된 기준을 바탕으로 연구를 선정하는 과정은 평가자 간 신뢰도를 확보하는 데에 도움을 준다. 추가적으로, 메타분석에 포함될 자료 안에 연산오류는 없는지, 결측 사례는 없는지, 분석에는 비슷한 집단(나이나 처치와 같은 변수)이 합쳐졌는지 등을 확인한다. 우만(Uman, 2011)은 검토한 모든 연구는 무엇인지, 특정 연구를 메타분석에 포함하거나 제외한 이유는 무엇인지를 기록으로 남기는 것을 제안한다.

예외값

예외값은 연구 주제에 대한 대부분의 자료와는 두드러진 차이를 보이는 결과를 보고한 연구를 말하며, 특히 메타분석에 포함된 연구수가 적다면, 분석 결과에 영향을 크게 미칠 수 있으므로 문제가 된다. 이 경우, 연구 설계의 문제나 잘못된 자료 계산과 같이, 예외값이 존재하는 가능한 이유를 탐색해야 한다. 예외값으로 야기되는 잠재적 문제를 처리하는 다양한 통계적 방법이 있다(예. Viechtbauer & Cheung, 2010).

메타분석의 계산은 이 책의 범위를 넘어서며 고급통계지식이 요구된다. 관심 있는 연구자는 이 주제에 대한 책을 참고하거나 소프트웨어 프로그램을 활용할 수 있다.

표 9.1. 메타분석을 사용해서 자료를 통합하는 단계

단계	
1	선행 연구를 검색하고 메타분석을 위한 연구를 선정한다.
2	개별 연구에서 분석에 넣을 자료를 추출한다.
3	효과 크기를 계산하고 출판 편향을 검토한다.
4	통계 절차를 거친 메타분석 결과를 그래프를 활용해 제시한다.
5	연구 결과를 해석한다.

양적 서술적 통합

메타분석을 할 수 없는 경우에는, 양적 서술적 통합(quantitative narrative synthesis)을 선택할 수 있다. 적합한 기준에 맞지 않아 메타분석에 포함하지 못한 양적 연구들을 통합할 때도 사용 가능하다. 서술적 통합에는 각 연구 방식에 대한 논의, 참여자에 대한 기술, 연구 결과 설명, 연구의 질에 대한 비판적 분석이 포함된다. 표를 사용하면 이러한 정보들을 효율적으로 제시하기 좋다(Ridley, 2012)(5장과 7장에서 설명한 정보카드나 요약표를 사용할 수도 있다).

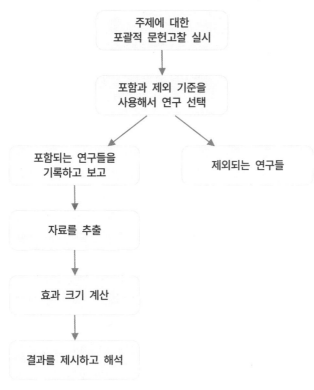

주제에 대한
포괄적 문헌고찰 실시

포함과 제외 기준을
사용해서 연구 선택

포함되는 연구들을
기록하고 보고

제외되는 연구들

자료를 추출

효과 크기 계산

결과를 제시하고 해석

그림 9.3. 메타분석 과정의 주요 단계들

연구자는 리뷰하는 문헌들 사이의 차이점을 강조하고, 눈에 드러나는 패턴이나 추세를 밝히며, 연구들의 수준에 대해 논의한다. 문헌고찰 결과에 대한 짧은 요약도 포함한다(Dykiert, 2014; Petticrew & Roberts, 2006).

서술적 통합의 예비적 단계로 "투표 계산법(vote counting)"(이 장의 앞부분에서 언급함)을 활용할 수도 있다(Ridley, 2012). 이 방법은 모순되는 결과가 있을 때뿐만 아니라, 보고된 정보의 양이 제한적일 때도 활용할 수 있다. 기본적으로, 투표 계산법은 정보를 세 가지 범주로 나눠서 진행한다: (1) 유의한 정적 결과를 보고한 연구들(예상한 가설을 지지); (2) 예상과는 반대의 결과가 유의하게 나온 연구들; 그리고 (3) 유의하지 않은 결과를 보고한 연구들이다(Koricheva & Gurevitch, 2013). 그러나 코리체바와 구레비치(Koricheva & Gurevitch, 2013)는 투표 계산법에 몇 개의 방법론적 약점이 있기 때문에(예를 들어, 표집이 작거나 큰 연구 모두에 동일한 가중치를 두며, 보고된 효과의 강도를 반영할 수 없는 점) 사용에 주의해야 한다고 경고한다.

표 9.2. 양적 서술적 통합 단계

	단계
1	논리적인 범주를 사용해서 연구들을 조직화한다(예를 들어, 개입의 종류, 참여자 유형, 연구 설계). 이때 연구자의 선택에 따라 표나 글로 정리한다(5장의 정보카드 논의 참고).
2	각 연구별로 보고된 결과를 분석하고, 필요시 해당 연구의 질에 대한 논평을 더한다(7장의 양적 요약표 참고).
3	포함된 모든 연구들의 결과를 통합한다.

질적 문헌 통합

질적 연구들을 통합하는 다양한 접근법에는 메타 문화기술지(meta-ethnography), 메타통합(meta-synthesis), 비판적 해석적 통합(critical interpretive synthesis), 주제 분석(thematic analysis) 등이 있다(Barnett-Page & Thomas, 2009; Dixon-Woods et al., 2006a; Lee, Hart, Watson, & Rapley, 2015). 이 모든 접근은 해석적인 질적 연구 전통에 뿌리를 둔다. 개별 연구의 결과들을 포괄적으로 또는 더 나아가 새로운 이론으로 개념화해서 현상에 대한 이해를 높이려는 목적이 있다(Polit & Beck, 2013).

바넷-페이지와 토마스(Barnett-Page and Thomas, 2009)는 해석적 접근 대부분의 통합 방식이 비슷하다고 말한다. 그중 많은 질적 연구자가 자료의 통합이 가장 체계적이라고 여기는 것이 메타 문화기술지다(Atkins et al., 2008; Britten et al., 2002; Campbell et al., 2003, 2011; Onwuegbuzie & Frels, 2016). 따라서 질적 연구의 해석적 통합은 메타 문화기술지에 초점을 맞춰 설명하고자 한다.

메타 문화기술지

메타 문화기술지(meta-ethnography)는 연구 결과를 통합하는 귀납적이고 해석적인 방법이다. 개별 연구에서 나온 개념들을 비교하는 과정이 포함되는데, 여기에는 서로 다른 질적 연구에서 밝혀진 테마와 개념들을 모아서 통합할 수 있다는 믿음이 바탕이 된다. 특히, 전에는 보이지 않던 개별 연구들 간의 관련성을 분명히 밝힘으로써 새로운 이해를 가져오는 것이 이 방법의 목적이다(Campbell et al., 2003; Suri, 2011). "단순한 부분들의 합을 넘어선 전체를 만드는 것"이라고 말할 수 있다(Noblit and Hare, 1998, p. 28).

메타 문화기술지는 노블릿과 헤어(Noblit and Hare, 1988)가 교육학 분야의 질적 연구 결과를 통합하는 과정에서 시작되었다. 이들은 모든 해석적 탐색이 "근본적으로 번역(translation)"(p. 7)이라고 가정했다. 번역은 메타 문화기술지 관점에서 문헌 속의 주요 테마들을 보여주는 은유나, 개념, 구성 요소들을 지속적으로 비교함으로써 서로 다른 질적 연구 사이에 다리를 놓는다. 이러한 순환적 과정 속에서 점진적으로 포괄적인 은유나 개념, 구성 요소들이 드러난다(Forte, 2010).

노블릿과 헤어가 기술한 분석과 통합 과정은 메타 문화기술지적 접근으로 질적 연구를 리뷰하는 현재의 연구자들에게 여전히 기본적 틀을 제공한다. 이들은 연구들을 번역해서 통합하는 세 가지 방식을 제안했다: 상호적(reciprocal), 논박적(refutational), 논점의 연결(line of arguments)이 그 세 가지다. 이 세 종류는 서로 구별된 것이 아니며 순환되고 해석적인 과정 안에 섞여 있는 부분들이다(Toye et al., 2014).

상호적 통합을 할 때는 서로 다른 연구들에서 동일한 현상을 기술할 때 사용된 공통 개념이나 용어를 정립해야 한다. 공통 개념은 연구들을 체계적으로 비교하는 과정에서 포착된다. 비교하다 보면 어떤 한 연구에서 사용된 은유나 용어, 개념이 다른 연구에서 사용된 것과 비슷한지가 결정된다.

논박적 통합 단계에서는 모순되는 해석이나 반대되는 주장 간의 차이점을 탐색하고 설명한다. 자료 안에 있는 모순점을 밝히기 위한 반박적(부정적) 비교는 연구 주제를 복합적으로 이해하는 데에 필수적이다.

논점 연결식 통합에서는 연구들을 분석하고 통합하는 과정이 포함된다. "연구들 사이의 유사점과 차이점을 해석적인 논리적 순서로 합친다"(Noblit & Hare, 1988, p. 64). 이 과정을 통해 부분들로부터 전체적인 큰 그림을 보여주는 포괄적 해석이 성공적으로 이루어진다(Toye et al., 2014).

메타 문화기술지 통합 과정은 체계적으로 진행되지만, 한편으론 매우 직관적이고 창의적인 작업이다. 이러한 직관적이고 창의적인 성격은 질적 분석과 통합 과정에 대한 꼼꼼한 묘사와 완전한 투명성에 저항한다(Campbell et al., 2011).

저자들의 경험을 바탕으로, 여기서는 통합 과정에서 일반적으로 사용되는 단계들을 제시한다. 이 과정이 순환적이라는 점을 고려해서 연구자들이 자신에 맞게 적용하기를 권한다.

표 9.3. 메타 문화기술지 통합 단계

	단계
1	각 연구에 들어간 주요 은유, 구성 요소, 개념들을 찾아내서 논문에 사용된 용어 그대로 매트릭스 표에 정리한다.
2	매트릭스를 확장하고 여기에 각 연구의 맥락적 정보와 결과에 대한 저자의 해석을 요약한다.
3	연구들끼리 나란히 계속 비교해 가면서 합쳐지는 부분을 확인한다.
4	주요 은유, 구성 요소, 개념들을 점진적으로 수정하면서 전체 자료를 가장 적절하게 표현하는 것을 선택한다.
5	각 연구들을 다시 리뷰하면서 선택된 중심 개념이나 은유가 있는지 없는지, 그리고 반대되는 표현이 있는지 검토한다.
6	핵심적인 개념과 해석을 검토하고 연구자의 관점에서 자료를 가장 잘 설명하는 패턴이나 테마를 찾는다.
7	패턴과 테마들을 축으로 통합적으로 현상을 설명하는 주장을 전개한다.

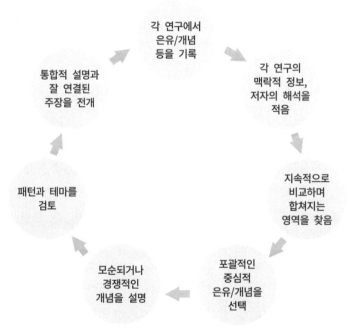

그림 9.4. 메타 문화기술지 통합 단계

메타 문화기술지는 많은 시간과 집중적인 노력이 요구된다. 캠벨 등 (Campbell et al., 2011)은 이 방법이 적은 수의 연구(40개 이하)를 통합하기에 적합하다고 제안한다. 그렇지 않으면, 연구들을 아우르는 "충분한 관련성"(p. 60)을 얻을 수 없거나 통합작업에서 요구되는 높은 수준의 엄격성을 유지하기 힘들다.

추가적으로, 위에서 설명한 해석적 활동은 문헌고찰을 하는 연구자가 직접 관찰이나 인터뷰를 통해 수집한 자료에 근거한 것이 아니며 각 연구의 저자들이 제시한 해석을 바탕으로 하기 때문에 "해석의 해석"(Forte, 2010, p. 154)이 된다. 이 과정은 슈츠(Schutz, 1967)가 개념화한 1단계, 2단계 구성과 비슷하다. 1단계 구성은 연구 자료를 언급하며, 2단계 구성은 그 자료에 대한 연구자의 해석을 보여준다. 메타 문화기술지에서 연구자는 3단계 구성인 추가적 해석을 발전시킨다. 이 단계에서는 개별 연구자들의 내린 연구 결과에 대한 해석에 문헌고찰 연구자 자신의 독립적 해석을 더한다(Britten, 2002; Lee et al., 2015; Toye et al., 2014).

3단계 구성의 예를 사회학과 박사생 안토니의 사례를 통해 알아보자. 안토니는 지난 10~15년간 미국에서 산 이민자들의 문화적 통합과 관련된 이슈를 탐색했다. 메타 문화기술지를 하기 위해서 주로 장기간 관찰과 심층인터뷰가 포함된 문화기술지 연구들을 수집했다(1단계 구성). 통합 과정에서 결과에 대한 각 연구자들의 해석 간의 공통 테마를 찾아보았다(2단계 구성). 그 결과, 결과들 사이의 연결함과 관련성을 발견하였고 새로운 사회에 문화적으로 통합될 때의 도전과 좌절, 성공에 대한 전체적인 이해를 할 수 있었다(3단계 구성).

메타 문화기술지로 3단계 구성물을 만들 때는 원래의 텍스트를 보존하는 것과 이를 통합적인 주장으로 합치는 것 사이에서 긴장을 겪는다(Doyle, 2003). 한편으로는, 원 자료의 사회 문화적 맥락을 유지하며 현상에 대한 그들의 관점을 제시하길 바라면서도 동시에 자료들을 통합해서 한 단계 높은 이론적 관점에 도달하길 바라게 된다(Britten et al., 2002; Doyle, 2003; Walsh & Downe, 2005).

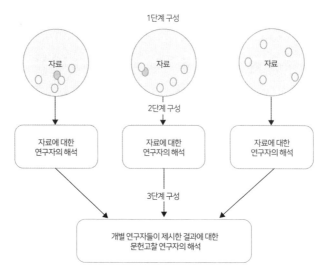

그림 9.5. 3단계 구성 과정: 해석들의 해석

혼합 연구들의 통합

혼합 연구들의 통합(synthesis of mixed-studies) 접근은 혼합 방법 리뷰 (mixed-methods review)라는 용어와 관련되지만(Hannes, 2005; Harden & Thomas, 2005), 이 책의 저자들은 혼합 방법 리뷰가 단지 혼합 방법이 사용된 연구들만을 통합한다는 잘못된 인식을 전달할 수 있다는 프루에와 홍(Pluye and Hong, 2014)의 제안에 동의한다. 실제로는 양적, 질적, 혼합 방법과 같은 다양한 연구 설계로 진행된 연구들이 모두 포함되기 때문이다. 따라서 앞으로 의 논의는 혼합 연구들의 통합이란 명칭을 사용하고자 한다.

연구자들 중에는(예. Brannen, 2005; Flick, 2009; Hammersley, 2000; Johnson & Onwuegbuzie, 2004) 양적과 질적 접근이 이론과 방법에서 차이가 크기 때문 에 두 접근을 하나의 문헌고찰 안에 통합하길 거부하는 사람도 있다. 또한 이 들은 양적 자료의 통합이 더 수월하며, 질적 자료는 2차나 보조적 역할에 머 무는 것을 주장한다. 반면, 양적 그리고 질적 방법을 모두 사용하는 연구자가 지속적으로 늘고 있으며, 문헌고찰에서 두 종류의 연구를 합치는 것의 장점에 대한 인식도 커지고 있다(Hammersley, 2000; Johnson & Onwuegbuzie, 2004;

Saini & Shlonsky, 2012).

혼합 연구들의 통합을 선호하는 사람들은 "숫자의 힘과 이야기의 힘의 함께함"(Pluye & Hong, 2014, p, 29)을 말한다. 예를 들어, 질적 통합을 하면 특정 프로그램, 정책, 또는 개입에 대한 참여자들의 주관적 관점을 알게 되므로 통계 결과의 양적 통합을 보완할 수 있다.

양적, 질적, 혼합적 연구를 통합하는 여러 방법이 제시되고 있다. 혼합 연구들의 통합을 하는 연구자는 세 가지 요소를 고려해야 한다(Heyvaert, Maes, and Onghena, 2013):

1 어느 부분을 강조하는가? 양적 또는 질적 방법이 동등하게 고려되는가?
2 어떤 종류의 통합을 사용하는가? 자료를 동시에 통합하는가 또는 순차적으로 통합하는가?
3 통합의 정도는 어떠한가? 결과를 전체로 통합하는가 또는 병렬로 합치는가?

이 세 가지 요소에 덧붙여, 프루에와 홍(Pluye and Hong, 2014)은 분석과 통합 방식에 대한 네 번째 요소를 추가한다.

4 분석과 통합방식은 이론구축(탐색적)을 위한 것인가 또는 이론검증(설명적)을 위한 것인가?

아래에서 설명하려는 가장 일반적인 네 가지 혼합 연구들의 통합 설계는 위의 네 가지 요소를 바탕으로 한다. 이 네 가지 설계 종류는 분리된 통합(segregated synthesis), 순차적 탐색적 통합(sequential exploratory synthesis), 순차적 설명적 통합(sequential explanatory synthesis), 하나로 수렴되는 통합(convergent synthesis)이다. 여기에 실린 설명과 그림 등은 모두 프루에와 홍(Pluye and Hong, 2014)의 내용을 바탕으로 한다.

분리된 통합

가장 기본적 형태의 혼합 연구의 통합은 두 단계로 설계된다. 먼저, 양적 연구와 질적 연구를 분리해서 각자 통합한다. 다음 단계에서는 두 개의 통합 결과를 연결해서 "세 번째 통합"(Harden & Thomas, 2005)의 형태로 결론짓는다. 이러한 접근은 양적 연구와 질적 연구가 서로 다르기 때문에 문헌고찰을 할 때도 각 접근법에 맞는 방법을 사용해야 한다는 생각에서 나온다. 개별적인 통합이 함께 합쳐지며 서로의 결과를 교차 검증하고 공통의 결론에 도달한다(Sandelowski, Voils, & Barroso, 2006). 그림 9.6은 분리된 통합 과정을 보여준다.

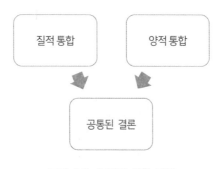

그림 9.6. 분리된 통합 과정

분리된 통합의 예로, 사회학 박사논문의 일부로 문헌고찰을 한 알렉스의 경우를 살펴보자. 그는 영리목적의 대학을 규제하는 새로운 정책을 평가하기 위해서 양적, 질적 연구를 고찰하였다. 양적 통합에서는 통계적 메타분석을 해서 영리목적 대학에 등록한 학생에 대한 정책의 경제성을 탐색하였다. 질적 통합에서는, 메타 문화기술지 전략을 활용하여 새 정책이 교육경험에 미치는 영향에 대한 학생들의 관점을 탐색하였다. 알렉스는 이렇게 해서 얻어진 두 종류의 결과를 비교하고 대조하면서 세 번째 통합인 결론에 이르렀다.

순차적 탐색적 통합

이 두 단계 통합 설계에서는, 질적 통합이 뒤를 잇는 양적 통합으로 이어진다. 연구자는 첫 단계에서 질적 자료를 통합하고, 두 번째 단계에서는 통합

<figure>

1단계:
질적 통합

↓

2단계:
양적 통합

(질적 통합 결과 활용)

</figure>

그림 9.7. 순차적 탐색적
통합 과정

된 질적 결과를 양적으로 요약하고 표로 만들어서 질적 통합의 결과를 검증하고 일반화시킨다(Pluye & Hong, 2014). 순차적 탐색적 통합의 목적은 보통 새로운 가설을 만들거나, 이론을 개발하거나, 지식의 간극을 밝히는 것이다. 그림 9.7은 순차적 탐색적 통합 과정을 보여준다.

순차적 탐색적 통합 설계의 예로, 컴퓨터 게임이 청소년의 사회적 대화에 미치는 영향에 대한 로살리나의 문헌고찰을 살펴보자. 그녀는 통합 과정의 첫 단계에서, 핵심 범주를 찾기 위해 질적 자료들을 분석하고 통합했다. 다음 단계에서는 질적 결과를 검토하고 일반화하기 위하여 범주들을 측정하고 평가하였다.

순차적 설명적 통합

이 두 단계 통합 설계에서는, 양적 통합이 뒤를 잇는 질적 통합으로 이어진다. 1단계에서는, 양적, 그리고 혼합 방법 연구에서 나온 수치적 결과가 분석된다. 2단계에서는 1단계에서 나온 양적 결과를 사용해서 질적 그리고 혼합 연구들에서 나온 질적 결과를 해석한다. 순차적 설명적 통합의 목적은 현재의 지식을 새롭게 설명하고 지식의 간극을 밝히는 것이다. 그림 9.8은 순차적 설명적 통합의 예를 보여준다.

순차적 설명적 통합의 예로, 주 교육위원회의 교육과정 개발 전문가인 제키의 문헌고찰을 살펴보자. 그녀의 연구 주제는 고등학생의 사회학 지식 평가에서 객관식 시험의 효과에 대한 것이다. 1단계(양적)에서, 제키는 양적 그

그림 9.8. 순차적 설명적
통합 과정

리고 혼합 연구의 수치적 결과를 요약하고 객관식 시험의 효과성을 측정할 몇 개의 지표를 뽑아냈다. 2단계에서는 질적 그리고 혼합 연구에서 질적 결과를 조사한 다음 이 결과들을 학생, 교사, 학교 관계자의 관점에서 탐색하기 위해서 1단계에서의 나온 수치적 범주를 사용하였다. 이를 통해 그녀는 학생들의 지식을 평가하는 객관식 시험의 효과에 대한 다각도의 이해를 얻을 수 있었다.

하나로 수렴되는 통합

하나로 수렴되는 통합(convergent synthesis) 설계의 관점에서 보면, 양적, 질적, 혼합 연구는 동일한 질문을 다룰 수 있으므로 별개의 통합 방법이 요구되지 않는다(Hannes, 2015). 그러므로 이러한 통합에서는 연구들을 설계가 아닌 결과를 바탕으로 나눈다(Sandelowski et al., 2006). 강조되는 부분은 포함되는 모든 연구들의 결과를 통합하기 위해서 양적, 질적 그리고 혼합 연구의 결과를 새롭게 변형시키는 것이다. 따라서 질적 통합 설계에서는 양적 연구에서 나온 결과가 질적 결과로 변형되지만, 양적으로 수렴되는 통합 설계에서는, 질적 결과가 변수로 변형된다. 그림 9.9는 하나로 수렴되는 통합의 과정을 보여준다.

질적으로 수렴되는 설계

이러한 통합은 테마와 개념, 패턴을 가지고 무엇? 왜? 그리고 어떻게?와

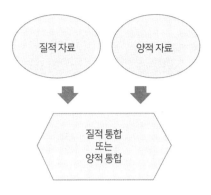

그림 9.9. 수렴되는 통합 설계의 과정

같은 질문에 답을 찾는다. 그러기 위해서 질적, 양적, 혼합 연구의 결과를 질적 결과로 바꾼다(Pluye & Hong, 2014). 이때 사용되는 테마, 개념, 패턴은 미리 정의될 수도 있고, 자료에서 나올 수도 있으며, 이 두 개가 모두 합쳐질 수도 있다. 지속적 비교를 하면서, 연구자는 질적인 해석을 하고 연구들의 테마, 개념, 패턴 사이의 유사점과 차이점을 밝힌다. 이러한 통합 방법은 대부분 이론으로부터 시작되는 경우가 많으며 연구자가 주장을 펼치고 정책이나 프로그램을 평가하는 데에 사용된다.

질적으로 수렴되는 설계의 예로, 공공 정책 연구를 하는 로닛의 경우를 살펴보자. 로닛은 지난 20년 사이에 있었던 두드러진 표준기반 개혁 노력, 그리고 정책 설계와 실행 간의 상호작용에 대한 질적, 양적, 혼합 연구들을 고찰하였다. 관련된 모든 연구의 결과들을 리뷰해 보니 교육정책 개혁과 관련된 이론에 기여할 만한 반복된 주제들이 드러났다.

양적으로 수렴되는 설계

프루에와 홍(Pluye and Hong, 2014)에 의하면, 이러한 설계는 여전히 드물고 연구자에게 도전과제다. 여기서는, 질적, 양적, 혼합 연구의 결과들이 수치적 변수로 변형된다. 이러한 변형은 보통 내용분석을 통해 이루어지는데, 이는 질적 자료 수집 전략(인터뷰나 관찰, 문서)으로 얻어진 많은 양의 텍스트 자료를 정의된 변수로 전환하는 것이다. 그 결과는 통계분석에 사용된다.

양적으로 수렴되는 설계의 예로, 사회학 전공의 안토니오의 경우를 살펴보자. 안토니오는 지지적 환경에 있는 청소년들이 처벌적 환경(학교나 부모의 태도)에 있는 학생과 비교해서 마약중독으로부터 더 성공적으로 벗어날 수 있는지 연구하고자 하였다. 그는 문헌고찰의 일부로 내용 분석을 하였고, 몇 개의 두드러진 범주를 확인해서 변수로 바꾼 후 통계적으로 분석하였다. 이후 이 결과를 사용해서 두 개의 접근을 비교하였고 각 접근의 효과성을 평가하였다.

어떠한 혼합 연구들의 통합 방법을 선택할 것인가는 자신의 연구 질문과 문헌고찰의 목적에 따라 다르다. 만일 연구자가 양적 통합과 질적 통합 모두에 대한 이론적, 실질적 지식이 없다면 어려움을 겪을 수 있으므로 신중하게 선택해야 한다. 통합 과정에서 각 접근의 철학적 기반을 침범하지 않도록 주의한다. 적절한 방법을 선택하고, 문헌고찰에서 통합의 방법을 명확하고 자세하게 기술한다. 표 9.4는 이 장에서 설명한 혼합 연구들의 설계를 요약한 것이다.

표 9.4. 혼합 연구들의 통합

설계			
분리된 통합		1단계	2단계
		질적 통합	공통 결론
		양적 통합	
연속적 통합		1단계	2단계
	연속적 탐색적 통합	질적 통합	양적 통합: 질적 통합의 결과 활용
	연속적 설명적 통합	양적 통합	질적 통합: 양적 통합의 결과 활용
수렴되는 통합		1단계	2단계
	질적으로 수렴되는 통합	질적, 양적, 혼합 연구의 결과	질적 분석
	양적으로 수렴되는 통합	질적, 양적, 혼합 연구의 결과	양적 분석

해석학적 현상학적 문헌 통합

해석학적 현상학적 통합은 질적 연구의 통합과 유사하다. 그렇지만 나름의 특성을 가지며 이를 반영한 통합과 해석 과정이 요구된다(Laverty, 2003).

이 접근의 핵심은 중심 현상 혹은 연구 주제의 의미를 발견하는 것이다.

문헌고찰 연구자의 역할은 자료의 내용을 "말한다든지", 문헌의 내용을 객관적으로 보고하는 것이 아니다. 그보다는 문헌의 저자들이 불러일으킨 새로운 통찰을 공유하는 것이며(Smythe & Spencer, 2012), 문헌고찰은 저자들과 연구자가 대화의 파트너가 되어 함께 의미를 찾아가는 대화처럼 보인다.

이때, 연구자는 자신의 해석에 대해 침묵하거나 자신의 관점을 옆에 제쳐두지 않는다. 오히려 문헌에 대한 연구자의 이해는 하이데거가 말한 선이해(pre-understanding)(Laverty, 2003)에서 나오는데, 이는 연구자의 과거, 문화, 삶의 경험 등을 의미한다. 이러한 선이해에 대해 침묵하는 대신, 가다머(Gadamer, 1998)는 자료의 통합과 해석에 관여하는 연구자 자신의 특정 세계관과 철학적 관점을 성찰하고 공개하라고 제안한다.

동시에, 연구자는 개별 문헌의 독특성에 개방적이어야 하며 자료가 자신의 선이해에 도전하고 이를 확장하도록 허용함으로써 이전에는 고려하지 않던 방향으로 연구 주제에 대해 생각해야 한다(van Manen, 1990). 가다머(Gadamer, 1998)는 대화 속에서 이해를 얻는다는 것이 자신을 내세우고 관점을 주장하는 것이 아니라 예전의 자신의 모습에 머물지 않고 변화를 수용하는 것이라고 말한다.

이러한 변화 속에서 연구 주제와 연구자 자신 모두의 의미를 더 잘 이해하게 된다. 의미는 늘 복합적이고, 다양한 측면을 가지며, 여러 층위로 되어 있어서(van Manen, 1990) 어떠한 단순한 설명도 거부한다. 그렇기 때문에 해석학적 현상학적 통합을 하는 연구자는 문헌을 통합하는 고정된 방법의 사용을 피한다. **방법**이라는 용어를 규칙을 따르는 행동으로 보며(Polkinghorne, 1983), 문헌 통합이란 "방법을 적용한다기보다는… 오히려 놀거나, 춤추거나, 반추하는 것"(Slattery, 2013, p. 137)처럼 창의적인 과정이라고 생각한다.

해석학적 현상학적 통합의 예로 십대 소녀의 신체상을 주제로 논문을 쓴 나오미의 경우를 살펴보자. 그녀는 문헌고찰에서 자문화기술지와 내러티브, 현상학 연구뿐만 아니라 시와 문학작품, 대중음악, 그리고 TV 광고에 나온 시각적 이미지를 모두 다루었다. 학술문헌과 예술작품, 대중문화 등 다양한 자료를 비교하면서 십 대 소녀의 신체적 그리고 개인적 특성이 어떻게 묘사되는가에 대한 반복되는 테마를 찾아보았다. 문헌 통합을 쓰는 과정에서, 나오미는 십 대 시절 스스로에 대한 개인적 인식 그리고 이 문제를 다룬 자료들 사이에서 자신이 발견한 테마들을 위주로 나눈 대화를 전개해 나갔다.

해석학적 현상학적 연구의 통합이 "의미를 찾는"(van Manen, 1990, p. 79) 자유로운 행위임은 인정하지만, 우리는 이러한 접근을 따르는 연구자들이 자주 사용하는 몇 가지 방법을 제시해서 통합과 해석 과정에 도움을 주고자 한다. 추가적으로, 여기서는 단계별로 과정을 제시하고 있지만 실제로는 순환적인 과정임을 잊지 말아야 한다.

먼저, 리뷰하는 주제의 핵심 의미를 포착하려면, 테마를 중심으로 현상에 접근하는 것이 도움이 된다(van Manen, 1990). 해석학적 현상학적 통합에서 테마란 자료의 핵심이 되는 부분으로써, 현상의 특징을 보여주고 그 의미를 구성하는 것이다. 이러한 테마의 분석과 통합을 통해 자료들이 융합되고 전체적인 이해에 도달한다(Patterson & Williams, 2002). 이 과정은 순환적이고 귀납적이며 해석적이다. 연구자는 자료를 꼼꼼히 읽고, 성찰하고, 새롭게 생각하고, 사용된 언어에 민감해야 한다(Laverty, 2003).

밴 매넌(van Manen)은 자료에서 테마를 찾는 세 가지 접근을 제안한다: (1) 전체적(holistic) 접근은 초점이 자료의 전반적인 의미와 근본적인 중요성에 있을 때, (2) 선택적(selective) 접근은 현상의 핵심을 포착하는 문구나 표현, 은유를 찾는 것에 초점을 두고 자료를 심층적으로 읽을 때, 그리고 (3) 한 줄씩 읽는(line-by-line) 접근은 리뷰의 중심 현상이나 경험에 대해 무엇이 드러나는지를 찾기 위해서 하나의 문장이나 문장들을 탐색할 때 사용되는 접근이다.

해석학적 현상학적 관점에서 보면, 자료에서 테마를 찾아 테마명을 붙이고 그 의미를 결정하는 과정은 해석적이고 창의적인 활동이며 연구자마다 다르게 할 수 있다. 여러 개의 해석이 동시에 있을 수 있으며 하나의 해석이 다른 것보다 더 맞는다고 말할 수 없다(van Manen, 1990).

해석학적 현상학적 통합을 특징짓는 근본 개념은 전체와 부분 사이의 지속적인 변증법적 움직임이다. 이러한 움직임에는 문헌을 전체적으로 이해하기, 개별 부분들을 해석하기, 다시 전체적인 이해로 돌아가기가 포함된다(Myers, 2014). 따라서 주제의 특징을 전체적으로 파악하기 위해, 연구자는 한 발 뒤로 물러나서 개별 연구들의 전반적 맥락을 평가해야 한다. 동시에 개별 연구의 의미를 이해하기 위해서는 전체적인 이해가 고려되어야만 한다. 이러한 지속적인 움직임은 질적 연구의 통합 과정과 유사하다.

하지만 대부분 개별 연구의 저자들이 내린 해석을 바탕으로 현상에 대한 의미를 도출하는 질적 통합의 과정과는 달리, 해석학적 현상학적 통합에서는 문헌고찰을 하는 연구자가 연구 참여자들의 관점을 통해 의미를 찾아낸다. 동시에, 한 발 뒤로 떨어져서 전체적인 그림을 보고, 특정 맥락과 참여자로부터 나온 원래의 해석을 넘어선 현상의 의미를 찾는다(Polkinghorne, 1983).

가다머는(Gadamer, 1983) 이러한 해석과 의미의 끊임없는 역동적 움직임을 해석학적 순환(hermeneutic circle)이라고 하였다. 연구자는 읽고, 성찰하고, 글을 쓰는 순환적 과정을 속에서 새로운 통찰을 얻는데, 하이데거(Heidegger, 1995, p. 376)는 이것을 시각의 이동을 의미하는 **순간**(augenblick)이라고 정의 내렸다. 해석학적 현상학적 학자들에게 이러한 통찰의 순간은 "은혜의 선물 (gifted grace)"(Vanhoozer, Smith, & Bonson, 2006)이다. 이러한 예상치 못했던 이해라는 선물을 기다리며, 동시에 새로운 통찰을 열심히 찾는 것은, "구함과 기다림, 쓰기와 숙고, 이해와 의심이 상호작용"을 하는 가운데에서 "잠정적인 이해가 형태를 갖춰가는 것"이다(Smythe & Spence, 2012, p. 20).

표 9.5. 해석학적 현상학적 문헌 통합의 단계

	단계
1	자료들에서 현상의 의미를 나타내는 테마들을 도출한다.
2	도출된 테마들에서 부차적인 것을 제외하고 현상을 잘 반영하는 핵심 테마를 구별해 낸다.
3	자료에서 이러한 테마들이 나타나는 곳을 확인해서 표시하고 이들 간의 공통점을 적어둔다.
4	테마들이 연결되는지 살펴보고 개념적으로 유사한 것끼리 그룹으로 나눈다. 나눠진 테마모음에는 그 의미를 잘 반영하는 테마명을 붙인다.
5	테마모음들을 연구 질문과 자신의 이론적 입장에 따라 순서대로 정리한다. 최종 리스트는 중심 테마들과 하위 테마들로 구성되어 있어야 한다.
6	중심 테마와 하위 테마들을 표나 도표를 사용해 시각적으로 정리한다.
7	테마들 간의 상호관계를 반영하는 설득력 있는 글을 작성하고 체계적으로 합치는 과정에서 드러난 전체적인 의미를 제시한다.

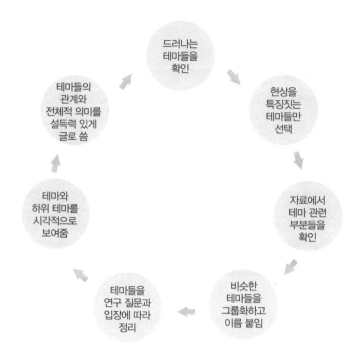

그림 9.10. 해석학적 현상학적 과정을 사용해서 테마를 찾고,
분석하고, 통합하는 주요 단계

1. 통합 과정에서, 연구자는 자료의 조각들을 모아 새로운 전체적인 이야기와 설득력 있는 논지를 만들어간다. 두 개의 주요 통합 형태는 총합적 통합과 해석적 통합이다.

2. 서술적 문헌고찰의 통합에서 연구자는 자료를 그룹으로 묶고, 자료들을 비교하고 대조하며, 모순된 결과를 탐색하고, 비판적 입장을 취한다. 그 과정에서 늘 연구 질문을 고려한다.

3. 양질의 통합을 위해서는 비판적 입장을 유지하는 것이 중요하다.

4. 양적 자료를 통합해서 변수들 간의 관계를 설명하고 각 연구의 내적 그리고 외적 타당도를 평가하는 두 가지 접근법은 메타분석과 양적 서술적 접근이다. 두 접근 모두 외부에서 전 과정을 검토할 수 있도록 체계적으로 진행된다.

5. 메타분석은 다수의 연구 결과를 통계적으로 합침으로써 동일한 주제나 연구 질문을 다룬 개별 연구들의 수치자료를 분석하고 통합하기 때문에 개별 연구에서는 나올 수 없는 결과를 도출한다.

6. 보다 직관적인 양적 서술적 통합은 양적 자료를 포함하는 다수의 연구 결과를 요약하고 통합해서 글로 서술하는 체계적 방법이다.

7. 메타 문화기술지는 질적 연구 결과들을 통합하는 귀납적이고 해석적인 접근이며 주로 질적 연구자들이 사용한다.

8. 연구에 사용된 은유나 개념, 구성 요소들을 비교하는 세 가지 방향(상호적, 논박적, 논점의 연결)이 있다.

9. 혼합 연구들의 통합은 이야기와 숫자의 장점을 모두 취하는 방식으로서 양적, 질적 그리고 혼합 연구를 하나의 문헌고찰 안에 넣는 것이다. 일반적으로 사용되는 네 종류의 통합 방법(분리된 통합, 순차적 탐색적 통합, 순차적 설명적 통합, 하나로 수렴되는 통합)이 있다.

10. 해석학적 현상학적 통합의 핵심은 전체적, 선택적, 문장별 접근을 통해 현상이나 연구 주제에 대한 의미를 발견하는 것이다.

chapter 10

연구자의 목소리와
글쓰기 과정

10장

연구자의 목소리와 글쓰기 과정

    문헌고찰의 본질은 다른 학자들이 쓴 연구물과의 적극적 대화다. 그들의 생각이나 이론, 개념들은 우리의 생각과 이해를 자극한다. 문헌고찰을 쓰면서 우리는 다른 연구자들의 관점에서 얻은 지식이나 통찰을 어떻게 이해했는지, 그 결과 자신의 생각이 어떻게 깊어지고 발전했는지를 표현한다.

    글쓰기는 문헌고찰에서 중요한 부분이다. 글을 통해 기존 지식으로부터 구성한 여러 층위의 의미와 이론들뿐만 아니라 드러난 질문이나 긴장, 이슈 등을 기술한다. 문헌고찰을 쓰다 보면 이러한 대화적 참여에서 자신의 역할이 무언지 궁금해질 수 있다. 자신을 해당 분야 권위자들과 대화를 나누는 파트너로 볼 만큼 자신감이 있는가 아니면 단지 그들의 생각을 전달하는 중간역할로 인식하는가? 스스로의 생각에는 침묵하고 단지 저자들의 목소리만을 표현하는가? 글 속에서 자신의 존재를 주장하는가 아니면 한 발 물러서서 저자로서의 권위는 내려놓고 리뷰하는 문헌의 연구자들만을 앞에 내세우는가?

    리차드슨(Richardson, 1990)의 관점으로 보면, 스스로 인정하든 아니든 또는 인식하든 못하든, 연구자는 리뷰하는 문헌 속 저자들의 생각을 전달할 때 자신의 권위를 사용한다. 리차드슨은 "글을 어떻게 작성하든, 우리(문헌고찰을 하는 연구자)는 무대공연을 한다"(p. 12)라고 하였다. 여러분은 여전히 학술적 글쓰기에서 자신의 권위를 내세울 여지가 있는지 의심스러울지 모른다. 이러한 결정은 문헌고찰의 스타일과 입장을 정하는 데에 중요하다.

이 장에서는 문헌고찰을 쓸 때 취하고 싶은 입장에 대해 논의하고 능동태 혹은 수동태 사용에 대해 살펴본다. 글 속에서 자신의 존재를 주장하는 여러 전략을 제시하고 자신의 생각과 다른 저자들의 생각을 분리하는 방법을 설명한다. 마지막으로 저자로서 자신만의 목소리를 어떻게 발전시킬지 성찰하고 글이 잘 써지지 않을 때의 전략을 논의할 것이다.

문헌고찰 속에 드러나는 연구자의 존재

앞서 이야기했듯, 문헌고찰은 학자들 간의 대화다. 연구자는 "그들이 말하는 것"이 무엇이며 "내가 말하는 것"(Graff & Birkenstein, 2014, p. xiii)은 무엇인지 기술하면서 대화에 참여한다. 처음엔 연구자의 생각이 "다른 사람[연구자]에게서 유래하거나 다른 사람에 의해 활발히 자극받으며" 시작되지만, 글을 쓰는 과정에서 점점 다른 담론의 권위로부터 자유로워진다(Bakhtin, 1981, p. 348).

연구자는 이러한 대화 속에서 학생으로부터 학자로의 전환을 하고 학계에 추가적인 지식을 기여할 가능성을 인식하게 된다. 이 대화의 일원이 되려면 "담론적 목소리뿐만 아니라 스스로의 목소리를 인식하는, 그리고 말할 권리가 있다고 느끼는"(Wisker, 2015, p. 65) 자신의 능력에 대한 확신이 필요하다.

목소리란 무엇일까? 연구자의 목소리란 문헌고찰 이야기를 전달하는 형식이나 스타일이다. "페이지 속 연구자의 존재"(Romano, 2004, p. 5)다. 목소리를 드러내는 것은 인용하는 저자들이나 목표로 하는 독자와의 관계에서 자신을 보여주는 것이다(Ridley, 2012). 저자로서의 목소리는 다른 저자들의 관점과 자신의 관점이 합쳐지는 방식을 반영한다. 목소리의 선택은 단지 글쓰기 방법이나 기법이 아니다. 지식에 기여하는 저자로서 자신을 어떻게 위치 짓는가를 반영한다.

과거에는 학술적 글쓰기에서 문헌고찰의 연구자와 인용된 저자들의 관계가 명확히 정의(그리고 자주 강요)되었다. 전통적인 과학적 글쓰기에선 연구자의 존재가 강조되지 않아야 한다고 믿었다(Galvan & Galvan, 2017). 리뷰된 연구들이 중심 역할을 하고 학술적 맥락(특히 과학, 공학, 의학)에서 객관적으로 논의되었다. 연구자는 거리를 유지하며, 수동태의 글을 사용해서 자신의 존재가 자료의 객관적 보고에 영향을 미치지 않았음을 증명했다.

그러나 최근에는 사회과학, 인문학, 교육학뿐만 아니라 자연과학 분야의 글에서도 변화가 일어나고 있다. 연구자가 주장을 전개하거나 관점이나 입장을 표현할 때 자신의 목소리를 전면에 내세운다(Ridley, 2012). 나아가 질적 그리고 해석학적 현상학적 문헌고찰에서 연구자의 존재는 핵심적이다(Wolcott, 2009). 문헌 속 여러 저자들과의 대화 안에 자신의 "목소리가 잘 위치해야"(Ellow, 2000, p. 210) 한다.

저자의 목소리는 일부 학계에서 여전히 논쟁거리이며, 일부 교수들은 전통적이고 거리를 둔 정형화된 글쓰기 방식을 선호한다. 따라서 해당 분야의 일반적인 관습, 그리고 예상하는 독자에 맞춰 글을 쓰길 권한다. 지도교수나 논문 심사위원 등과 의논해 볼 수도 있다. 하지만 엘보우(Elbow, 2000)의 제안을 기억하도록 한다. 초안을 쓸 때에는 학술적 글이라도 자신에게 편안한 스타일로 작성할 수 있다. 그리고 이 초안은 논문이나 제안서 등의 목적에 따라 언제든 수정할 수 있다.

일인칭 대명사

문헌고찰을 작성하면서 자신의 목소리를 내세우기는 여러 방식으로 시도될 수 있다. 가장 두드러진 것은 일인칭 대명사(나, 나는, 내가)를 쓰는 것이다(한 명 이상의 연구자라면 우리, 우리는, 우리가). 질적 그리고 해석학적 현상학적 고찰에서 때로 한 명의 저자가 '우리'라는 대명사를 사용해서 독자들과 유대감을 형성하고 함께 생각을 나누는 파트너처럼 느껴지게 만들기도 한다.

과거에는 많은 연구자들이, 특히 체계적 또는 양적 고찰을 하는 경우에, 일인칭 대명사 사용을 피하고 자료가 스스로 말하듯이 글을 썼다(Danica, Ventura, & Verdaguer, 2013). 과학 연구에서 인칭대명사를 사용하면 주장의 타당도와 신뢰도를 객관적이고 중립적으로 전달하는 데 방해가 된다고 여겼기 때문이다(Galvan & Galvan, 2017). 그래서 단수 대명사를 비인칭인 '본 연구' 또는 다른 명사로 교체하였다.

인칭대명사 사용의 관습은 수년간 바뀌어 왔다. 이제는 많은 연구자들이 주장의 설득력이란 특정 대명사 선택에 있는 것이 아니라 그 이유와 근거에 있다는 데에 동의한다. 상당수의 학술적 글쓰기 전문가들과 논문 지도교수들이 인칭대명사 사용을 수용하고 또는 격려하기도 한다. 특히 아래의 경우에는 대명사 사용이 권장된다:

- 연구 주제를 어떻게 결정했는지 설명할 때(예. "나는 사회복지사였던 내 경험을 바탕으로 이 주제를 선택하였다....")
- 자료를 어떻게 선택했는지 설명할 때(예. "나는 먼저 온라인으로 자료를 검색하였다....")
- 문헌고찰을 쓸 때 진행한 활동을 설명할 때(예. "나는 이 주제에 대한 연구들을 비교하고 대조하였으며...")
- 문헌고찰을 어떻게 구성했는지 개요를 말할 때(예. "나는 문헌을 네 개의 장으로 정리하였는데...")
- 하나의 항목에서 다음 항목으로 이야기를 바꿀 때(예. "연구자들의 결과를 바탕으로, 나는 다음 장에서 이 결과들의 현장 적용에 대해...")
- 인용된 자료에 대한 자신의 관점이나 평가를 말할 때(예. "내 관점에서, 이 생각은...")
- 자신의 주장이나 관점을 내세울 때(예. "이 이슈에 대한 나의 입장은 지금까지 제시한 주장들을 바탕으로 하며, 여기에 추가적 요인을 제안한다....")
- 인용된 저자들의 주장과 관련된 자신의 전문적 또는 개인적 경험을 공유할 때(예. "존슨이 제시한 주장은 내가 ~에서 일할 때의 경험을 떠올리게 하는데...")

인칭대명사를 사용하면 글을 쓰는 주체로서의 자신의 권위를 높이는 장점이 있다. 리뷰하는 문헌들의 흐름을 보여주며 현재까지의 지식에 대한 자신의 기여를 강조할 때 특히 효과적이다. 인용하는 저자들과 자신의 관점을 구분해서 글의 모호함을 피하는 데도 도움을 준다. 추가적으로, 인칭대명사는 글에 에너지와 생명력을 더해 준다(Elbow, 2000).

그렇지만 일인칭 대명사의 과한 사용과 계속해서 "나"로 시작되는 문장은 글을 단조롭게 만든다. 일인칭 대명사의 사용이 부적절할 경우도 있다. 예를 들어, "나는 ~이 좋다", "나는 ~한 것 같다", "나는 ~한 생각이 든다", "우리는 ~라고 믿는다"와 같이 개인적 판단이 들어간 문구는 논리 정연한 근거나 문헌을 대체할 수 없으므로 불필요하다. 요약하면, 저자로서 자신의 글을 주도하면서 필요에 따라 능동태와 수동태를 오가며 다양한 형식을 사용하는 것이 중요하다(Hart, 1998). 표 10.1은 능동형과 수동형 사용을 비교해서 보여준다.

표 10.1. 능동형과 수동형 사용 비교

능동형	수동형
이 연구에서 **나는** 밴 매넌의 방식을 **사용하였다.**	이 연구에서는 밴 매넌의 방식이 **사용되었다.**
나는 논의를 세 부분을 **나누었다.**	논의는 세 부분으로 **나뉜다.**
증거를 바탕으로, **나는** 다음과 같이 **결론내렸다.**	증거는 다음과 같이 **결론 내려진다.**

또 다른 이슈는 문헌고찰에 개인적 경험을 포함해도 되는가의 문제다. 체계적 고찰을 비롯해서 저자의 객관성을 강조하는 문헌고찰이라면 개인적 경험의 공유는 환영받지 못한다. 그러나 대부분 질적 연구를 포함하는 서술적 또는 해석학적 현상학적 문헌고찰에서는 연구 주제와 관련된 개인적 또는 전문적 경험을 넣는 것이 허용되며 권장되기도 한다. 경험의 공유는, 예를 들어, 연구 주제 선정의 근거가 되거나, 연구자의 주관성이나 편견을 성찰할 때의 일부분이 되거나, 논의되는 추상적 개념의 실용적 의미를 증명하는 데에 사용된다. 단, 개인적 경험의 성찰이 그 자체로 중요한 것은 아니다. 비록 성찰능력을 키우는 것이 논문작성의 목적 중 하나이지만(Douglas, 2014) 성찰은 항상 문헌의 분석과 연결되어야 하고, 독자들이 자신의 주장을 수용하도록 설득력을 높이는 목적으로 사용되어야 한다.

정리하면, 일인칭 대명사 사용과 개인적 경험의 공유는 해당 학문 분야의 전통과 독자층에 달려 있다. 문헌고찰의 서술 방식이 연구의 목적이나 독자, 그리고 개인적 글쓰기 스타일에 어떻게 영향을 미칠지를 결정하기 위해서 해당 학문 분야의 출판 전통을 살펴보고 지도교수와도 의논하는 것이 바람직하다(Elbow, 2000).

인칭대명사를 사용하지 않고 저자의 목소리 드러내기

일인칭 대명사인 나나 우리의 사용과 관계없이, 저자로서의 목소리를 내는 또 다른 방식이 있다. 리들리(Ridley, 2012)는 두드러지거나 때로 미묘하게 자신의 목소리를 드러내고 자료를 요약하는 다양한 전략을 제시하였다. 다음에서는 이 중 몇 개의 전략을 사용된 예와 함께 설명할 것이다.

인용을 하지 않고 주장을 한 뒤 참고자료로 지지하기

연구자는 아무런 인용 없이 의견을 제시함으로써 그 내용이 자신의 것임을 주장할 수 있다. 그런 다음 자료에서 한 개 혹은 그 이상의 내용을 발췌해서 자신의 주장을 지지하고, 보완하며, 설명한다. 그럼으로써 연구자가 문헌의 저자들과 협력해서 요지를 전달하고 있지만, 글을 전개하는 저자로서 적극적인 역할을 하고 있음을 강조할 수 있다. 상자 10.1의 예는 난민과 전쟁 트라우마를 겪은 청소년을 위한 개입을 다룬 아티클의 일부다(Sullivan & Simonson, 2016). 첫 문장에서 저자의 주장을 언급하고, 그다음 문장들은 어린 난민들이 경험하는 트라우마의 종류를 보충 설명한다.

🌙 상자 10.1. 인용 없이 문장을 시작하고 이를 자료로 뒷받침하는 예

많은 요인에 의해 자신의 나라를 떠나지만, 대부분의 난민은 탈출 전에 일정 수준의 트라우마를 경험한다. 난민들은 직간접적 트라우마뿐만 아니라 가족 구성원 사이에서 전달되는 세대 간 트라우마에 노출된 탓에 종종 심각한 심리적 어려움을 경험한다(Baker & Shalhoub-Kevorkian, 1999).

출처: Sullivan and Simonson(2016).

인용된 자료들을 연결하기

인용하는 문헌들을 논리적으로 연결하는 방식으로 연구자 자신의 목소리를 은근하게 드러낼 수 있다. 연구자는 저자들의 생각이 어떻게 연결되었는지 밝히지 않으면서 단지 연구를 하나씩 소개만 해서는 안 된다(예를 들어, X는 이렇게 말했다.... Y는 이렇게 제시했다.... Z는 이렇게 주장했다...). 그럴 경우, 인용된 저자들이 글을 주도하도록 허락한 채 자신은 그 뒤에 수동적으로 숨어 있는 것이 된다. 그 대신 인용된 연구들이 서로 어떻게 연결됐는지에 대한 자신의 해석과 주장에 따라 글을 전개하면서 저자로서의 목소리를 드러낸다. 그러기 위해서 연구들이 서로 비슷하거나 다른지 또는 서로 연결되거나 반대되는지 등을 나타내는 단어나 문구를 사용한다. 예를 들어, "반면에", "~와 일치해서", "비슷하게", "더 나아가", "~와 상관없이", "게다가", "~는 이렇게 제안하는데…", "~의 입장에 더해서…" 등과 같이 연결어를 사용할 수 있다. 상자 10.2는 연결어와 전환문구을 사용해서 교육연구에 대한 생각들을 논리적으로 연결한 예다.

상자 10.2. 인용 자료들 사이의 연결을 보여주는 예

겔빈(Gelven, 1973)은 탐구란 사실적, 과학적, 명제적 지식을 추구하며, 주도하던 문제나 질문이 "해결되거나" 또는 "설명되면" 그 연구는 끝난다고 하였다…. **겔빈의 언어를 사용하면**, 교육현상에 대한 탐색적 접근은 현대 교육연구의 특징을 보여준다. 이러한 탐색적 접근은 기술로서의, 과학으로서의, 그리고 궁극적으로 "숫자" 게임으로서의 교육개념을 드러낸다(Greene, 1987; Grundy, 1987; Pinar, 1995; Taubman, 2009; Magrini, 2014). **그러나** 그루멧(Grumet, 1992)은 "우리가 너무나 자주" 교육학 연구자로서 "불확실성으로부터 교육과정에 대한 기계적, 분석적 기술로 도망가고"(p. 31) 있음을 일깨워준다…. **게다가**, 교육이 단지 숫자와 범주로 축소되면, 그 존재론적 의미를 잃게 된다(Aoki, 2004; Taubman, 2009; Magrini, 2014). [강조를 위해 굵은체를 추가함]

출처: Dewar(2015).

평가적인 동사, 부사, 형용사 그리고 구절을 사용하기

저자로서의 목소리를 드러내는 유용한 방법은 글 속에 동사, 부사, 형용사 그리고 구절을 잘 연결해 넣는 것이다. 이러한 연결 단어들은 리뷰하는 문헌 속 저자들의 주장이나 연구 결과에 대한 연구자 자신의 관점을 미묘하게 또는 두드러지게 전달한다. 저자들의 생각에 대한 자신의 태도가 지지적인지 또는 그들의 입장을 일부만 수용하거나 여기에 비판적인지를 나타낸다. 표 10.2는 이러한 단어, 부사, 형용사 그리고 구절의 예다.

섹션이나 챕터의 마지막에 전반적인 내용을 요약하기

연구자로서의 존재감을 드러내는 또 다른 방법은 섹션이나 챕터의 마지막에 앞서 논의된 핵심 내용을 요약하는 것이다. 요약은 보통 문헌에 담긴 요점이나 입장 또는 주장을 강조할 때 사용된다. 이때 내용을 단순히 나열하는 것이 아니라, 독자에게 요점을 상기시킨 뒤 이를 자신의 핵심 주장과 연결시킨다

표 10.2. 평가적인 동사, 부사, 형용사 그리고 구절의 예

동사	부사	형용사	구절
·동의하다/동의하지 않다 ·인식하다/인식하지 않다 ·깊은 인상을 받다 ·의심하다 ·회의하다 ·간과하다 ·반대하다	·설득력 있게 ·강력하게 ·진심으로 ·지속적으로 ·몹시 ·반대로 ·비현실적으로	·두드러진 ·적절한 ·중요한 ·상당한 ·어려운 ·의심스러운	·의심할 여지가 없다. ·제시된 가정은 재검토가 필요하다. ·최근 결과는 주장에 힘을 더하는데… ·이 사상가는 핵심적인 면을 밝히고 있는데… ·이 과정을 잘 설명해 주는 알려진 모델은… ·현재의 이론은 그 문제를 다루기에 부적합한데… ·이 연구 결과는 조심해서 다뤄져야 하는데 왜냐하면…

(Graff & Birkenstein, 2014). 보통 "요약하면", "요컨대", "짧게 정리하면" 또는 "결론적으로" 같은 단어로 시작한다. 상자 10.3은 논문에 실린 요약의 예다.

상자 10.3. 섹션이나 챕터 마지막에 들어가는 전반적 요약

요약하면, **교육과 웰빙**은 이를 통해 우리의 존재 가능성이 보다 의미 있는 방향으로 드러나고, 육성되며, 표현되는 과정을 설명해 준다. 또는 보다 시적인 의미에서, **교육은 근원(the well)으로부터 존재(being)를 드러내는 과정, 보다 의미 있는 존재 방식으로의 인간으로 발견하고 육성해 가는 과정**이다. 그러므로 "인간"이란 무엇을 의미하는지에 대한 간략한 어원적 탐색은 교육과 웰빙의 의미를 더 잘 이해하도록 도와준다. [원문에 강조되어 있음]

출처: Dewar(2015).

섹션이나 챕터의 마지막에 평가적 요약을 추가하기

연구자는 문헌을 주도적으로 다루고 있음을 보여주기 위해서 요약 부분에 논평을 추가할 수도 있다. 문헌고찰에서 자신이 내세우는 주장의 관점에서 앞선 내용들을 평가하고, 동의하거나 동의하지 않는가를 밝히고, 칭찬하거나 비판한다. 평가적 요약의 예(상자 10.4)는 레전더와 헴슨(Lazonder and Harmsen, 2012, p. 685)의 메타연구의 일부로, 여러 종류의 탐구기반 학습의 효과를 비교하기 위해서 72개 연구의 결과를 통합한 것이다. 이 둘은 문헌을 요약하면서 이러한 지도 방법의 장점을 강조하고, 추가적으로 탐구될 필요가 있는 부분을 주장한다.

결론적으로, 이 섹션에서 제시한 연구의 통합은 탐구기반 방법이 다른 설명적 지도 방법보다 더 효과적일 수 있음을 설득력 있게 전달한다. 그 효과성은 주로 영역 지식에 대한 사후 테스트로 살펴본 학습 결과 평가, 학습자들이 탐구 과정 동안 수행한 행동평가... 등으로 증명되었다. 두 번째로 유추해 볼 수 있는 결론은 탐구기반 학습의 효과는 거의 전적으로 적절한 지도 능력에 달려 있다는 것이다.... 마지막으로, 선행 메타분석들이 학습자의 나이에 따른 가능한 중재효과를 고려하였지만, 다양한 나이대의 집단을 대상으로 한 다른 종류의 지도 방식에 대한 상대적 효과는 아직까지 검토되지 않았다.

출처: Lazonder and Harmsen(2016).

인용 방식을 선택하기

마지막으로, 인용 방식을 선택함으로써 저자로서의 역할을 드러낼 수 있다. 리들리(Ridley, 2012)는 기본적인 인용 방식을 **비통합형**과 **통합형** 두 가지로 구분하였다. 비통합형은 인용문의 저자보다는 그 내용을 강조하는 방식이다. 반면, 통합형 인용은 특정 저자와 그 이론이나 생각 또는 연구들을 강조한다.

비통합형 인용

예를 들어, "상담자들은 청년들을 돕기 위해서 사회적 그리고 감정적 필요와 관련된 여러 종류의 서비스를 제공한다"(Klokovska, 2014)에서와 같이 논의하는 연구의 저자 이름을 괄호에 넣어서 문장 밖에 둔다. 이러한 인용 방식은 독자들이 인용문의 저자보다는 제공되는 정보에 더 관심의 초점을 두는 장점이 있다. 이러한 이유로, 정보중심 또는 연구중심 인용으로 알려져 있기도 하다(Lynch, 2014).

통합형 인용

반대로, 통합형 인용의 경우, 저자의 이름이 문장 속에 포함된다 (Onwuegbuzie & Frels, 2016; Ridley, 2012). 주로 인용되는 저자의 목소리로 그들의 연구나, 생각, 이론, 개념 등을 전달할 때 사용된다. 저자 중심 인용(Lynch, 2014)이라고도 할 수 있는 이 방법은 해당 학계의 유명한 저자나 학자를 참고할 때 사용될 수 있다.

통합형 인용은 여러 형식으로 표현할 수 있다. 주로 사용되는 예는 다음과 같다.

1️⃣ 인용되는 저자의 이름이 문장에서 문법적으로 주어역할을 한다. 예를 들면:

> Jackson과 Meyer(2018)는 멘티의 다양한 사회적, 문화적, 언어적 배경에 민감하게 반응하며 지지해 주는 것이 좋은 멘토링이라고 개념화하였다.

2️⃣ 인용되는 저자의 이름이 문장의 부속성분에 속한다. 예를 들어:

> Jackson과 Meyer(2018)에 의하면, 좋은 멘토링은 멘티의 다양한 사회적, 문화적, 언어적 배경에 대한 민감한 반응과 지지로 구성된다.

3️⃣ 인용되는 저자의 이름이 수동태 문장의 행위자가 된다. 예를 들어:

> 좋은 멘토링에 대한 개념화는 Jackson과 Meyer(2018)에 의해 제안된 멘티의 다양한 배경에 대한 민감한 반응과 지지적 태도로 만들어졌다.

4️⃣ 인용되는 저자의 이름이 소유대명사 형태로 포함된다. 예를 들어:

> 좋은 멘토링에 대한 Jackson과 Meyer(2018)의 개념화는 멘티의 다양한 사회적, 문화적, 언어적 배경에 대한 민감한 반응과 지지를 중심으로 한다.

위에서 논의된 전략들은 문헌고찰에 포함된 저자들의 문헌을 분석하고 통합하는 과정에서 연구자 자신의 역할과 목소리를 드러내는 여러 방식에 대한 것이었다. 연구자 자신의 목소리와 인용하는 저자들의 목소리를 구별하고 "독자들이 누구의 이야기인지 혼동하지 않도록 **그들의 말과 연구자의 말을**"(Graff & Birkenstein, 2014, p. 68) 확실하게 구별하는 것은 매우 중요하다. 다음 부분에서 이러한 구별을 더 살펴보고자 한다.

자신의 생각과 저자들의 생각을 구별하기

많은 면에서, 문헌고찰은 연구자와 리뷰하는 문헌의 저자들 사이의 대화다. 서로 간의 소리를 주의해서 구별하지 않는다면 독자들은 연구자의 말이 본인의 생각인지 또는 다른 누군가의 생각을 전달하는 것인지 혼동하게 된다(Dawidowicz, 2010). 심지어 다비도비츠의 경고처럼 자신의 목적을 위해 의도적으로 본인 생각의 출처를 잘못 전달하는 건 아닌지 의심받을 수 있다. 다른 이의 연구를 자신이 한 것처럼 보이게 만들 경우 표절문제에 휘말려 연구자로서의 신뢰에 흠이 갈 수도 있다(11장 참고). 혼동을 피하려면 자신의 생각과 타인의 생각을 명확히 구분한다.

가장 명확한 구분은 일인칭 대명사 "나" 또는 "우리"를 사용해서 특정 문장이 자신에게서 기인한다는 것을 독자에게 알리는 방법이다. 상자 10.5의 예는 이러한 구분을 보여준다.

🌓 상자 10.5. 연구자의 생각과 인용하는 저자의 생각을 구분한 예

Charles Taylor(1989)와 Maxine Greene(1995)은 모두 내러티브를 삶에 대한 이해를 추구하는 것으로 보았다. 나아가 Greene은 이러한 추구를 "우리가 가르치는 사람들, 그리고 함께 세상을 공유하는 이들의 삶을 향상시키는 것"(p. 1)이라고 제안하였다. **나의 관점에서**, 이것은 사회적 행동 그리고 모두를 위해 세상을 향상시키려는 교육자의 목표와 직결된다.

출처: Jordan(2015).

일인칭 대명사 사용을 줄이거나 피하고 싶은 경우에도 독자에게 타인의 생각을 전달하는 것인지, 아니면 자신의 생각을 펼치는 것인지를 알릴 수 있다. 그럴 경우에는 인용을 통해 누구에게서 그 말이 나왔는지를 확실하게 보여준다.

상자 10.6은 안 좋은 사례로써, 이 글에서는 하버마스의 이론에 대한 셔닐로(Chernilo)의 해석이 어디에서 끝나는지, 플레밍(Fleming)의 비판이 어디서 시작되는지 불분명하다. 또한 연구자가 하버마스의 이론에 대한 자신의 평가를 추가했는지 또는 단지 다른 저자들의 관점을 요약했는지도 명확하지 않다. 상자 10.7에서는 동일한 부분을 약간 수정해서 누가 무엇을 말하는지를 명확하게 하였다.

🌓 상자 10.6. 누구의 생각인지 불분명한 예

하버마스(Habermas, 1990, 1993)의 보편주의 이론은 윤리와 법적 담론의 공평함을 강조한다. 이 이론은 모든 규범이란 이에 의해 영향을 받을 수 있는 대상으로부터 인정받아야 함을 의미한다(Chernilo, 2013). 보편주의 성향은 하버마스의 업적을 동시대의 사회이론들 사이에서 두드러지게 만든다. 그러나 페미니스트 관점에서(예. Fleming, 1997) 보편주의 이론은 충분히 보편적이지 않다. 왜냐하면 젠더 평등에 대한 명확한 전망을 포함하지 않기 때문이다.

상자 10.7. 불분명한 부분(상자 10.6)을 수정해서 누구의 생각인지 명확해진 예

하버마스(Habermas, 1990, 1993)의 보편주의 이론은 공평함에 대한 생각을 보여준다. 윤리와 법적 담론의 원칙은 모든 규범이 이에 의해 영향을 받을 수 있는 대상으로부터 인정받아야 함을 의미한다(Chernilo, 2013). 이러한 보편적 경향은 하버마스의 업적을 동시대의 사회이론들 사이에서 두드러지게 만든다. 그러나 플레밍(Fleming, 1997)이 주장하듯, 페미니스트 관점에서 보편주의 이론은 충분히 보편적이지 않다. 왜냐하면 젠더 평등에 대한 명확한 전망을 포함하지 않기 때문이다.

저자의 목소리와 글쓰기 과정을 발전시키기

자신의 목소리가 담긴 글을 쓰는 것은 단순히 전략이나 기술의 문제가 아니다. 전략과 기술이 물론 중요하지만, 여기에만 초점을 기울일 경우 저자로서의 권위적 역할의 중요성을 축소시킬 위험이 있다. 자신감 부족은 종종 자신의 글 속에 반영된다.

초보 연구자는 문헌고찰의 저자 역할을 통해 학생 그리고 지식의 소비자로부터 지식의 생산자로 이동해야 하는 도전과제를 마주한다(Mays & Smith 2009; Nolte, Bruce, & Becker, 2015). 실상 스스로의 권위를 느끼지 못하는 상태에서의 이러한 이동은 종종 권위자로서 글을 쓰는 자신의 능력에 대한 회의와 불확실성을 동반한다(Kalmer & Thomson, 2008; Wisker, 2012). 결과적으로, 학계의 리더들이 제시한 의견을 논의할 때 종종 소심해지고 걱정이 되서 자신의 목소리를 포기해 버린다.

바흐친(Bakhtin, 1981)은 해당 분야의 권위자들 사이에서 초보 저자들이 자신의 목소리를 찾으려 할 때 마주치는 어려움에 대해 설명한다. 바흐친에게 있어 목소리란 다른 사람들의 말과 생각을 언급하고 이에 반응하면서도 자신의 발언과 생각에 소유권을 갖는 걸 의미한다(Cazden, 1993). 이를 위해서 초보 저자들은 다른 작가들에게 지배당하지 않으면서 대화 나누는 법을 배워야 한다. 다른 사람의 말을 완전히 이해하고 자신의 목적에 맞게 재구성해서 스스로의 주장을 강조하고 논지를 전개해야 한다. 그렇지 못할 경우, 다른 사람들의 생각이 "그들의 입과, 그들의 맥락에 존재하면서, 그들의 의도를 충족시킨다"(pp. 293–294)고 바흐친(Bakhtin, 1981)은 경고한다.

읽고, 생각하고, 해석하고, 글을 쓰고, 고쳐 쓰는 과정 속에서 초보 연구자들은 스스로의 지식과 독립성 그리고 동등하게 학술적 담론에 참여하는 능력을 서서히 키워나간다. 이러한 성장은 권위적이고 대화적인 저자의 목소리로의 점진적 발전으로 표현된다.

이장의 나머지 부분에서는 글을 통해 권위와 진정성을 갖춘 대화적 목소리를 개발하는 과정에 대해 다룬다. 문헌고찰 초안을 준비하는 준비 단계 글쓰기, 글을 방해하는 요소들 그리고 글쓰기 불안을 극복하는 전략을 살펴볼 것이다.

준비 단계 글쓰기

문헌고찰 초기 단계의 연구자는 아마도 글쓰기에 필요한 이해와 지식이 부족하다고 느낄 수 있다. 학위논문을 작성 중인 일부 연구자는 탐구 주제와 관련된 전반적인 이론과 연구들을 충분히 알아보기도 전에 글쓰기를 시작하는 건 맞지 않는다고 생각한다. 이들은 글쓰기에 대해 계획을 세우고, 실제로 앉아 글을 쓰는 것보다 생각하는 것을 더 선호한다.

윌코트(Wilcott, 2009)는 "아무리 일찍 시작해도 부족하다"(p. 18)라고 말하며 이러한 생각을 부인한다. 작가인 로마스크(Lomask, 1987) 역시 "연구의 진행 단계와 관계없이, 일부 자료가 머릿속에 모이는 순간 쓰기 시작하라.... 단어들을 적어라. 수정은 언제나 가능하다"(pp. 26-27)라고 말한다.

대부분의 글쓰기 교사 역시 동일한 조언을 하며 글에 대해서 생각만 하지 말고 글을 쓰라고 제안한다. 이들은 "쓰기가 바로 생각하기"라고 말한다(Wilcott, 2009, p. 18; Richardson & St. Pierre, 2005, p. 967). 더글라스(Douglas, 2014)가 강조하듯, "쓰기와 생각하기는 서로가 확장된 것이다"(p. 142). 밴 매넌(van Manen, 1990)의 제안처럼, 생각을 글로 적으면 내면의 것을 포착해 밖으로 드러나게 하고, 잡힐 듯 안 잡히는 생각들이 말로 표현되며, "자신이 무엇을 아는지를 알게 된다"(p. 127). 때로 글을 쓰는 과정에서 예상치 못한 생각을 발견해 놀랄 수도 있다. 리차드슨과 생피에르(Richardson and St. Pierre, 2005, p. 967)의 표현대로 "글쓰기는 실로 유혹적이고 복잡하게 뒤얽힌 발견의 방법이다."

초기 단계의 글쓰기는 우리가 암묵적 혹은 명시적으로 이미 아는 것은 무엇인지를 발견하는 방법일 뿐만 아니라, **여전히 더 알아야만 하는** 부분과 어떻게 하면 이 차이를 채울지를 인식하게 해 준다. 그럼에도 이제 겨우 주제에 대해 생각을 시작하는 단계에서 무엇을 써야 하는지 감이 잡히지 않을 수 있다. 아래의 내용은 이때 고려해 볼 수 있는 내용들이다(3장을 다시 살펴보는 것도 도움이 된다).

- 주제와 관련된 개인적 그리고 전문적 이야기나 자신의 경험, 처한 위치 등을 깊이 파헤쳐본다.
- 자신의 주제를 탐색하는 것이 왜 적절한지를 드러내는 사회적, 문화적 그리고 정치적 배경과 환경을 강조한다.
- 제시하고 싶은 논지 그리고 이에 대한 자신의 관점과 주관적 입장을 서술한다.
- 주제와 관련해 어떤 문제가 있는지를 보여주는 중요한(실제 혹은 가상의) 일화를 서술한다.
- 집중해서 다루고자 하는 상황의 미묘함을 잘 포착하는 시를 적는다.
- 문학이나 학문적 글 등에서 자신이 강조하고 싶은 요점과 관련해 독자의 관심을 강하게 끌 만한 내용을 찾아 인용한다.
- 자신이 탐구하는 문제를 언급한 신문 기사 내용을 적는다.
- 문제의 긴박함을 강조하는 통계 자료를 제시한다.

많이들 그렇듯, 자신이 쓴 초안에 불만족할 수 있다. 문체는 딱딱하고 말은 주저주저하며 생각은 충분히 구체화되지 않아 보인다. 하지만 염려하지 않아도 된다. 이 초안을 발판삼아 추가 자료가 풍부해질수록 보다 명확하고 다듬어진 글을 쓰게 될 것이다.

문헌고찰은 초보 연구자의 지적 여정을 반영하는 순환적 과정이다(Douglas, 2015; Wisker, 2015). 바로 전 단계의 글에 새로운 통찰과 늘어난 지식을 추가시키며 발전해 간다. 읽고, 생각하고, 분석하고, 해석하다 보면 점점 보다 높은 개념 단계로 이어지게 되는데, 이것을 위스커(Wisker, 2015)는 "개념적 문턱 넘어서기"(p. 64)라고 부른다. 이에 더해서 자신의 목소리는 점차 대담해지고 권위를 갖게 된다. 한마디로, 초안의 지속적 수정은 학자로서의 성장과 연구자로서의 자신감 향상을 보여준다.

만일 지금까지의 이야기를 통해, 일단 자신의 생각을 말로 할 수 있다면 글도 술술 써질 거란 생각이 든다면, 우리의 의도가 잘못 전달된 것이다. 절대로 그렇지 않다! 초보 연구자가 문헌고찰을 쓰는 과정은 결코 쉽거나 꾸준하게 진행되지 않는다. 좋고 나쁨을 반복하면서 상당한 노력이 들어간다. 어떤 날은 수문이 열리듯 생각이 흘러넘치고 창의성이 발휘되면서 글이 절로 써진다. 또 어떤 날은 좌절감만 느껴진다. 장애물에 가로막혀 글이 극도로 느리게 써지거나, 아예 아무것도 쓰지 못한다. 빈 페이지를 바라보지만 머릿속에선 단어들이 따로 놀고 생각은 뒤죽박죽 정리가 안 된다.

이 장애물을 넘어서 글을 계속 써야 한다. 아래에서는 글쓰기 과정을 방해하는 여러 요인과 글쓰기를 촉진하는 전략에 대해 알아볼 것이다.

글쓰기 과정의 방해요인들

쓰기 불안은 "태도와 감정, 행동이 서로 영향을 미치며 상호작용하는 주관적인 복합체"(Daly & Miller, 1975)로 정의된다. 이것은 글을 쓰다가 막힐 때와 관련해서 느끼는 불안감을 말한다. 굳선(Goodson, 2013, p. 19)은 보이스(Boice)가 1997년에 진행한 연구를 바탕으로 연구자들이 글쓰기 과정에서 막히게 되는 일곱 개의 일반적 원인을 다음과 같이 제시하였다:

1 글쓰기가 너무 힘들고 즐겁지 않다.
2 글쓰기를 미루거나 유보해도 된다.
3 글을 쓸 기분이 아니다.
4 지금 당장 처리할 다른 일이 있다.
5 최근 게재된 글들이 마음에 들지 않는다.
6 비판받거나 망신당할까 봐 걱정된다.
7 한 번에 다 끝낼 수 있다.

더글라스(Douglas, 2015)는 존슨(Johnson, 1992)의 말을 인용해서 글을 못 쓰는 네 가지 유형의 사람들을 설명한다: (1) **내적 비판자**: 자신의 글이 엉망이며 아직 남에게 보여줄 수 없다고 걱정하는 유형; (2) **망치는 방해꾼**: 생각이 완벽하게 정리되어야만 글을 쓸 수 있다고 생각하는 유형; (3) **미루기 전문가**: 아직은 준비가 안됐지만 며칠이나 몇 주 또는 몇 달만 시간을 가지면 쉽게 쓸 수 있다고 생각하는 유형; 마지막으로 (4) **완벽주의자**: 자신의 글에 결코 만족하지 못하는 유형의 사람들이다.

글쓰기 촉진 전략들

부정적인 태도나 불안, 자꾸 미루는 습관이나 완벽주의 성향 그리고 글이 갑자기 막히는 문제 등이 단독으로 혹은 동시에 글의 진행 과정을 방해할 수 있다(Douglas, 2015). 글쓰기 전문가들은 이를 극복하는 몇 가지 전략을 제시한다. 효과적인 글쓰기 환경을 조성하는 것, 프리라이팅(freewriting), 다시 쓰기(수정과 편집) 그리고 집단으로부터 피드백 받기가 여기에 포함된다.

효과적인 글쓰기 환경 조성하기

글을 잘 쓰려면 글에만 집중할 수 있는 일정한 시간이 요구된다. 안 그래도 바쁜데 글까지 쓰려면 어렵겠지만, 일주일에 몇 번 글에만 집중하는 시간을 정해 두는 것이 매우 중요하다. 이 시간에는 오로지 글만 쓴다. 전화도 끄고, 이메일과 SNS도 피하고, 집중에 방해가 되는 건 모두 제거한다. 작업할 수 있는 자신만의 시간이 필요하다고 가족과 친구들에게 미리 부탁해 둔다.

글을 쓰기에 적당한 자신만의 장소를 마련하는 것도 필요하다. 자신의 방이나 집에서 조용한 장소, 다들 퇴근한 뒤의 사무실 안 또는 도서관의 조용한 자리 등이 될 수 있다. 중요한 것은 편안하게 정신적 작업을 할 수 있고 능률이 오르는 환경을 갖추는 일이다.

프리라이팅

프리라이팅(freewriting) 개념을 처음 제시한 엘보우(Elbow)는 이를 "단순히 사적인, 쉼 없는 글쓰기"(2000, p. 85)로 정의한다. 그의 제안대로, 이 전략은 특히 초보 연구자들이 머뭇대지 않고 글을 쓰는 습관을 키우고 자신만의 목소리를 발견하는 데 도움이 된다(Romano, 2004).

프리라이팅을 할 때는 일정 시간(예를 들어, 10~15분) 멈추지 않고 글을 쓴다. 머릿속에 들어 있는 문헌고찰의 특정 부분에 대해 써나간다. 고치지도 말고 문법이나 맞춤법도 신경 쓰지 않는다. 글의 수준을 걱정하지 말고 그냥 자연스럽게 흐르도록 두는 것이 목적이다.

정해 둔 프리라이팅 시간이 지나면 멈추고 쓴 것을 읽어본다. 아마 글이 거칠고 앞뒤가 맞지 않을 수도 있다. 그렇지만 때로 놀라운 통찰이나 멋진 문장, 심지어 완성된 문단에 놀랄지도 모른다. 다음 15분 동안에는, 무엇을 남기고 무엇을 지울지 살펴본다. 추가하거나 지울 것은 지우고, 글을 재구성하면서 다시 쓴다. 반복되는 말을 삭제하고, 적절한 인용문을 추가하고, 빠진 단어나 잊어버린 정보를 추가하고, 맞춤법과 문법을 살펴본다.

프리라이팅 기술의 숨은 법칙은 글의 생성과 편집을 분리하는 것이다 (Goodson, 2013). 이 둘은 서로 다른 활동이다. 글의 생성은 창의력과 직관력을 바탕으로 하는데, 편집은 세부에 초점을 둔 분석적 작업이다. 굿선 (Goodson)은 우리의 뇌가 이 두 작업을 동시에 효과적으로 처리할 수 없다고 말한다. 따로따로 행해졌을 때 더 효과적인 결과가 나올 수 있다.

프리라이팅은 특히 글쓰기와 관련해서 초보 연구자들이 갖는 내적 긴장과 압박을 줄여주는 효과가 있다(Elbow, 2000). 자신의 글을 검토하는 내면의 "편집장"을 조용히 잠재울 수 있다(Coffin et al., 2003). 그 결과, 자신감을 갖고 떠오르는 생각들을 더 편하게 표현하게 된다.

프리라이팅의 또 다른 장점은 저자의 목소리를 개발하는 데 도움이 된다는 점이다. "내면의 편집장"의 휘둘림을 피함으로써 연구자의 내적 목소리를 반영하는 직관적인 통찰이나 느낌, 내부의 생각들이 겉으로 드러난다. 이 내면의 목소리는 학계의 기준에 맞게 형태를 갖추고 정돈될 필요가 있다(Shaw, 2010). 그럼에도 자신의 목소리를 발견하는 경험은 연구자의 수정된 문장 속에 반영되며 학술적 글에 에너지와 존재감을 더한다. 또한 진정성 있는 목소리의 "발견"은 초보 연구자가 "[자신을] 작가로서 전환된 방식으로 **경험하도록**"(Elbow, 2000, p. 88) 돕는다.

자연스럽게 쉬지 않고 글을 쓰는 프리라이팅과는 대조적으로 꼼꼼하고 신중하게 글을 쓰는 방식이 있다. 월코트(Wolcott, 2009)는 이러한 방식을 따르는 작가들을 "피를 짜내는 사람들(bleeders)"이라고 말한다. 이들은 천천히 작업하며, 한 글자 한 글자 고뇌하고, 모든 구절과 문장을 신중하게 작성한다. 보통 자신들이 하루의 목표로 정한 일정량의 단어 수나 페이지 수를 채울 때까지 쉬지 않고 글을 쓴다. 이렇게 나온 초안은 일반적으로 잘 구성된 좋은 글인 경우가 많다.

월코트(Wolcott, 2009)는 보통 대부분의 사람들이 프리라이팅과 신중한 글쓰기 사이를 오가면서 자신의 기분이나 성향에 따라 글을 쓴다고 말한다. 글이 잘 써지고 지속되기만 한다면, 자신에게 가장 잘 맞는 접근을 찾아 탄력을 잃지 말고 작업을 지속하도록 한다. 머레이(Murray)가 말했듯, "글이 글을 만들어낸다"(Douglas, 2015, p. 143에 인용된 부분).

갑자기 "막히는 부분"(Wisker & Savin-Baden, 2009, p. 1)이 생기면서 단어가 떠오르지 않고 글이 딱 멈춰지면 어떻게 해야 할까? 심지어 이렇게 생산성이 안 나고 상상력이 말라버린 것 같은 날에도 계속 글을 써라! 창의적 생각이 요구되는 작업은 잠시 제쳐두고 이전에 써두었던 글을 수정하거나 편집한다든지, 참고문헌 목록을 새로 추가하고 페이지 서식을 설정하는 것 같은 단순작업에 집중한다.

다시 쓰기: 수정과 편집

수정과 편집은 글 쓰는 과정의 핵심이다. 엘보우(Elbow, 1998)가 강하게 언급했듯이, "한 번에 잘 쓰려는 것"은 "위험한 방법"이다(p. 39). 문헌고찰은 앉아서 한 번에 다 쓸 수 있는 것이 아니라, 최종본에 도달할 때까지 끊임없이 다시 쓰고 수정하면서 만들어진다. 이러한 순환적 노력을 통해 결과물의 질이 향상되고, 논지가 분명해지며, 글이 더 명확하고 세련되어진다.

자신이 쓴 초안을 바로 수정하기보다는 하루나 이틀 정도 옆에 놓아두어서 자신의 글로부터 거리를 유지하는 것이 좋다. 잠시 휴식을 가지면 글을 새로운 눈으로 읽게 되며 전에 보이지 않던 것들이 눈에 들어오게 된다. 문장의 흐름이 어색하거나, 어울리지 않는 단어나 있거나, 글의 구성이 잘못되었거나, 부주의한 실수처럼 글을 불분명하게 만드는 부분들을 감지할 수 있다.

다시 쓰는 과정은 수정에서 편집으로 이어진다. 그러면서 "큰 그림"에서부터 세부적인 문장의 검토로 초점이 옮겨진다.

- **수정(revision)**: 글을 전체적으로 읽으면서 문제점이나 전반적인 오류를 검토하는 것을 수정이라고 말한다. 수정 과정에서는 글이 문헌고찰의

연구 질문을 잘 반영하고 있는지, 주장이 실질적이며 논지를 설득력 있게 뒷받침하는지, 전체적인 구조가 논리적으로 잘 연결되는지 등을 살펴본다. 만약 전달하고 싶은 생각이 충분히 전개되지 않았다면 이 부분을 글로 채워 넣는다. 추가적으로, 느슨한 글을 명료하게 만들기 위해서 중복되는 표현이나 필요 없는 단어, 문장, 심지어 문단 전제까지도 제거한다.

- **편집(editing)**: 일단 큰 그림을 정리했다면, 편집에 초점을 맞춘다. 편집 과정에서는 속도를 낮추고 세부적인 부분을 신중하게 검토한다. 한 줄씩 살펴보면서 모호한 표현이나 문법적 오류, 맞지 않는 형식, 잘못된 참고문헌, 틀린 맞춤법 등을 걸러낸다.

  이때 글을 조용히 눈으로만 보는 것보다 큰 소리로 읽는 것이 도움이 된다는 연구자들이 많다. 소리 내서 읽다 보면 이상한 표현이나 실수가 눈에 잘 들어오기 때문이다.

집단 피드백

자신의 글을 수정하고 편집하는 것은 글쓰기 과정에서 빠질 수 없는 부분이다. 그렇지만 집단 피드백 또한 중요하다. 외부의 독자들은 연구자가 못 보고 지나친 부분을 알아채며(Douglas, 2014), 연구자 스스로 풀지 못하는 문제의 해결을 도울 수 있다(Elbow & Belanoff, 1995).

일단 현재 문헌고찰을 쓰고 있는 동료들이 가장 좋은 독자가 되어준다. 서로가 자문 역할을 해 주다 보면 "개별 노력의 합보다 더 큰 효과를 만들어 낸다"(Goodson, 2013, p. 91). 정기적으로 소집단이 만나 서로의 글을 읽고 피드백을 주면 그 안에서 소속감, 협동심 그리고 신뢰가 형성된다(Nolte et al., 2014). 동료들이 도와주고 지지해 주리란 믿음이 생겨서 위험을 감수하고 새로운 아이디어를 시도하게 된다. 굿슨(Goodson, 2013)은 집단이 서로의 글을 읽는 과정에서 시너지 효과가 생긴다고 말한다. 의견과 아이디어, 제안들을 주고받다 보면 모두에게 도움이 된다. 그 결과 자신의 글을 새로운 관점으로 보게 되고 막혔던 문제들에 대한 답을 얻게 된다.

집단 피드백의 두 가지 추가적 장점은 자기평가 그리고 책임감의 강화다. 동료들의 글을 평가하다 보면 본인 글의 문제점도 눈에 잘 들어온다. 동료들이 글을 수정하도록 돕다 보면 자신의 글에서 수정이 필요한 부분이 더 잘 보인다. 그리고 모임을 가지게 되면 각자 써온 글을 공유해야 하기 때문에 글을 쓰는 데 동기부여가 되고 책임감도 향상된다.

단, 주고받는 피드백의 질과 영향력은 서로 간의 관계가 신뢰와 지지를 바탕으로 하는지 그리고 미팅의 분위기가 어떠한지에 달려 있다. 특히 초보 연구자의 경우, 피드백을 부정적 평가로 느끼기 때문에 자신의 글을 공유하길 두려워한다. 스트레스와 불안을 극복하려면 (1) 피드백은 판단이 아님을 믿고 (Elbow & Belanoff, 1995) (2) 동일한 사람들에게서 정기적으로 **많은** 피드백을 받는 것이 도움이 된다(Goodson, 2013, p. 90).

집단 구성원의 피드백을 판단과 모욕이 아닌 지지와 도움으로 여기면 가장 좋다. 자신을 위하는 사람이 좋은 의도로 제안을 해 준다고 믿으면 이들의 말을 듣고 배우려는 마음이 열린다. 반면, 비판과 판단으로 생각하면 방어적인 반응을 불러일으켜서 상대의 제안을 거절하게 된다. 추가적으로, 아주 많은 피드백을 받다 보면 이 과정이 점점 편안하게 느껴진다. 점점 덜 위축되면서 동료들의 제안에서 얻는 혜택에 초점을 두는 것을 배워간다. 이러한 편안함은 신뢰가 형성된 사람에게서 정기적으로 피드백을 받을 때 증가된다. 이러한 이유로 상당기간, 만일 가능하다면 문헌고찰 전 과정 동안, 소집단이 정기적인 모임을 갖길 권한다.

서로의 글에 피드백을 제공하기 위한 소집단을 진행하는 방식은 다양하다(예. Coffin et al., 2003; Elbow & Belanoff, 1995; Goodson, 2013). 표 10.3에는 피드백 집단을 진행할 때 유용한 단계를 정리해 두었다.

엘보우와 벨라노프(Elbow & Belanoff, 1995)는 피드백을 **독자에 의한 피드백**과 **척도에 의한 피드백**으로 나눈다. 독자에 의한 피드백의 경우, 집단 구성원들이 리뷰할 글을 읽으면서 느낀 그들의 경험을 표현한 것이다. 연구자가 구성원들에게 자신의 글을 읽으면서 어떤 느낌이 들었는지 공유해 달라고 요청할 수 있다. 그러면 구성원들은 글이 명확하게 이해됐는지, 수정하면 좋을 부분이 어디인지, 무슨 내용을 추가하면 좋을지에 대해 도움을 줄 수 있다. 이런 종류의 피드백은 특히 문헌고찰의 초기 단계에서 유용하다.

척도에 의한 피드백의 경우, 구성원들이 미리 정해 둔 기준을 바탕으로 피드백을 전달한다. 글의 내용과 구성뿐만 아니라 형식이나 철자, 맞춤법, 문법과 같은 세부적인 글쓰기 관련 피드백이 가능하다. 필요에 따라 특정 기준에 집중해서 피드백을 나눌 수도 있다. 글쓰기 전문가들은 척도에 의한 피드백이 주로 문헌고찰의 중반이나 후반부에 도움이 된다고 제안한다.

문헌고찰을 쓰다 보면 두 종류의 피드백이 모두 도움이 되는 걸 알 수 있다. 모임에서 어떠한 조언을 요청할지는 연구자가 느끼는 편안함의 정도, 특정 시점에서 필요한 도움, 쓰고 있는 특정 부분에 따라 결정된다.

지금까지 논의한 전략을 이용해서 글쓰기의 장애물, 불안, 자신감 저하를 극복하고 글쓰기의 즐거움과 성취감을 느껴보길 바란다.

🌙 **표 10.3. 피드백 집단의 진행 과정**

	단계	√
1	첫 모임에서는, 모든 구성원이 함께 모임의 방식과 기본 규칙을 정하는 것이 좋다. 예를 들어, 얼마나 자주 만날 것인가? 개개인의 글을 토의하는 데 얼마의 시간을 할당할까? 서로의 글을 읽는 시간과 피드백하는 시간은 각각 어느 정도가 좋을까? 누가 모임을 이끌어 갈까? 서로의 글을 모임 전에 미리 읽어와야만 하는가 아니면 선택사항인가?	
2	모임의 규칙을 정한 뒤 그 다음 모임부터는, 자신의 차례가 돌아오면 구성원들에게 자신이 어떤 것을 원하는지 먼저 이야기해 준다. 예를 들어, 문헌고찰의 특정 부분에 집중하고 싶은지, 아니면 전반적인 피드백을 원하는지, 혹은 해석에 어려움을 겪는 자료의 일부분에 대해 도움을 받고 싶은지 전달한다.	
3	구성원들이 피드백을 할 때 방어적이 되거나 논쟁하지 않는다. 그냥 편하게 앉아서 잘 듣고 메모를 한다.	
4	피드백이 끝나면 모든 제안과 조언을 완전히 이해했는지 확인한다. 서로 모순되는 제안이 있다면 집단의 도움을 받아 이를 해결하도록 한다.	
5	피드백이 끝난 후 구성원들은 리뷰한 글에 코멘트를 달아서 원 저자에게 돌려줄 수 있다.	
6	모임이 끝나면, 어떤 제안을 받아들일지 결정하고, 여기에 맞춰 자신의 글을 수정한다. 글의 주인은 저자 자신이며, 결정을 내리는 주체도, 그 결과의 책임자도 본인임을 잊지 않는다.	

1. 저자의 목소리는 문헌의 저자들 그리고 의도하는 독자들과의 관계에서 연구자가 자신을 드러내는 방식이다.

2. 예전에는, 특히 과학이나 기술 그리고 의학계열에서는 연구자가 글과 거리를 유지한 채 비인칭의 수동태를 사용하였다. 그러나 최근에는 사회과학과 인문학 그리고 교육학뿐만 아니라 자연과학에서까지도 연구자의 목소리가 보다 전면에 드러난다.

3. 인칭대명사를 사용하지 않으면서 저자로서의 권위를 드러내는 몇 개의 전략이 있다. 예를 들어 (a) 인용을 하지 않고 주장을 한 뒤 참고문헌으로 지지하기; (b) 인용들 간의 관련성을 밝히기; (c) 평가적인 동사, 부사, 형용사 그리고 문구를 사용하기; (d) 섹션의 마지막에 전반적인 요약을 넣기; (e) 마지막에 평가적인 요약을 하기; 그리고 (f) 인용 방식 선택하기다.

4. 문헌고찰은 학자들 간의 대화이며, 연구자는 이 대화에 참여해서 "그들의 말"과 "자신의 말"이 무엇인지를 전달한다.

5. 인용하는 저자의 목소리와 연구자의 목소리를 구분하려면 일인칭 대명사를 사용하거나, 인용문을 사용할 때 다른 사람의 생각인지 자신의 생각인지 명확히 구분되도록 한다.

6. 글쓰기는 최대한 빨리 시작해야 자신이 무엇을 알고 있는지뿐만 아니라 아직도 무엇을 모르고 있는지 발견할 수 있다.

7. 문헌고찰은 순환적인 과정 속에서 발전한다. 초보연구자는 초안을 계속 수정하고 보완하면서 학자로 성장해 간다.

8. 부정적인 태도나 글쓰기 불안, 미루기 습관, 완벽주의는 글쓰기 과정을 방해한다.

9. 글쓰기에 적절한 환경 조성, 프리라이팅, 수정과 편집하기 등의 전략은 글쓰기 과정을 촉진한다.

10. 집단의 피드백은 구성원이 함께 생각하고 문제를 해결해 가면서 시너지효과를 만들기 때문에 초안 작성 과정에서 매우 중요하다.

chapter 11

자료의 인용과 표절문제

11장

자료의 인용과 표절문제

이 단계까지 오는 동안 연구자는 자료를 분석하고, 해석하고, 비판하고, 통합하고, 정리하였다. 그 과정에서 문헌고찰에 사용할 참고문헌이나 인용문을 부지런히 기록해 두었을 것이다. 바로 앞 장에서는 글 속에 문헌을 인용할 때 누구의 글인지 명확히 하는 몇 가지 방식을 제시하였다. 이제 어느 정도 글쓰기 과정에 깊이 몰두하였으니 자신이 사용하는 글쓰기 양식의 구체적인 규칙에 따라 자료를 언급하고 인용하는 방법에 대해 살펴볼 것이다. 이 장에서는 세 개의 주요한 글쓰기 양식을 소개한다. 그리고 이 장에서 다루는 주제에 대한 이해를 돕기 위해서 그중 한 가지 양식에 초점을 맞춰 세부적으로 살펴볼 것이다.

자신이 언급하고 있는 정보의 출처를 표기하는 것은 매우 중요하다. 문헌고찰에 포함되는 각각의 저자를 인정해야 하며 글의 마지막 참고문헌 목록에 반드시 추가해야 한다. 참고문헌에는 본문에서 인용된 자료의 완전한 제목을 적도록 하며, 마찬가지로 참고문헌에 적힌 모든 자료는 본문에 적어도 한 번 이상 언급되거나 인용되었어야 한다. 직접인용을 한 경우 가능하면 페이지 번호(만일 페이지 번호가 없는 온라인 자료라면 단락의 번호)를 넣는다. 문헌고찰을 하는 연구자는 이 모든 것에 책임감을 가져야 하며 부주의하게 표절이 발생하지 않도록 한다. 의심스럽다면 출처를 언급해라(Pan, 2008).

문헌고찰의 연구자는 인용을 통해서 기존 연구자들 그리고 해당 학계의 사상가들과의 대화에 참여한다. 그리고 독자들에게 자신이 지지하거나 반대하는 지점, 보다 확장시켜 탐구하고자 하는 생각을 알리게 된다. 아래의 내용은 인용을 하는 이유들로써 퍼듀 대학의 온라인 글쓰기 연구소(Driscoll & Brizee, 2015) 자료를 참고해서 정리하였다.

- 자신의 지적 진실성을 보여준다.
- 자신의 주장에 신뢰도를 높여준다.
- 다른 사람의 연구에 대한 존경심을 보여준다.
- 자신의 글에 영향을 준 연구자와 사상가들을 인정한다.
- 자신의 글이 선행 연구를 바탕으로 하였음을 보여준다.
- 독자들의 독서 목록을 확장시킨다.
- 독자들이 동일한 문헌을 찾아볼 수 있게 돕는다.

이 장에서는 글쓰기 양식, 인용 그리고 표절 문제에 대해 논의한다. 마지막에는 참고문헌 목록을 만드는 기본적 규칙에 대해 간략히 다룰 것이다.

글쓰기 양식

여러 학문 분야에서 주로 세 가지 주요 글쓰기 양식을 사용한다. 각 양식별로 자료를 인용하는 구체적인 방법은 다르지만, 적절한 자료의 언급과 참고문헌 목록의 제시는 동일하게 강조되는 부분이다.

이 세 가지 양식은 (1) 미국심리학회의 논문 작성법인 APA 양식(American Psychological Association, 2010); 현대언어학회의 논문 작성법인 MLA 양식(Modern Language Association, 2016); 그리고 (3) 시카고 대학 논문 작성법인 시카고 양식(The Chicago Manual of Style, 2017)이다. APA 양식은 사회과학, 사회학, 경영학, 심리학 그리고 교육학에서 주로 사용된다. MLA 양식은 인문학 계열, 시카고 양식은 보통 역사, 사회학, 지리학 그리고 출판업계에서 사용된다.

다른 학문 분야에서 사용되는 글쓰기 양식도 있다. 예를 들어, 미국의사

협회(AMA)는 나름의 인용 양식이 있고, 블루북(The Blue: A Uniform System of Citation)은 미국 법률 관련 저서에 사용된다.

문헌고찰 글을 쓰기 전에 먼저 어떤 양식을 사용해야 하는지 확인한다. 학생이라면 지도교수나 논문 심사위원에게 문의한다. 제안서를 내거나, 학회지에 투고를 하거나, 학회에서 발표를 할 때도 적합한 양식을 미리 점검하는 것이 좋다.

이 책 안에서 세 가지 글쓰기 양식을 사용한 적절한 인용 방법을 모두 다룰 수는 없다. 필요한 인용 가이드를 선택해서 세부적인 내용을 확인하길 권한다.

본문 내 인용

APA 양식과 MLA 양식에서는, 자신이 인용하는 타인의 글을 문서의 두 곳에서 언급한다. 하나는 본문 안이고, 다른 하나는 글의 맨 뒤의 참고문헌 목록에서다(Ridley, 2012). 반면 시카고 양식에서는 본문에서는 각주나 미주로 넣은 뒤 페이지의 하단과 맨 뒤의 참고문헌 목록에 완전한 제목을 넣는다. 반복해서 나오는 참고문헌의 경우, "ibid."를 사용한다("ibid"는(바로 앞에서 언급한 것과) 같은 책[글]에서 나온 자료라는 뜻의 라틴어 ibidem이다). 퍼듀 온라인 글쓰기 연구소(https://owl.purdue.edu/)에서 APA, MLA 그리고 시카고 양식에 대한 좋은 정보를 찾아볼 수 있다.

아래의 내용은 APA, MLA 그리고 시카고 양식을 사용한 본문 내 인용에 대한 짧은 설명과 예다.

- **APA 양식**. 저자와 출판연도를 넣는다. 직접인용할 경우 페이지 번호를 추가한다(상자 11.1의 예 참고).
- **MLA 양식**. 저자와 페이지 번호를 넣는다. 페이지 번호에는 page, p., 또는 pp. 등을 붙이지 않는다. 출판연도는 적지 않지만 글 마지막의 "인용된 자료"에서 찾아볼 수 있다(상자 11.2의 예 참고).
- **시카고 양식**. 자료를 처음 인용할 때는 저자의 풀네임이나 자료의 제목, 출판 정보와 같은 관련 정보를 모두 넣는다(상자 11.3의 첫 번째 예). 같은 자료를 다시 인용할 경우에는, 저자의 성과 간략한 제목, 페이지 번

호만 넣는다(상자 11.3). 동일한 저자와 페이지 번호를 연속해서 인용할 때에는, Ibid라는 단어를 사용한다. 참고문헌은 순차적인 각주 번호를 사용해서 본문에 표기한다.

🌓 상자 11.1. APA 양식을 사용해서 본문 내 인용을 한 예

예시 1: 본문 내 인용:
Reid(2014)는 피어슨 상관계수가 상관관계에서 가장 널리 사용된다고 주장한다.

예시 2: 직접인용:
Reid(2014)는 "두 집단 사이의 차이가 존재하는지를 결정하기 위해서 통계적으로 살펴볼 때, 유의수준(α)이 .05이면, 귀무가설이 참이어도 기각할 확률이 5%이다"(p. 289)라고 언급했다.

출처: Reid(2014).

🌓 상자 11.2. MLA 양식을 사용해서 본문 내 인용을 한 예

예시 1: 본문 내 인용:
Embedded 연구는 질적 자료와 양적 자료를 모두 수집하지만 하나의 패러다임이 다른 하나보다 우세한 연구에서 사용된다(Efron and Ravid, 46).

예시 2: 직접인용:
Efron과 Ravid는 "일반적으로, 직접인용은 핵심 요지를 강조하거나 특별히 잘 표현된 문구에 한해서만 드물게 사용해야 한다"(29)라고 말한다.

출처: Efron and Ravid(2013).

🌓 상자 11.3. 시카고 양식을 사용해서 본문 내 인용을 한 예

"군대의 안정과 건강에 관련된 모든 부분"에서의 실수를 바로잡고 더 안전하며 위생적인 병원을 만들려는 노력이 있었다.[34] 위생 시스템이 실행된 뒤 병원 내 군인의 사망률은 느리지만 꾸준하게 감소하였다. 예를 들어, 치료 중인 환자의 전체 수와 그 결과로 초래된 각 달의 사망자를 고려했을 때, 1862년 10월부터 11월까지의 사망률은 전월대비 약 23% 줄었다.[35] 추가적으로, 전염성 질환이나 수축성 전염병 역시 감소했다.[36] 병원과 그 외 의료기관의 위생 기준 개발과 실행은 그렇지 않았더라면 잃게 되었을 많은 생명을 살렸다.

[34]Chas. S. Tripler, "Report of Surg. Charles S. Tripler, Medical Director of the Army of the Potomac, of the operations of the medical department of that Army from August 12, 1861, to March 17, 1862." The Ohio State University. Web. 24 Feb. 2015. Available at https://ehistory.osu.edu/exhibitions/cwsurgeon/cwsurgeon/sanitation.
[35]Ibid.
[36]Ibid.

출처: Ravid, L.(2015).

위에서 언급했듯, 이 장에서 본문 내 인용에 대한 포괄적 설명을 모두 다루기는 어렵다. 그러므로 여기서는 널리 사용되는 APA 양식을 바탕으로 인용에 대한 주요 규칙과 예시를 설명하고자 한다. 다른 양식을 사용한다면 아래 정보에서 수정이 필요하다.

APA 양식에서의 인용

어떠한 인용이든 저자의 이름과 출판연도를 넣는다. 저자나 날짜가 명시되지 않은 웹사이트의 경우 URL을 넣는다. 이렇게 하면 참고문헌 정보를 제공하면서도 글의 흐름을 방해하지 않는다.

동일한 문단에서 같은 저자를 계속 인용할 때는 참고문헌 목록에 해당 저자의 출판물이 하나 이상 있지 않는 한, 출판연도를 반복할 필요가 없다. 이어지는 문단에서도 같은 저자의 동일한 작품을 언급할 때는 저자의 이름을 다시 넣는다. 출판연도까지 다시 넣을지에 대해서는 선호하는 스타일이나 판단에 달려 있으므로, 어떻게 하는 것이 좋은지 미리 확인한다. 저자의 이름을 인용하는 방식은 몇 가지가 있으며 원하는 것을 선택해서 사용한다. 저자의 이름은 문장의 처음이나 중간, 아니면 나중에 올 수 있다(Ridley, 2012). 상자 11.4는 세 가지 인용의 예를 보여준다: (1) 저자가 주어가 되고 출판연도는 괄호에 넣는 방식, (2) 괄호를 사용하지 않고 저자와 출판연도를 문장에 통합시키는 방식, 그리고 (3) 저자와 출판연도를 문장의 마지막에 괄호를 사용해서 넣는 방식이다.

여러 개의 다양한 자료를 요약한 경우에는 글 속에 포함하기보다 괄호를 사용해서 마지막에 넣는 것이 글의 흐름을 높인다. 괄호 속에는 첫 번째 저자의 이름을 기준으로 알파벳순으로 정리해서 출판연도와 함께 넣는다. 여러 개의 인용 자료는 세미콜론으로 구분한다. 예를 들면 다음과 같다.

체계적 문헌고찰에 일부 질적 연구가 포함되기도 하지만, 대부분은 양적 연구와 통계 자료가 사용된다(Gough, Oliver, & Thomas, 2012; Higgins & Green, 208).

예시 1: Johnson(2016)은 그 효과를 연구했는데...

예시 2: Johnson이 2016년에 실행한 연구는 그 효과를 다루고 있는데...

예시 3: 그 연구는 ...의 효과를 탐색하기 위해 설계되었다(Johnson, 2016).

두 명의 저자가 쓴 글일 경우, 자료를 인용할 때마다 두 사람의 이름을 모두 써야 한다. 세 명에서 다섯 명의 저자가 쓴 글이라면, 처음에 인용할 때에는 이름을 모두 적고, 그 다음 인용부터는 첫 번째 저자를 쓴 뒤 "et al."과 출판연도를 붙인다(et al.은 라틴어로 "그리고 다른 사람들"을 의미한다). 6명 이상이 쓴 글을 인용하려면, 첫 번째 인용부터 이어지는 모든 인용에 첫 번째 저자의 이름과 "et al."을 쓴다.

APA 양식에서는 이미 끝난 연구를 보고할 때 과거형을 사용한다(예를 들면, "Johnson은 몇 가지 설명을 제안하였다...." 또는 "Johnson은 비슷한 결과를 보고하였다..."). 때로 여러 연구자에 의해 실행된 일련의 연구 성과를 논의할 경우에는 현재 완료형이 적절하다(Ridley, 2012)(예를 들면, "지난 몇 년 동안, 연구자들은 ...을 발견해 왔다"). 또한 과거에 시작해서 현재까지도 진행되는 연구를 언급할 때도 현재 완료형이 적합하다.

일차 자료와 이차 자료의 인용

문헌고찰을 쓸 때는 이차 자료보다는 일차 자료를 주로 사용하는 것이 좋다(Efron & Ravid, 2013). 4장에서 논의했듯, 일차 자료는 해당 연구를 직접 실행한 연구자에 의해 쓰인 글이고, 이차 자료는 다른 사람의 연구를 분석하고 요약한 글이다.

이차 자료를 인용할 때는 독자들에게 원래의 자료를 인용하는 것이 아님을 분명히 한다. APA 양식에서는 마지막 참고문헌 목록에 이차 자료를 넣도록 하고 있다. 본문에서는 일반적으로 다음과 같이 사용된다:

Smith의 연구(Johnson, 2016에서 재인용)에서는 다음과 같이...

직접인용

직접인용은 다른 자료의 글을 그대로 옮기는 것을 말한다. 직접인용은 가능하다면 적게 사용하는 것이 좋다. 독특한 문구 혹은 저자의 생각이 잘 표현되어 있어서 연구자가 요약하거나 다른 말로 바꾸기 어려운 경우에 한해서 사용한다. 직접인용을 남용하지 말라! 자신의 말로 표현해야 일관된 글쓰기 스타일이 만들어진다(Feak & Swakes, 2009). 반면 직접인용이 많으면 글의 흐름이 깨진다.

또한 연구자 자신의 생각이나 결론을 문헌 속 저자의 것과 구별하는 것도 중요하다(Dawidowicz, 2010). 연구자가 자신의 의견을 전달하고 있는지 아니면 다른 사람이 쓴 정보를 보고하는 것인지를 독자들이 구별할 수 있어야 한다.

직접 인용하는 경우에는 내용이 본문과 부드럽게 이어지도록 한다. 달리 말하면, 인용문이 별개의 문장처럼 겉돌면 안 된다. 예를 들어, 상자 11.5의 예처럼 자신의 글에 인용문을 연결시킨다.

◑ 상자 11.5. 본문 안에 직접인용을 넣은 예

예시 1:
    APA 양식(미국심리학회, 2010)에 따르면, "문장 마지막에 넣는 구두점은 문장구조에 맞게 고쳐야 한다"(p. 172).

예시 2:
    APA 양식(미국심리학회, 2010)에서는 논문의 시작부분에 등장하는 초록을 "논문 내용의 간결하고 포괄적인 요약으로, 독자들이 논문 내용을 빠르게 검색하도록 돕는 것"(p. 25)이라고 정의 내린다.

출처: American Psychological Association(2010).

만일 저작권이 있는 자료(표와 그림을 포함해서)의 긴 분량을 직접 인용한다면 허가가 필요한지를 확인할 책임이 연구자에게 있다(종이로 출판된 자료와 전자 자료에 모두 해당됨). 저작권 소유자에 따라 저작권에 대한 기준이 다르므로 필요한 허가를 다 취득했는지 직접 확인해 본다.

직접인용의 길이에 따라 본문 안에서 제시하는 방식이 달라진다. APA 양식에서는 39단어 이하의 인용문일 경우 따옴표를 사용해서 본문 안에 넣어야 한다. 40개 이상의 단어는 따옴표를 사용하지 말고 들여쓰기를 한 단락으로 만들어야 한다. 두 경우 모두, 저자 이름, 출판연도, 페이지 번호를 넣는다 (상자 11.6의 예 참고).

🌙 **상자 11.6. 짧은 직접인용(39단어 이하)과 긴 직접인용(40단어 이상)의 예**

짧은 직접인용:

Han과 Love(2015)는 "이민자 가족은 서로 비슷하지 않으며 그들의 필요나 관심사도 다르다"(p. 21)라고 말했다.

긴 직접인용:

Han과 Love(2015)는 이민자 가족의 서로 다른 필요성에 충분히 대처하기 위한 새로운 모델을 설명하였다:

많은 교육자들이, 부모 개입에 대한 통찰을 얻기 위해서, 부모와 학교가 상호관계를 맺는 다양한 방식을 기술하는 일반적인 모델들에 관심을 돌렸다. 그러나 이러한 모델은 이민자 부모에게 영향을 미치는 요인들을 제대로 설명하지 못한다. 새로운 모델은 전 세계로부터 온 미국 이민자들의 경험을 바탕으로 하였으며, 교육자와 공동체 리더들이 이민자 가족의 미국 학교 문화 적응을 돕는 프로그램과 서비스를 제공하는 데에 통찰을 제공한다(p. 22).

출처: Han and Love(2015).

직접인용문 안에 따옴표가 들어 있다면 작은따옴표를 사용한다. 예를 들어, 상자 11.7에서는 '네'와 '건너뛰어'에 작은따옴표를 붙였는데, 이는 원래 자료에서 따옴표가 붙었던 부분이다.

🌙 **상자 11.7. 직접인용 안의 따옴표는 작은따옴표로 바꿈**

Efron과 Ravid(2013)는 "참여자에게 특정 내용에 대한 질문을 던진 뒤 만일 '네'라고 대답하면 자동적으로 '건너뛰어' 다른 질문유형으로 넘어갈 것"(p. 109)을 제안한다.

출처: Efron and Ravid(2013).

다른 저자에 의해 이미 인용된 내용을 다시 인용할 경우, 원문이 아니라 연구자가 읽은 자료의 출판연도와 페이지 번호를 기입한다. 참고문헌 목록에는 연구자가 실제로 읽은 자료만 포함시킨다. 상자 11.8의 예시에서 연구자는 Gadamer를 인용한 Magrini의 글을 다시 인용하고 있다.

만일 인용하다가 일부 내용을 생략할 경우, 세 개의 생략부호(...)를 사용해서 생략된 부분이 있었음을 알린다. 직접 인용하는 글의 첫 글자를 문구에 맞게 수정할 수 있다(예를 들어, 대문자를 소문자로 변경)(상자 11.9 참고).

상자 11.8. 다른 저자가 이미 인용한 내용을 다시 인용하는 경우

Gadamer(1992)는 오늘날 고등교육기관의 분열과 쪼개짐이 "특히 학생과 학생, 그리고 스스로와 자신이 살고 있는 사회 사이에서"(Magrini, 2017, p. 171에서 재인용) 소외감을 만든다고 강조하였다.

출처: Magrini(2017).

상자 11.9. 직접인용 안에 생략된 부분을 표기한 예

Reid(2014)는 비대칭분포에서 평균이 아닌 중앙값 사용의 장점을 논의했는데 "중앙값이... 극단적 점수에 덜 영향을 받기"(p. 38) 때문이다.

출처: Reid(2014).

페이지 번호가 없는 디지털 출판물의 경우, 가능하다면 문단 번호를 포함시킨다. 온라인 정기간행물에 실린 아티클을 인용할 때는 권(volume)과 호(issue)뿐만 아니라 아티클 번호와 페이지 번호도 포함한다.

다양한 자료를 읽으면서 메모를 할 때는 이것이 자신의 생각인지 아니면 자료에서 인용한 것인지를 꼼꼼히 표기해 둔다. 인용한 것이라면 완전한 자료의 출처를 적어두어야 나중에 다시 찾아야 하는 불편함을 피할 수 있다(5장에서 다룬 정보카드 입력 내용을 참고).

출처표기가 필요 없는 경우도 있다. 익숙한 속담이나 잘 알려진 인용문은 출처를 따로 밝힐 필요가 없다. 상식이나(Menager-Beeley & Paulos, 2006) 일상 영역에서의 정보들(Ridley, 2012) 역시 출처를 밝힐 필요가 없다. 예를 들어, 하와이가 미국의 마지막 주로 편입되었다는 사실(1959년 8월 21일, 금요일)은 상식에 해당하기 때문에 어디에서 읽었는지 인용할 필요가 없다.

참고문헌 목록 작성

참고문헌 목록 작성법은 자신이 사용하는 글쓰기 스타일에 따라 결정된다. 참고문헌 작성에 대한 모든 설명은 이 책의 범위를 넘어서기 때문에, 관련 자료를 참고하길 권한다. 아래 내용은 APA 양식을 사용해서 참고문헌 목록을 작성할 때 알아둘 몇 가지 주요 내용이다.

- 문헌고찰을 하면서 실제로 인용한 문헌만 포함한다.
- 저자의 성에 따라 알파벳 순서로 나열한다.
- 동일 저자의 여러 문헌을 포함할 경우, 출판연도가 오래된 것부터 나열한다.
- 저자(혹은 편집자) 이름, 출판연도, 제목 그리고 출판사를 적는다. 정기간행물일 경우, 저널의 제목과 그 밖의 정보(권과 페이지 정보 등)를 넣는다. 책일 경우 출판사 정보를 적는다.
- 전자 자료는 기본적 정보를 입력한 뒤에 "Retrieved from http://...(URL을 넣음)"를 붙여서 어디에서 검색했는지 알린다. 가능하다면 출판사에서 전자 문서에 부여하는 DOI(디지털 객체 식별자)를 포함한다.
- 두 번째 줄과 이어지는 줄들을 들여쓰기 한다.
- 책 제목과 저널의 권은 이탤릭체로 쓴다.

MS 워드 같은 프로그램에는 참고문헌 작성을 돕는 기능이 들어 있다. 워드의 경우, 참조 탭 아래에서 가능한 기능을 찾을 수 있다. 무료 웹사이트(예. https://www.citationmachine.net/)도 활용할 수 있다. 단, 자신이 선택한 글쓰기 양식의 규칙이 모든 항목에 잘 반영되었는지 반드시 검토해야 한다.

참고문헌 목록을 다 넣은 뒤에는 본문 안에 들어 있는 인용과 비교하며 확인한다. 문헌고찰을 수정하는 과정에서 일부 참고문헌이 추가되거나 삭제되었을 수도 있기 때문에 검토가 필요하다. 워드의 "검색" 기능을 사용해서 저자의 이름을 넣고 본문 중에 인용이 되었는지 살펴보면 편리하다. 대안으로, 글 전체를 훑어보면서 모든 인용문과 참고문헌 목록을 비교할 수 있다.

표절문제

표절은 출처를 밝히지 않고 다른 사람의 글을 사용할 때 발생한다. 인쇄된 글뿐만 아니라 시청각자료도 포함된다(*What Is Citation?*, n.d.). **의도적** 표절은 저자가 알면서 다른 사람의 생각이나 말을 자신의 것처럼 표현했을 때 발생한다. **비의도적** 표절은 부주의하게 또는 무심코 출처를 표기하지 않은 채 정보를 사용한 경우다.

의도적으로 출처를 밝히지 않고 타인의 글을 포함시키는 것이 가장 확연히 드러나는 표절이다. 그렇게 되면 학계는 물론 여론에서도 심각한 결과를 가져온다. 다른 글에서 아이디어를 가져왔는데 출처를 밝히지 않는 경우는 덜 두드러지지만 여전히 문제의 소지가 있다.

표절이 발생하지 않도록 할 책임은 문헌고찰을 하는 연구자에게 있다. 대학의 논문표절방지 정책을 잘 알아두면 좋다. 규정을 위반하면 심각한 결과를 가져오고 심지어 대학에서 제적 처리될 수 있다(Menager–Beeley & Paulos, 2006). 박사논문의 경우, 표절하면 논문자격이 박탈된다.

온라인 정보와 문서 전문에 대한 접근이 용이해지면서 주제를 불문하고 자료를 더 쉽게 구하게 되었다. 동시에, 온라인 자료의 과도한 인용과 표절 역시 쉽게 확인된다. 표절 문제의 가능성을 미리 알아보려는 학생들과 지도교수에게 인기 있는 웹사이트에는 Turnitin(http://turnitin.com)이 있다.

자기표절 역시 문제가 된다. APA 매뉴얼(미국심리학회, 2010)에서는 이를 "자신의 예전 출판물을 새로운 것인 듯 제시하는 행위"라고 정의 내린다(p. 170). 자신의 예전 출판물도 다른 사람들의 글과 동일하게 여기고 앞서 설명한 인용 규칙을 여기에도 똑같이 적용해야 한다.

11장의 요약

1. 대부분의 글쓰기 양식은 저자의 이름과 출판연도를 표기하도록 되어 있다; 직접 인용을 한다면, 페이지 번호를 넣는다.

2. APA, MLA 그리고 시카고 양식이 주로 사용되며, 자신에게 요구되는 스타일을 찾아서 일관되게 적용한다.

3. 요약이나 바꿔 말하기가 어려운 자료는 직접 인용을 하며 다른 사람의 글과 자신의 의견을 분명히 구분한다.

4. 인용문은 본문과 자연스럽게 연결되도록 한다.

5. 잘 알려진 속담이나 인용문 또는 상식적인 정보를 언급할 경우에는 출처를 넣을 필요가 없다.

6. 의도적이든 비의도적이든, 타인의 글을 인용하고 출처를 밝히지 않으면 표절로 간주된다.

7. 온라인으로 정보와 문서 전문에 대한 접근이 쉬워진 반면, 과도한 인용과 표절에 대한 검토도 더 쉬워졌다.

8. 자기표절을 피하려면 스스로의 예전 글을 다른 사람의 글처럼 여기고 동일한 인용 규칙을 적용한다.

9. 참고문헌 목록을 다 작성한 뒤에는 본문과 일치하는지 다시 한 번 검토한다.

문헌리뷰 작성가이드

chapter 12

최종 결과물로 만들기

12장

최종 결과물로 만들기

문헌고찰은 **과정**이면서 동시에 **결과물**이다(Ravitch & Riggan, 2017; Ridley, 2012). 이 책의 대부분은 과정으로서의 문헌고찰에 초점을 맞추었다. 여기에는 주제 선정, 관련된 문헌검색, 선택된 자료의 분석과 조직화, 테마를 중심으로 한 자료의 통합 그리고 논지를 탄탄하게 전개하는 것이 포함된다. 마지막 장에서는, 초점을 바꿔서 길고 복잡한 과정을 거쳐 만들어진 최종 결과물을 살펴본다. 독자에게 보여줄 최종 글을 구성하는 부분들에 대해 설명할 것이다. 이 부분들은 이미 이전 과정 동안 만들어온 것으로 이제는 모두 합쳐서 하나의 결과물로 구성할 때다.

이 장에서는 먼저 학위논문이나 연구비 제안서의 1장(서론)과 2장(문헌고찰, 또는 선행 연구나 이론적 배경)을 구성하는 주요 부분들을 살펴본다. 그 다음 문헌고찰이 학위논문의 나머지 부분들과 어떻게 연결되는지 설명한다. 다음으로, 학위논문을 구조화하는 여러 형식을 보여주고 그 안에서 문헌고찰이 어떻게 제시되는지 살펴본다. 이어서 글의 전체적인 흐름과 일관성을 높이기 위한 전략들을 소개한다. 마지막으로 완성된 문헌고찰을 검토하는 평가 매트릭스를 추가하면서 이 장을 마무리할 것이다.

1장과 2장에서 문헌을 고찰하기

문헌고찰을 학위논문이나 연구비 제안서 안에 통합시키는 방식이 한 가지 인 것은 아니다. 학문 공동체마다 다양한데, 예를 들어, 대부분의 학계에서는 1장(서론)과 2장(문헌고찰)에 문헌고찰이 나온다. 반면, 의학과 과학 분야에서는 전형적으로 문헌고찰 챕터가 서론 안에 포함된다.

체계적 문헌고찰과 그 외의 대부분의 문헌고찰에도 차이가 있다. 체계적 문헌고찰의 저자는 정해진 구조와 기준을 엄격히 따르도록 요구된다. 반면 그 밖의 문헌고찰에서는 포함되어야 하는 핵심 요소가 있다 해도, 글의 구조가 더 유연하다.

이번 장에서는 자신의 연구를 독자에게 소개하는 논문의 1장, 그리고 연구 주제와 관련된 선행 연구들을 비판적으로 검토하는 2장을 살펴볼 것이다. 단, 이 책에서 제시하는 내용을 마치 견본처럼 그대로 따르기보다는 자신의 연구에 맞게 창의적으로 적용하는 것이 좋다. 모든 결정은 자신의 연구 주제와 학문 분야를 고려해서 이루어져야 한다.

추가적으로, 이 장에서는 때때로 책의 앞부분에서 자세히 논의했던 내용들을 언급할 것이다. 문헌고찰의 마무리작업을 하면서 앞 장의 내용을 다시 살펴보며 최종 결과를 만들어내기를 바란다.

1장: 서론

서론은 독자들이 논문을 읽을 때 처음 접하는 부분이다. 그러므로 연구에 대한 독자의 흥미를 유발해야 한다. 또한 독자들과 주제에 대해 처음으로 지적 대화를 시도하는 것이니만큼 연구의 전체적인 개요를 명확하게 소개한다. 연구의 목적과 의의 그리고 연구를 이해하는 데 필요한 핵심 정보를 전달해야 하며, 학문 분야에서 해당 연구의 중요성과 예상되는 기여도를 밝힌다.

아래의 내용은 서론에 들어가는 구성 요소들이다. 앞서 이야기했듯 이 요소들과 그 순서는 자신의 구체적인 연구 초점에 맞춰 조정되어야 한다. 각 요소들을 만드는 과정은 3장에서 자세히 설명하였고, 여기서는 간단히 각각의 개요만 서술한다. 각각의 요소는 다음과 같다:

- 흥미로운 시작
- 문제나 주제 언급
- 목적 진술
- 핵심 개념이나 용어 정의
- 현시대적, 이론적 그리고/또는 역사적 맥락
- 연구의 의의
- 연구 질문(들)
- 연구의 범위
- 연구의 로드맵

흥미로운 시작

서론의 시작에서는 독자들이 계속해서 읽고 싶도록 호기심을 불러일으키고 흥미를 끄는 내용을 제시하는 게 좋다. 연구의 중심 주제와도 직접적으로 연결되어야 한다. 연구 주제의 핵심을 포착하고 이 연구가 중요하다는 것을 알린다.

서론의 시작에 포함할 만한 내용의 예는 다음과 같다:

- 강력한 직접 인용문
- 놀랄 만한 사실(증거로 뒷받침되는 것)
- 관련된 통계수치
- 사실이나 상상적 일화 또는 시나리오
- 시나 문학 작품에서 발췌한 내용
- 신문기사나 미디어 자료

연구 문제나 주제 언급

연구 문제나 주제는 서론의 초반에 언급한다. 짧고 간결하며 확실하게 연구의 초점을 전달한다. 독자들이 연구자가 탐구하려는 핵심 이슈가 무엇인지 의구심이 들게 해서는 안 된다. 예를 들어, 이렇게 말할 수 있다:

- "이 논문에서 탐구하려는 문제는…"

- "이 연구의 초점은..."
- "이 연구의 중심 주제는..."

상자 12.1은 연구 주제의 예다.

🌙 **상자 12.1. 연구 주제**

이 연구의 중심 주제는 여성 교육자들이 사회 변화에 참여하면서 경험하는 전환과 그러한 전환이 그들 자신과 세상에 대한 인식에 미치는 영향이다.

출처: Jordan(2015).

목적 진술

보통 문제를 언급한 뒤에 제시되는 목적 진술은 연구의 목적 그리고 연구자가 밝히고자 하는 것을 서술한다. 짧고(서너 문장이 넘지 않도록), 구체적이며, 실제적이어야 한다. 연구 문제와 목적 진술은 명확하게 연결되어야 하며, 이를 바탕으로 연구 질문과 문헌고찰 그리고 연구 설계가 이어진다.

목적 진술 안에 연구 접근 그리고 예상하는 참여자와 연구 장소를 넣기도 한다(그러나 연구 설계와 관련된 세부 설명은 여기에 넣지 않는 것이 좋다).

독자들이 연구의 목적에 대해 의심이 들지 않도록 정확하게 전달한다. 예를 들면:

- "본 논문의 목적은..."
- "이 연구는 ... 하기 위해 설계되었다."
- "이 주제를 탐구하는 연구자의 목적은 ..."

상자 12.2는 목적 진술의 예다.

🌙 **상자 12.2. 목적 진술**

이 사례 연구의 목적은 부모들이 위원회를 이끄는 지역사회중심 현악 연주 프로그램의 조직과 경영을 탐구하는 것이다. 이 기술적 단일 사례 연구는 미중서부 도심에 있는 중상류층 교외 지역의 유치원부터 8학년까지의 공립학교를 중심으로 다룬다.

출처: Sarasin(2017).

핵심 개념이나 용어 정의

연구 문제나 목적 진술에서 언급된 주요 용어와 개념들을 정의 내린다. 그럼으로써 본문에서 이러한 용어와 개념이 사용될 때 잘못 이해되는 것을 방지할 수 있다. 예를 들어, 사람들의 행동을 탐구하는 맥락에서 '동기'라는 용어를 사용할 때, 외적 보상을 얻거나 처벌을 피하기 위해 특정 방식으로 행동하는 '외재적' 동기를 의미하는지 또는 내적 보상이나 흥미를 추구하는 '내재적' 동기를 의미하는지 분명히 하는 것이 좋다.

의미의 정확성을 전달하기 위해서 해당 분야에서 권위 있는 자료를 인용할 수도 있다(Pan, 2013). 상자 12.3은 인용을 통해 용어를 정의 내린 예다.

🌙 상자 12.3. 학계 전문가의 정의를 사용한 예

이 연구에서 나는 지역사회중심 프로그램에 대한 Issel(2014, p. 118)의 정의를 사용한다. 보건 프로그램을 묘사하기 위해 Issel이 사용한 다음의 정의는 본 연구에서 서술하는 현상을 반영하고 있다: "지역사회중심 프로그램은, 그 설계와 실행에 있어, 공동체의 핵심 대표와 구성원들의 참여와 지속 그리고 열정에서 시작된다."

출처: Sarasin(2017).

학계 안에서 특정 개념이나 용어의 정의와 관련해서 불일치나 논란이 있다면, 여러 가지 의미 그리고 이러한 의미가 반영하는 상이한 관점을 공개적으로 언급한다. 예를 들어 아래와 같이 말할 수 있다:

_____라는 용어는 상당히 다양한 방식으로 정의되어 왔으며 합의가 거의 이루어지지 않은 상태이다. 해당 용어에 대한 이러한 복잡하고 다양한 이해는 실행에 대한 시사점이 일치하지 않아서다. 본 연구에서는 ...가 제안한 용어를 사용한다.

현시대적, 이론적 그리고/또는 역사적 맥락

서론에서는 연구 주제를 둘러싼 현시대적, 이론적 그리고/또는 역사적 배경을 제시해서 해당 연구를 맥락과 연결시킬 수 있다. 연구 문제를 둘러싼 현 상황과 관련된 이슈들에 초점을 맞춘다든지, 정치적 논쟁이나 사회적 어려움, 실질적 도전과제들을 포함하기도 한다.

연구의 초점을 뒷받침하는 주요 이론이나 관점들 또는 철학적 접근을 바탕으로 맥락에 대한 논의를 할 수도 있다. 연구 접근에 영향을 준 이론적 틀과 그 주요 지지자 및 반대자들에 대한 간략한 설명을 제공한다. 선택한 이론적 틀의 주요 원리와 변화 과정 그리고 자신의 연구와 관련된 연구 방향 등을 설명하기도 한다. 이렇게 이론이나 철학을 논의할 경우에는 이차 자료가 아닌 영향력이 큰 주요 자료의 원문을 인용하는 것이 좋다(일차 자료와 이차 자료에 대한 보다 자세한 논의는 4장을 참고).

연구 주제가 지난 몇 년간 법적, 이론적 또는 방법론적으로 어떻게 발전되어 왔는지에 대한 역사적 개관을 제시할 수도 있다. 연구 주제에 대한 인식의 전환을 가져온 중대한 법령이나 연구 또는 발견을 언급한다.

맥락적 요소에 대한 보다 심층적 논의와 세부 설명은 논문의 2장(선행 연구나 이론적 배경)에서 다룬다. 때로, 서론에서 특정한 맥락 요인을 중심적으로 다루고 나머지는 선행 연구에서 다루는 경우도 있다. 어떠한 요소를 서론에서 제시하고 어떤 것을 선행 연구에서 다룰지는 전적으로 연구자에 달려 있다. 예를 들어, 서론에서는 현시대적 맥락에 대한 세부 논의 그리고 주제를 둘러싼 이론적 틀을 간략히 설명한 뒤, 세부적인 역사적 논의와 철학적 그리고 이론적 기반은 문헌고찰 챕터에서 다룰 수 있다.

중요한 것은 배경에 대한 논의가 연구 문제와 분명하게 연결되어야 한다는 점이다. 불분명하거나 과도하게 일반화된 주장은 피한다. 그리고 배경 정보나 주장은 인용 자료로 지지한다. 예를 들어, 연구 자료를 근거로 제시하지 않은 채 "대부분의 미국인은 세계지리에 대한 지식 부족을 드러낸다"라고 주장하지 않는다. 마찬가지로, 신뢰할 만한 참고자료를 제시하지 않은 채 "과거 미국으로 온 이민자들은 법적 그리고 사회적으로 어려운 상황에 직면해 왔다"라고 표현하는 것을 피한다.

연구의 의의

연구의 의의에 대한 논의에서는 왜 특정 주제나 문제를 탐구하기로 결정했는지를 설명한다. 자신의 선택에 대한 합리적 설명은 두 부분으로 나눌 수 있다. 바로 개인적 의의와 학계에서의 의의다.

개인적 의의

여기서는 개인적 관점에서 주제의 의미를 성찰해 본다. 무엇이 자신으로 하여금 특정 연구를 하도록 이끌었는지, 여기로 이끈 자신의 위치성, 이념정향, 가치, 신념, 열정을 공유할 수 있다. 어떤 연구자들은 주제에 대한 흥미가 시작된 개인의 생애 이야기나 전문적 경험을 언급하기도 한다.

이때 경험을 성찰하면서 이야기 형식으로 길게 적을 수도 있고 또는 연구 문제와 개인적 관련성을 짧게 정리하기도 한다. 어떤 경우든, 개인적 의의는 전반적인 생애 이야기가 아닌 연구 주제와 직결된 내용이어야 한다. 여기에 더해서, 자신이 명시적 그리고 암묵적으로 연구 주제와 연결되었음을 인지하고 있다는 걸 독자들에게 알리는 것이 좋다. 예를 들어, 개인적이거나 전문적 경험이 어떻게 자신의 준거 틀, 기저에 깔린 주관성과 편견 그리고 자신의 가정을 형성했는지 돌아본다.

개인적 의의는 질적 연구나 해석학적 현상학적 관점에서 문헌고찰을 하는 연구자들에게 핵심 부분이다. 반면 다른 접근을 하는 연구자들에게는 선택사항이다. 체계적 문헌고찰에서 연구자의 주관성이 강조되는 개인적 성찰은 불필요하며 환영받지 못한다.

학계에서의 의의

연구의 의의를 논할 때는 왜 이 연구가 연구자 개인의 세계를 넘어서 학계 그리고 더 넓은 독자에게 중요한지를 반드시 밝힌다. 연구가 해당 학계, 특정 집단이나 기관들 또는 사회 전반에 어떻게 기여하는지를 강조한다. 여기서의 목표는 연구자가 언급한 문제가 탐구할 만한 가치가 있음을 독자들에게 납득시키는 것이다. 연구의 중요한 기여 그리고 이 문제를 다루지 않는다면 어떠한 부정적인 결과를 가져올지 언급한다.

연구의 의의에는 학계에서의 이론적 기여나 정책적 이슈와의 관련성, 현 관행에 대한 실질적 해결책 또는 사회정의를 위한 행동 제안 등도 포함된다. 해당 연구의 의의가 여기 언급된 것 중 일부나 전부 또는 대부분에 해당될 수 있겠지만, 보통 특정 의의를 강조한다. 어떤 선택을 하든지 자신의 생각에만 의존하지 말고 근거를 제시하거나 인용을 해서 주장에 신빙성을 더한다.

또한 연구의 독자층을 고려하고 누가 이 연구 결과로 혜택을 받을지 고려해 본다. 연구의 주 독자는 학자들인가? 현장전문가? 부모? 정책입안자? 학계나 전문 기관? 만일 본문에서 특정 독자를 언급한다면 연구의 의의를 논의하는 방식에 영향을 미칠 수 있다(연구의 의의와 독자에 대한 자세한 논의는 3장을 참고).

연구 질문

연구 질문은 논문의 초점을 분명하고 일관되게 유지하는 데 매우 중요하다. 질문은 연구 문제에서 나오며 연구 목적을 달성하기 위해 필요한 정보를 나타낸다. 그러나 연구 문제나 목적 진술이 보다 일반적으로 표현되는 반면, 연구 질문은 구체적이어야 하고, 답을 구할 수 있어야 하며, 윤리적이어야 한다. 또한 질적 접근을 한다면 보통 '어떻게' 또는 '왜'로 표현되는 열린 질문이어야 하고, '네' 또는 '아니오'로 답할 수 있는 질문은 부적합하다(체계적 문헌고찰에서의 연구 질문은 뒤에서 논의한다).

대개 하나에서 다섯 개의 연구 질문이 제시되는데, 보통 세 개의 질문이 적당하다. 넓고 일반적인 질문을 던진 뒤 이것을 2~4개의 구체적인 하위 질문으로 나눈다. 각 질문들이 논문 안에 잘 반영되도록 하는 것을 잊지 않는다. 이 질문들이 문헌고찰, 연구 설계, 자료 수집 전략, 분석 그리고 해석에 영향을 미친다. 마지막으로, 결과에 대한 논의와 결론은 연구 질문들과 직접적으로 연결되어야 한다.

질적 접근의 경우, 문헌을 읽고 연구 주제에 대한 지식과 통찰이 쌓이면서 연구 질문이 수정되거나 새로 작성되기도 한다. 나아가, 자료를 수집하고 분석하면서 연구의 초점이 재조정될 수도 있다.

체계적 문헌고찰에서는 개입이나 실행, 프로그램 또는 정책의 결과와 효과를 검토하고 측정하기 위한 연구 질문을 만든다. 범위를 제한하고, 무엇을 탐색하고, 측정하고, 분석할 것인지 명확히 한다. 연구 가설을 테스트하고 결론을 도출해 내기 위해 통계적 분석을 사용한다.

연구의 범위

이 부분에서는 연구의 범위, 규모 그리고 경계를 명시한다. 연구에 무엇이 포함되고 무엇이 포함되지 않는지 모두 기술한다. 예를 들어, 혼자 아이를 키우는 17세 이상의 여학생만을 연구에 포함한다고 말할 수 있다. 또는 가족 구성원을 잃었을 때 고통을 겪는 모든 과정이 아니라 애도의 단계에만 초점을 두겠다고 밝힐 수 있다.

연구의 로드맵

서론의 마지막 부분에서는, 논문의 다음 장들에서 나올 내용을 짧고 간략하게 소개한다. 로드맵은 독자들이 논문에 어떤 내용이 포함되어 있고, 어떻게 전개되는지를 이해하도록 돕는다. 프로포절 단계에서는 미래형 시제로 쓰며 논문의 최종 보고서는 과거형으로 쓴다. 상자 12.4는 로드맵의 예를 보여준다.

상자 12.4. 제안서 로드맵의 예

본 논문의 1장에서 연구의 주제인 ___가 소개되었고 이어지는 장들에서 그 논의가 이어진다. 2장에서는, 관련 문헌을 고찰하고 _____이론에 대해 살펴본다.... 추가적으로, 학계의 두드러진 학자들에 의해 진행된 연구들을 비판적으로 살펴본다. 이러한 이론적 그리고 실증적 논의는 3장으로 이어지는데, 여기서는 본 연구의 패러다임과 연구 설계에 대해 설명한다.

표 12.1은 서론에 포함될 수 있는 요소들을 정리해서 보여준다.

표 12.1. 1장(서론)의 주요 요소

서론에 포함되는 요소들	설명
흥미로운 시작	독자의 관심을 끌고 계속 읽도록 함.
문제 또는 주제 진술	연구의 초점을 말해 주는 간략한 문제나 주제를 제시함.
목적 진술	연구의 목적과 무엇을 달성하고자 하는지를 명확히 제시함. 연구 접근이나 참여자, 연구 장소를 포함하기도 함.
주요 개념이나 용어 정의	연구 문제나 목적 진술에서 언급한 주요 용어나 개념을 정의 내림.
현시대적, 이론적 그리고/혹은 역사적 맥락	연구 주제를 둘러싼 시대적, 이론적, 역사적 개관을 제공함으로써 주제를 맥락과 연결시킴.
연구의 의의	특정 주제나 문제를 탐구하려는 이유를 설명함. 개인적 의의와 학계에서의 의의를 포함할 수 있음.
연구 질문	문제와 목적 진술로부터 연구 질문을 도출하고 명확하게 기술함.
범위	연구의 범위, 규모, 경계를 정함.
로드맵	다음 장들에서 논의할 내용을 설명함.

2장: 문헌고찰

문헌고찰은 에세이 형식으로 작성된다. 서론에서 제시한 연구 문제와 목적 진술에 바탕을 두며, 여기에 논리적으로 응답한다. 문헌고찰은 학문적 기반과 탐구의 틀을 형성한다. 종종 학위논문에서 가장 긴 챕터다.

한마디로 문헌고찰은 연구 주제를 둘러싼 여러 이론과 실증연구에 대하여 이론가들과 연구자들이 나누는 대화다. 이 대화는 이미 형성되어 있는 지적 환경과 탐구 전통 속에 자신의 연구를 위치시키도록 해 준다. 또한 학문 분야에 대한 자신의 지식을 증명하고, 연구의 철학적 토대를 강화하며, 연구 질문으로까지 논리적으로 이끌어준다.

다른 사람들의 연구를 모아서 리뷰하는 것이지만 현재까지 지식의 반영을 넘어서 자신만의 새로운 관점으로 통합해야 한다. 연구자는 슐만(Schulman, 1999)이 말한 생성능력(generativity)을 증명해야 하는데, 이는 앞선 세대로부터 배울 수 있는 능력을 말한다. 동시에, 비판적 대화자로서 자신의 적극적인 목소리를 추가하고 연구 주제에 대한 전체적인 지식과 이해를 확장시켜야 한다 (Boote & Beile, 2005; Ravitch & Riggan, 2017)(문헌고찰의 목적, 생성능력, 학계에의 기여 등과 관련된 자세한 논의는 1장에서 10장을 참고).

문헌고찰을 작성하는 정해진 방식은 없으며 연구자마다 다양한 접근과 구성방식, 글쓰기 양식을 선택한다. 이 책에서 우리는 연구 접근 선택(양적, 질적, 혼합)에 따른 영향, 그리고 그것이 연구자가 선택한 문헌고찰 종류(체계적, 서술적, 해석학적 현상학적)에 미치는 영향을 설명하였다. 각 고찰 방법이 나름의 특징을 갖지만, 전반적으로 많은 공통점을 공유한다.

여기에서는 문헌고찰을 쓸 때 고려해 볼 수 있는 대안들을 간략히 설명할 것이다. 문헌고찰에 포함되는 내용을 (1) 챕터의 소개, (2) 본문, 그리고 (3) 요약과 논의의 세 부분으로 나누어서 살펴보겠다.

챕터의 소개

챕터의 소개에서는 문헌고찰을 통해 무엇을 달성하려 하는지, 그리고 어떻게 구성되었는지를 주요 테마를 포함해서 간략히 언급한다. 선택한 문헌고찰의 종류(체계적, 서술적, 해석학적 현상학적)를 언급해도 좋다.

체계적 고찰에서는 문헌검색이 어떻게 이루어졌고 사용된 키워드, 데이터베이스, 그 밖의 검색 기준을 밝힌다(4장 참고). 또한 자료의 포함과 제외의 기준에 대해서도 설명한다. 자료 선정 과정의 투명성에 대한 기대가 높아지고 있기 때문에, 이제는 체계적 고찰뿐만 아니라 다른 종류의 문헌고찰에서도 이러한 정보를 밝히도록 요구된다(5장 참고).

서술적 또는 해석학적 현상학적 문헌고찰을 하는 질적 연구자라면, 자료 선택과 관련된 연구자의 성찰을 통해 검색 과정의 투명성을 표현하기도 한다. 연구 주제에 대한 개인적 편견이 참고 문헌의 선택과 리뷰에 어떠한 영향을 미쳤는지를 숙고해 볼 수 있다.

문헌고찰 챕터의 본문

문헌고찰의 본문을 (1) 전반적인 내용, (2) 효과적인 구성, (3) 설득력 있는 주장, 그리고 (4) 논리 정연한 자료의 통합과 해석의 네 부분으로 나누어서 논의하고자 한다.

전반적인 내용

문헌고찰 챕터의 본문에서는 다양한 내용이 논의된다. 이 내용들은 1장에서 제시된 연구 문제, 연구의 성격 그리고 연구 질문과 논리적으로 연결된다.

연구자는 연구 주제를 둘러싼 배경지식을 제공함으로써 독자들이 연구 주제가 놓인 미묘한 맥락을 이해할 수 있도록 돕는다. 또한 문헌고찰은 논문의 필요성과 연구 설계로까지 논리적으로 이어져야 한다. 문헌고찰에 자주 포함되는 일반적인 테마에는 (1) 역사적 배경, (2) 이론적 틀, 그리고 (3) 방법론적 선택과 과거 연구 결과가 있다(5장 참고).

역사적 배경

연구자는 주제에 대한 역사적 기원을 설명할 수 있다. 예를 들어, 정책이나 사회적 추세 또는 관련 법률의 변천사 등을 살펴본다. 주요 개념들이 예전 연구에서부터 지금까지 어떻게 전개되는지를 연대기별로 정리할 수도 있다. 해당 분야에서 진행된 주요한 연구들의 자취를 따라갈 수도 있는데, 중요한 발견을 이룬 핵심 연구에서 시작해 이후 연구들이 여기로부터 어떻게 전개되고, 때로 비판을 해 왔는지 보여줄 수 있다.

이론적 틀

연구의 중심 현상을 보는 학파나 철학적 경향을 설명할 수 있다(예를 들어, 후기실증주의, 재건주의, 비판적 인종 이론, 페미니즘). 또는 현상을 설명해 줄 일반적 원리들을 제공하는 과학적 이론을 제시할 수도 있다(예를 들어, 반듀라의 사회학습이론[Bandura, 1977]이나 브론펜브레너의 생태학적 체계이론[Bronfenbrenner, 1979]).

또 다른 대안으로, 먼저 주제와 관련된 주요 이론들을 다양하게 제시한 뒤에 자신이 옹호하는 특정 이론에 초점을 맞추는 방식이 있다. 이 경우, 해당 이론의 다양한 측면이 논의에서 검토되어야 한다. 더 나아가 현재 학계에서 받아들여지는 주장을 진전시키는 새로운 주장을 내세울 수도 있다.

방법론과 과거 연구 결과

선택한 주제를 연구하기 위해 사용된 방법론적 접근들 그리고 그 철학적 배경이 문헌고찰에서 다뤄질 수 있다. 해당 학계에서 사용된 다양한 방법론들과 연구 도구를 살펴보고, 선택한 주제의 탐색에 있어 각 방법의 장단점을 밝힌다. 이때 선행 연구들의 훌륭한 점과 한계점, 장점과 약점을 비판적으로 분석하고 연구 결과의 시사점을 고려해 볼 수 있다.

본문의 효과적인 구성

문헌고찰의 내용은 현재까지의 지식에 대한 연구자의 이해를 보여준다. 그러나 이 지식이 단지 개별 연구와 이론, 아이디어, 개념들을 마구잡이로 쌓아둔 "정보 처리장"이어서는 안 된다. 문헌 자료들이 잘 조직화되어서 서로 간의 논리적 관계를 드러내는 전체성을 갖춘 글이어야 한다.

문헌고찰의 주요 테마들을 조직화하는 몇 가지 방법이 있다. 자주 사용되는 여섯 가지 방법으로 (1) 개별 테마들 위주로 내용을 나누기, (2) 연대기적으로 구성하기, (3) 이론적 고찰과 실증적 논의로 구분하기, (4) 이론적 문헌을 먼저 살펴보고, 그 다음에 방법론적 논의를 전개하기, (5) 체계적 문헌고찰로 구성하기, 그리고 (6) 해석학적 현상학적 구조를 적용하기이다. 어떠한 선택을 하든, 문헌고찰의 본문은 "깔때기" 형식으로 구성된다. 처음에 넓은 관점으로 주제를 살펴보다가 점점 좁혀지며 마지막에는 연구 문제와 질문에 가장 근접한 테마들과 그 하위 테마들로 초점이 맞춰진다(7장 참조).

설득력 있는 주장 전개

연구자는 문헌고찰의 글을 전개하는 과정에서 나름의 논지를 펼쳐간다. 연구자의 주장은 일련의 명제들로 구성되며, 이 명제들은 실증연구 그리고/또는 이론적 자료로 설득력 있게 지지되어야 한다. 그리고 각 단락과 그 안의 문장 하나하나가 해당 부분에서 전개하는 주장과 논리적으로 연결되며 독자에게 설득력 있게 전달되어야 한다(8장 참고).

요약과 논의

요약과 논의 부분은 문헌고찰을 통해 얻은 지식을 자신이 실행하는 연구와 연결하는 다리가 된다. 연구자는 문헌고찰을 통해 배운 것을 요약하고 주제와 관련된 현재까지의 지식을 평가한 뒤, 자신의 연구 필요성을 제안하면서 이러한 연결을 만들어간다.

논리 정연한 자료의 통합과 해석

문헌고찰을 구성할 때, 단지 자료들을 요약하고 전달하는 것만으로는 부족하다. 그 속에 담긴 의미를 드러내는 방식으로 문헌을 통합하고 해석해야 한다. 통합과 해석 과정에서는 자료들을 하나로 엮고, 관련성을 찾아보고, 패턴이나 경향을 찾는다. 문헌고찰은 다른 저자나 연구자들이 쓴 자료를 바탕으로 하지만, 연구자는 이를 통합하고 해석하는 과정에서 새로운 관점을 전개하고, 독특한 아이디어나 개념을 제시하며, 기존 설명을 확장시키고, 심지어 새로운 이론을 제안할 수 있다.

이러한 성취는 연구자가 이론이나 개념, 방법론, 결과들을 서로 유사한 것끼리 묶고, 비교하고, 대조하는 통합과 해석의 과정 속에서 이루어진다. 모순된 입장이나 상반되는 증거들, 불일치, 상반되는 설명 그리고 이러한 일이 벌어지는 가능한 이유 등을 고려하고 설명한다. 또한 이론과 특정 관점을 검토하고 특정 연구들을 평가할 때 비판적 입장을 취한다(9장 참고).

문헌고찰을 통해 배운 것을 요약

이 부분에서는 자신의 문헌고찰을 돌아보며 이 장에서 무엇을 달성하려 했는지를 독자들에게 재확인시킨다. 주요 생각이나 개념 그리고 주장들을 간략히 요약하고 패턴을 보여주며 핵심 테마와 그 의미를 짚어준다.

주제와 관련된 현재까지의 지식을 평가

여기서는 선행 연구들에 대한 비판적 평가를 제시한다. 결핍되거나 부족한 점을 말하고, 불일치하는 결과에 대해 언급하며, 지식의 간극과 한계, 해결되지 않은 문제를 밝히면서 자신의 연구에 정당성을 부여한다.

해당 연구의 근거를 제시

이 부분은 독자들을 연구의 목적까지 논리적으로 이끌어준다. 어떻게 자신의 연구가 학계에 기여를 하며 기존 지식의 간극을 줄일 수 있는지 그리고 현재의 한계를 극복하거나 또는 지속되는 갈등을 해결하는지를 설명한다.

표 12.2는 2장(문헌고찰)에 포함할 수 있는 요소들을 요약해서 보여준다.

표 12.2. 2장(문헌고찰)의 주요 요소들

문헌고찰 챕터 소개	문헌고찰을 통해 달성하고자 하는 것을 간략히 설명
	고찰의 구조: 주요 테마
	선택한 문헌고찰의 종류(체계적, 서술적, 해석학적 현상학적)(이 요소는 선택사항임)
	포함과 제외 기준
	문헌검색: 키워드, 데이터베이스, 그 밖의 기준들(주로 체계적 문헌고찰에 해당)
주요 내용	내용: 역사적 틀, 이론적 틀, 방법론과 연구 결과들
	효과적인 구성
	자료의 통합
	설득력 있는 주장
요약과 논의	문헌고찰로 배운 주요 포인트 요약
	주제와 관련된 현재까지의 지식 평가
	자신이 실행할 연구의 근거를 제시

학위논문 전체에 걸친 문헌고찰

일단 2장을 마쳤다고 문헌고찰이 다 끝나는 것은 아니다. 오히려 논문을 쓰는 과정 내내 문헌들을 끊임없이 다시 찾아보고 다른 학자들의 연구와 온전히 관계를 맺는 것이 중요하다. 문헌고찰 챕터에서 논의한 이론이나 생각 그리고 결과들은 다른 장으로 이어지며 그 장을 구성하는 중요하고 실질적인 역할을 한다(Boote & Beile, 2005; Glense, 2018; Hart, 1998; Marshall & Rossman, 2011; Ravitch & Rigan, 2017).

문헌고찰은 자신의 연구를 계획하고 실행하는 참조 틀을 제공한다. 연구 설계와 특정 자료 수집 방법에 대한 방법론적 결정은 문헌고찰에서부터 논리적이고 개념적으로 이어져야 한다. 문헌고찰은 또한 자료를 어떻게 분석할지에도 영향을 미친다. 구성개념과 범주들을 제공해서 필요한 내용 위주로 자료를 정리할 수 있게 하고, 강조할 부분을 선택할 때 도움이 되며, 연구의 결과를 설명하고 해석할 수 있도록 해 주기 때문이다. 문헌고찰에서의 논의는 자신의 연구 결과를 지금까지 알려진 결과들과 비교하고 대조할 수 있게 해 주며, 자신의 연구가 해당 학계에 어떠한 기여를 하는지를 입증하는 데 사용된다.

때로 진행한 연구의 결과와 결론에 대한 논의를 하다 보면 의외의 결과가 나왔을 때가 있다. 또는 예상치 못했던 복잡함이 발견되면서 주제의 새로운 면을 보게 될 때도 있다. 라비치와 리건(Ravitch and Riggan, 2017)은 이럴 경우 문헌고찰로 돌아가서 초점을 조금 조정하거나 또는 기존의 문헌고찰 글에 새로운 요소를 추가해 보도록 제안한다. 그러다 보면 새로운 통찰을 발견하고 가치 있는 기여로 이어질 수 있다.

리들리(Ridley, 2012) 역시 연구자들이 논문을 마무리할 때까지 관련 자료를 계속 읽어야 한다고 제안한다. 마찬가지로, 이 책의 저자인 우리는 주제와 관련된 새로운 저서와 연구를 계속 찾아보고 새로운 생각과 결과에 열린 태도를 지니며 적절하다면 주제와 관련된 최신의 학문 연구를 자신의 연구에 통합할 것을 제안한다.

자신의 문헌고찰을 지속적으로 검토할 필요성과 관련해 폴 레이프(Paul Reiff, 2016)의 논문을 예로 들어보겠다. 폴은 아름다움에 대한 고등학생들의 경험을 현상학적으로 연구하였다. 그는 고전과 현대 시인, 철학자들, 교육과정 이론가들을 토대로 '아름다움', '미학', '경이로운 경험'이라는 개념을 역사적 그리고 철학적으로 풍부하게 기술하였다. 그렇지만 자료의 해석 단계에서, 폴은 자신이 문헌고찰에서 논의한 생각과 실제 생활 속 아름다움의 역할에 대한 학생들의 이해 간에 연결이 잘 되지 않음을 발견했다. 미에 대한 이야기를 할 때, 학생들은 관계와 우정, 어려움 극복 그리고 자아의 발견에 초점을 두었다. 폴은 미에 대한 자신과 학생들의 이해가 서로 달라 혼란스러웠다. 동시에, 이러한 차이와 씨름하면서 창조적 영감과 즐거움을 발견했다. 그는 문헌고찰로 돌아가서 상상과 예술을 사용해서 자신의 마음과 정신 그리고 자기이해를 가져옴을 뜻하는 "깨달음(awakening)"(Greene, 1978)이란 개념으로 아름다움을 다시 살펴보고 해당 내용을 추가하였다. 최종적으로 폴은 자신의 연구 결과의 의미를 학생들이 경험하는 예상치 못한 통찰과 깨달음이라는 렌즈를 통해 논의하였다.

다양한 형태의 학위논문과 그 안의 문헌고찰

문헌고찰을 통해 얻은 지식과 이해 그리고 통찰은 논문 전체에 촘촘히 엮여서 통합된다. 전형적인 문헌고찰은 하나의 장으로 구성되며, 그 뒤에 세 개의 장(방법론, 결과, 논의)이 이어진다. 이런 구성 방식은 박사와 석사 논문에서 가장 일반적이다. 그러나 이러한 방식만 있는 것은 아니다. 아래에서 우리는 문헌고찰을 쓰면서 고려할 만한 추가적인 방식을 소개할 것이다.

플래트리지(Platridge, 2002)는 사회과학과 인문학에서 논문 안에 문헌고찰을 포함시키는 네 가지 구성방식으로 전통적 단순 구성방식, 전통적 복합 구성방식, 주제별 구성방식 그리고 아티클 모음집을 언급했다. 각 방식에 따라 문헌고찰은 논문 안에서 여러 장에 걸쳐 다르게 구성된다.

전통적 단순 구성방식

전통적 단순 구성방식(traditional simple format)은 위에서 언급한 것처럼 다섯 개의 장으로 이루어진다. 두 번째 장은 독립적인 문헌고찰이고 이어서 세 개의 장이 연결되며, 이 모든 것이 하나의 연구와 관련된다. 이러한 논문 방식은 ILMRC(Introduction, Literature Review, Methods, Results, Discussion)으로 불리는 일반적 구조를 따른다. 과학과 의학 분야에서 사용되는 논문 구성방식

역시 이러한 방식을 따르지만, 이 경우 문헌고찰이 서론의 일부로 포함된다
(LMRC).

전통적 복합 구성방식

전통적 복합 구성방식(traditional complex format)은 전통적 단순 구성방식
의 확장된 버전이다(Thompson, 1999). 단순 구성방식과의 차이점은 서로 관련
되지만 독립적인 몇 개의 연구들로 하나의 논문이 구성된다는 점이다. 개별
연구들은 IMRC(Introduction, Methods, Results, Conclusion)의 형태로 제시되며,
상위를 차지하는 하나의 문헌고찰 아래에 연결된다. 주로 과학 분야와 행동과
학에서 자주 발견되는 논문의 형태다.

이러한 연구의 예로 학령기 아동의 자기개념발달을 주제로 한 심리학 전
공생인 레이첼의 경우를 살펴보자. 레이첼은 주제와 관련된 문헌들을 검토한
뒤, 세 개의 연구 질문을 만들고 각 질문에 대한 별개의 연구를 진행하였다.
첫 번째 연구에서는 미 남서부 도심지역의 아동 200명에게 자기 보고식 평가
척도를 실시했다. 두 번째 연구에서는 부모들에게 설문을 받아서 세 개의 다
른 문화 공동체에 속한 아이들의 자기 개념을 비교하였다. 세 번째 연구에서
는 자기 보고식 설문을 사용해서 페이스북이나 트위터 같은 소셜미디어가 아
이들의 자기 이미지에 어떤 영향을 주는지를 평가하였다. 이러한 개별 연구들
을 서론, 방법론, 결과 그리고 결론이 포함된 독립된 장에서 보고하였다. 마지
막 장에서는 개별 연구의 결과를 합쳐서 일반적인 논의를 전개하고 아동을
대상으로 하는 심리학자와 현장전문가들을 위한 방안을 제시하였다.

주제별 구성방식

주제별 구성방식(topic-based format)은 테마나 주제를 사용해서 각 장들
을 구성하는 논문의 형태다. 이 경우 별도의 문헌고찰 챕터가 포함되지는 않
으며 문헌고찰의 내용이 모든 장에 걸쳐 포함된다. 이러한 구성방식에서는 보
통 방법론이나 결과가 따로 포함되지 않는다. 주로 서론으로 시작되고, 이어
서 주제별 장들이 이어지며, 일반적인 논의와 결론 장으로 마무리된다. 주제
별 구성방식은 이론적 논문이나 신학, 철학 연구처럼 주로 비실증적 연구에
사용된다(Carter, Kelly, & Brailsford, 2012).

1장: 자유를 잃은 인식의 주체. 프란셀은 교사와 박사생으로서의 자신의 경험에 대한 자문화기술지를 통해 독자들을 몰입시키며 논문의 주제를 소개한다.

2장: 민주주의 미학으로부터의 해석학적 담론. 이 장에서는 해석학과 미학적 담론을 사용해서 보다 수평적 형식의 지식을 제안한다.

3장: 본질적으로 민주적인: 교육에서의 진보주의의 죽음. 진보주의와 본질주의 저자들의 글을 통해, 교육에서 진정한 민주적 진보가 있었는지를 탐색한다.

4장: 감옥. 이 장에서는, 학습자들의 논리적 언어발달 과정을 가로막는 벽으로서의 교실을 묘사한다.

5장: 눈에서 멀어지면 마음에서도 멀어짐. 저자는 어떻게 우리의 교육적 언어가 학습자들을 가두고, 그들로 하여금 발전하고 있는 듯한 가짜 이미지를 불러일으키는 체제 안에 묶이게 만드는지를 논의한다.

출처: Francel(2015).

주제별 구성방식의 예로 제이슨 프란셀(Jason Francel, 2015)이 쓴 '교육 전쟁: 죄수의 딜레마(The War on Education: A Prisoner's Dilemma)'라는 학위논문을 들 수 있다. 상자 12.5는 해당 논문의 각 장을 짧게 기술한 것이다.

아티클 모음

아티클 모음집(compilation of articles)은 출판물로 구성된 논문(thesis by publication)이라고도 불린다. 여러 장으로 구성되어 있으며, 각 장은 연구자가 쓴 각기 다른 아티클이나 에세이들로 이루어진다. 각 장은 나머지 장들과 독립적이며 고유의 문헌고찰이 포함된다(Dong, 1998). 포함된 아티클이나 에세이들은 이미 학술지나 학회 또는 책에 실린 것이거나 출판이 고려되고 있는 것들이다. 여기에 하나의 논문으로 모양을 갖추기 위해서 서론과 결론을 추가한다. 서론은 현재까지의 지식에 대한 넓은 맥락적 배경을 제공한다. 결론에서는 각 장들을 포괄적으로 요약하며, 통합된 결론과 시사점을 제시할 수 있다.

이러한 논문 형태는 연구자가 "전문가들을 위해 글을 쓰는 전문가experts writing for experts"(Platridge, 2002, p. 132)로 기대된다는 점에서 차별성이 있다. 단지 논문 심사위원들에게 지식을 증명하는 것이 아니라 학계의 지식에 기여하는 것에 초점을 둔다(Boote & Beile, 2005).

상자 12.6은 이러한 논문 형태의 예다.

본 연구는 이미 출판된 연구를 활용할 수 있을 뿐만 아니라 …와 같은 여러 이유로 "출판물로 구성된 논문" 혹은 "논문 모음집"이라고 불리는 비전형적 논문 구성방식을 선택하였다. 출판물로 구성된 논문은 "연구를 더 많은 독자들에게 알릴 수 있으며" 또한 "앞으로 학자로서의 커리어를 추구할 때 [내게] 기대되는" 종류의 대화를 준비할 수 있도록 돕는다(Duke & Beck, 1999, p. 31). 또한 Boote와 Beile(2005)가 지적했듯, 논문 모음집 형식의 학위논문은 "단지 저자의 지식을 나열하는 것에만 소용 있는 형식적인 글쓰기를 훨씬 적게 포함하며" 그보다는 학계의 기존 문헌에 실질적이고 두드러진 기여를 하는 데에 관심이 있다(p. 10)…. "출판물로 구성된 논문"으로서, 독자들에게 연구의 방법론적, 철학적, 역사적 그리고 언어적 맥락에 대한 총체적 관점을 제시하는 1장을 제외한 나머지 장들은 개별적으로 출판된 "독립적인" 에세이와 아티클들이다. 그러나 공식적인 테마 중심의 논문과 발맞추기 위해서, 개별 논문의 장들을 중심 테마를 중심을 서로 연결할 필요가 있다. 본 연구에서 소개한 중심 테마는 독창적인 학습자로서의 인간이며 이를 중심으로 각 장들을 응집력 있는 하나의 글로 구성하였다.

출처: Magrini(2014).

표 12.3은 다양한 형태의 논문에 따른 문헌고찰의 유형을 요약한 것이다.

■ 표 12.3. 다양한 논문 구성방식에 포함된 문헌고찰의 형태

논문 구성방식	포함된 문헌고찰 형태
전통적 단순 구성방식	ILMRC라고 불리는 다섯 개의 장으로 구성됨. 문헌고찰은 별개의 장으로 되어 있음. 뒤따르는 세 개의 장들은 모두 하나의 연구에 대한 것임.
전통적 복합 구성방식	서로 연결되지만 독립적인 여러 개의 연구들을 포괄하는 하나의 문헌고찰이 들어감. 각 연구들은 IMRC구조로 구성됨.
주제별 구성	논문은 서론에서 시작하여 일반적인 논의로 끝남. 별개의 문헌고찰은 없으며, 문헌고찰 내용이 전체 장들에 걸쳐 기술됨.
아티클 모음집	논문은 이미 출판되었거나 학회에서 발표된 독립적인 개별 연구들로 구성되어 있음. 모든 장에 독자적인 문헌고찰이 포함됨.

글쓰기 조언과 수사적 장치들

글의 일관성을 유지하는 것은 문헌고찰의 질을 높이고 글의 논지를 잘 이해시킬 수 있는 가장 중요한 부분이다. 이 말은 글이 효과적으로 결속되어야 하며, 서로 다른 문단끼리 명확하게 연결되고, 목적을 달성하기 위해 생각이 논리적으로 이어져야 함을 의미한다.

독자들이 글의 내용을 확실하게 이해하도록 돕는 것이 연구자의 책임이다. 아래에서는 독자들이 길고 복잡한 문헌고찰 챕터를 더 쉽게 따라가도록 돕는 글쓰기 조언과 수사적 장치들을 설명한다.

한 문단에 하나의 생각

하나의 모든 문단은 단 하나의 생각만 담고 있어야 한다. 그렇기에 새로운 생각을 소개하려면 새로운 문단을 시작해야 한다. 새로운 생각은 문단의 주요 포인트를 언급하는 핵심 문장에서 소개된다. 문단 내 다른 문장들은 이 핵심 문장을 지지하거나, 명료하게 하거나, 관련된 예를 보여주거나, 세부적으로 설명하는 기능을 한다.

상자 12.7은 문단 속 중심 생각 그리고 이와 관련된 몇 개의 요점을 포함하고 있다. 그 다음 문단에서 저자는, 예를 들어, 문헌고찰 방식을 어떻게 선택할지에 대한 조언을 제안할 수 있다.

🌑 상자 12.7. 주요 생각과 그 부분들을 나열한 문단

문헌고찰 방식을 선택할 때는 몇 가지 요소를 잘 기억한다. 그 요소들은 (1) 해당 학계의 기준, (2) 예상하는 독자층, (3) 문헌고찰의 글쓰기 양식, 그리고 (4) 저자로서 자신의 경향성이다.

핵심 문장은 문단 내 어느 곳에라도 놓일 수 있지만, 보통 문단의 맨 처음에 쓰도록 한다. 핵심 문장으로 문단을 시작하게 되면 독자들이 문장의 주요 내용을 쉽게 알 수 있다. 문단은 너무 길거나 또 너무 짧아도 안 된다. 하나의 문장이 뒤에 나오는 표나 리스트 또는 그림을 소개하는 경우를 제외하고는 문단은 적어도 두 개 이상의 문장으로 구성되어야 한다.

글을 검토할 때는 하나의 문단에 동일한 생각이 반복되거나 중복해서 쓰이지는 않았는지 확인한다. 별다른 변형이 없는 똑같은 주장이나 개념 또는 생각을 읽고 또 읽고 하는 것처럼 지루한 건 없다. 만약 비슷한 주장이나 개념 또는 생각이 하나 이상의 문단에서 나온다면(바로 다음 문단이나 멀지 않은 문단 또는 글의 다른 부분에서라도), 이 문단들을 꼼꼼히 읽고 비교해 본다. 단순히 똑같은 얘기가 반복되는지 아니면 추가적인 근거나 새로운 정보를 제시하는지 검토한다. 만일 두 문단이 다른 단어로 쓰여 있지만 똑같은 주장, 개념 또는 생각을 제시한다면, 이 둘을 합칠 수 있는지 고려한다. 내용을 가장 잘 전달하는 문구나 문장들을 선택하고 나머지 내용은 삭제한다.

전환 어구

학위논문에 포함되는 문헌고찰은 보통 길고 방대하다. 독자들이 다양한 테마와 섹션들 사이의 논리적인 연결과 주장으로 이어지는 글의 흐름을 이해하기 어려울 수 있다.

독자들의 이해를 돕기 위해서 글의 흐름을 전환시키는 단어나 표현을 사용한다. 전환 어구는 (1) 문장들, 문단들 그리고 문헌고찰의 섹션들을 하나로 연결시키고, (2) 연구자가 드러내고자 하는 관련성을 보여주며, (3) 생각의 발전 과정을 전달한다. 전환 어구는 추가적인 생각을 더할 경우나(게다가, 뿐만 아니라, 추가적으로...), 비교나 대조를 할 때(반면에, 비슷하게, 대조적으로...), 배열할 때(우선, 두 번째로, 세 번째로...), 또는 원인과 효과를 보여줄 때(그 결과, 결과적으로, 왜냐하면...) 사용된다.

전환 어구는 하나의 단어일 수도 있고(다음으로, 그러므로...), 짧은 문구나(앞서 언급했듯, 종종 논의되듯...), 완전한 문장("연구자들이 제안하는 이슈는 ...의 복잡성을 분명하게 드러낸다. 이 점은 보다 친숙한 개념인 ... 때문에 종종 간과된다")이 될 수도 있다.

반복되는 단어나 문구

앞 단락에서 말한 일부 단어나 문구를 다음 단락에서 반복하면 글이 자연스럽게 연결될 수 있다. 이렇게 하면 문단들을 연결시키고 특정 요점이 계속해서 발전하거나 확장됨을 보여줄 수 있다.

상자 12.8. 단어와 문구를 반복해서 문단의 전환을 보여주는 예

Taylor와 Kilgus(2014)는 학생들의 학업 성취를 위한 사회-정서 학습의 중요성을 논의하였다. 이들은 긍정적인 지지 체계를 통해 사회-정서 기술을 개발하는 프로그램을 강조하였다. **성장 마인드셋**은 교실에서 **사용**될 수 있는 그러한 **프로그램**의 하나다.

성장 마인드셋 프로그램은 현재 교실에서 **사용**되고 가르쳐지고 있다. 이것은 Dweck(2016)에 의해 개발되었으며 사람들이 자기 자신, 그들의 학습, 동기 그리고 성공을 말하는 방식 등....

상자 12.8은 반복을 통해 한 문단에서 다음 문단으로 전환하는 것을 보여주는 예다. 반복되는 단어는 굵게 표시하였다.

반면, 문단 안에서 동일한 단어를 계속해서 반복하는 것은 피한다. 대신, 유의어를 사용한다. 예를 들어, "종종"이라는 단어의 반복을 피하기 위해서 "자주" 또는 "빈번하게"를 사용할 수 있다.

방향 제시

연구자는 독자들을 복잡한 글 사이로 이끌고 가는 가이드의 역할을 한다고 볼 수 있다. 이때 글의 방향을 제시하기 위해서 (1) 이정표와 (2) 주요 섹션이나 테마의 요약이 사용된다.

이정표

이정표는 그 이름이 의미하듯 글의 논리적 이동을 나타낸다. 글의 주요 부문을 시작할 때, 독자들에게 앞으로 전개될 논의에서 어떤 내용을 예상할 수 있는지를 한두 문장으로 알린다. 주로 앞서 논의된 내용을 바탕으로 새로운 섹션에서는 중심 테마가 어떻게 논리적으로 이어지는지를 설명한다. 상자

◗ **상자 12.9. 이정표의 예**

앞서 논의한 이론은 …에 대한 것이었다. 이제 관심을 돌려서 이 이론적 관점을 실제 상황에 적용할 때의 시사점을 논의하고자 한다. 다음 섹션에서는 먼저 … 그 다음으로 … 마지막으로는 …

12.9는 이러한 이정표의 예다.

주요 섹션이나 테마의 요약

주요 섹션이나 테마에 대한 논의를 마칠 때는 주요 포인트를 간략하게 반복하며, 다음에 이어지는 섹션과 논리적으로 연결되도록 한다. 독자들은 문헌고찰 전체에 포함된 이러한 요약들을 보면서 어떻게 여러 부분들이 연결되어 논지를 전달하고 있는지 이해할 수 있다. 상자 12.10은 요약의 예다.

요약하면, 이 섹션에서 논의한대로, 문화의 개념을 이해하는 것은 …을 탐구하는 데 이론적 배경을 제공한다. 이러한 접근이 내포하는 신중한 입장은 다양성을 키우고 강화시키는 진정성 있는 담론의 가능성을 보여준다. 이와 같은 이해를 바탕으로, 다음 섹션에서는 도심 지역 청소년 공동체의 …를 탐구한다.

제목과 부제

제목과 부제는 문헌고찰이 짜임새 있게 전개되도록 돕는 또 다른 도구다. 제목과 부제는 글의 섹션을 구분해 주며, 이야기의 구조를 드러내고, 각 부분의 주요 내용을 알려주며, 여러 갈래의 주장을 전개시키는 데 도움을 준다. 제목과 부제는 글의 테마와 하위 테마를 위계적으로 정리하며, 독자들이 글을 더 쉽게 이해하도록 해 준다.

제목과 부제는 글의 핵심을 강조하는 키워드를 사용해서 구성한다. 그리고 자신이 선택한 글쓰기 양식(예. APA, MLA 그리고 시카고 양식)에 맞게 정리한다. 이 규칙은 문헌고찰 (그리고 연구의 모든 챕터) 전체에 일관되게 적용하여야 한다.

예를 들어, APA 논문작성법 제6판에서는 5단계의 제목 수준을 제시하고 있다(문헌고찰을 쓰는 연구자들은 보통 두 개나 셋, 또는 네 단계를 사용한다). 단계의 수와 상관없이, 제목은 1단계부터 시작해서 순서대로 붙인다. 표 12.4와 상자 12.11은 APA 양식에 따른 제목의 단계를 설명과 예시로 보여준다.

표 12.4. APA 양식에 따른 제목의 수준

제목의 수준	형식
1	중앙에 배치, 굵은 활자체, 대문자와 소문자
2	왼쪽 정렬, 굵은 활자체, 대문자와 소문자
3	들여쓰기, 굵은 활자체, 소문자와 마침표, 마침표 다음부터 본문이 시작
4	들여쓰기, 굵은 활자체, 이탤릭체, 소문자와 마침표, 마침표 다음부터 본문이 시작
5	들여쓰기, 이탤릭체, 소문자와 마침표, 마침표 다음부터 본문이 시작

요약 표

마지막으로, 일부 연구자들은 문헌고찰 안에 표를 넣어서 정보를 요약하는 것이 효과적이라고 말한다. 표를 사용하면 다양한 자료에서 나온 정보를

상자 12.11. APA 양식에 따른 제목과 부제의 예시

1수준 제목

본문은 여기에서 시작...

2수준 제목
본문은 여기에서 시작...

      3수준 제목. 본문은 여기에서 시작...

      4수준 제목. 본문은 여기에서 시작...

      5수준 제목. 본문은 여기에서 시작...

시각적으로 배치하고 효과적으로 요약할 수 있기 때문이다. 표는 특히 통계 결과를 보여줄 때 효과적이지만, 질적 연구에도 사용할 수 있다. 두 개 혹은 그 이상의 이론적 관점을 비교한다든지, 실증연구에서 나온 테마나 패턴과 같은 결과를 요약할 때도 적절히 사용된다.

단, 표는 그 자체로 자명한 것이 아니라 본문 안에서 논의된 내용의 예를 보여주고 이를 보완하는 도구의 역할을 한다는 걸 명심해야 한다. 표에 담긴 정보가 어떠한 면에서 논지와 관련되는지를 독자에게 다시 글로써 서술할 필요가 있다. 또한 각각의 표에 반드시 제목을 붙인다.

표 12.5. 문헌고찰의 내용을 효과적으로 전달하기 위한 글쓰기 조언과 수사적 장치들

조언	설명
한 문단에 하나의 생각	각 단락은 그 단락에서 말하고자 하는 단 하나의 중심 생각만을 담고 있어야 함.
전환 어구	전환 어구로 문장, 단락, 섹션을 연결함.
반복되는 문구	전 단락에서 언급한 문구를 반복함으로써 문단끼리 연결하고, 특정 요지가 보다 확장 설명됨을 언급함.
이정표	새로운 섹션의 이정표는 글의 논리적 전개를 보여주고 다음에서 논의될 내용을 전달함.
섹션과 테마 요약	주요 섹션이나 테마를 끝마칠 때는 중요 요점을 다시 한 번 반복하며 다음 섹션으로 연결시킴.
제목과 부제	제목과 부제는 글의 구조, 주요 테마와 하위 테마 그리고 테마 간의 위계를 드러냄.
요약 표	요약 표는 다양한 자료에서 나온 정보를 보여주고, 연구들의 결과를 비교하며, 이론적 관점을 서로 비교해서 보여줌.

표 12.5는 문헌고찰의 내용을 효과적으로 전달하기 위한 글쓰기 조언과 수사적 장치들을 요약한 것이다.

문헌고찰 평가 매트릭스

드디어 오랜 시간에 걸쳐 노력해 온 문헌고찰이 마무리 단계에 이르렀다. 앞서 언급했듯(10장 참고), 문헌고찰을 쓸 때는 자신의 글을 여러 번 반복해서 읽고 수정하는 과정이 포함된다. 이제는 자신의 글을 다시 읽으면서 최종 검토를 할 시기다.

이장의 마지막에는 문헌고찰의 최종 편집에 도움이 될 만한 여섯 개의 평가 매트릭스(표 12.6~12.11)가 들어 있다. 이 매트릭스를 이용해서 스스로, 또는 동료들과 함께 지금까지 작성한 글을 검토해 볼 수 있다.

체크를 시작하기 전에, 먼저 평가 매트릭스와 익숙해지는 것이 좋다. 보면 알 수 있듯, 매트릭스의 범주들은 특정 챕터가 아닌 문헌고찰 전체와 관련되어 있다. 이 범주들은 (A) 서론, (B) 주제에 대한 지식, (C) 글의 구성과 최종 논의, (D) 주장, 통합 그리고 일관성, (E) 저자의 목소리와 수사적 장치, 그리고 (F) 글의 구성과 글쓰기 기법에 대한 것이다.

Part A – 서론(참고: 3장, 12장)

표 12.6. 문헌고찰 평가 매트릭스: Part A-서론

평가 기준		평가 내용
1	글의 시작에서 독자의 관심을 사로잡음.	
2	연구 문제가 명확하고 간결하며 연구의 초점을 잘 전달함.	
3	목적 진술은 연구의 목적을 명확하고 간결하게 전달함.	
4	연구 질문은 구체적이고, 초점이 명확하며, 답을 구할 수 있음.	
5	용어가 잘 정의 내려져 있으며 글 전체에 일관되게 사용됨.	
6	연구의 의의와 학계에의 기여가 명확하게 언급됨.	
7	연구 주제를 시대적, 이론적 그리고/또는 역사적 배경과 연결시킴.	
8	주제와 관련된 가능한 편견이나 연구자의 주관성이 논의됨.	
9	연구의 범위와 경계가 논의됨.	
10	연구의 전체 장에 대한 개요가 설명됨.	

Part B – 주제에 대한 지식과 이해(참고: 5장, 12장)

표 12.7. 문헌고찰 평가 매트릭스: Part B-주제에 대한 지식과 이해

	평가 기준	평가 내용
1	자료의 포함과 제외 기준이 명확히 언급됨.	
2	자료는 연구 주제에 대한 독자의 이해를 높이기에 적절함.	
3	적절한 일차 그리고 이차 자료가 사용됨.	
4	주제가 연구 분야의 역사적 맥락 안에 위치함.	
5	주제가 현시대적 맥락 안에 위치하며 현재까지의 지식을 포함하고 있음.	
6	이론적 관점들을 제시하고, 설명하고, 비교함.	
7	선행 연구들에서 사용된 방법론적 가정과 연구 기법을 설명하고 비판적으로 검토함.	
8	주요 학자들, 권위 있는 저자들, 학계의 중요한 연구들이 언급됨.	
9	주제에 대한 다각도의 관점을 제시하고, 이를 논의하고 평가함.	
10	학자들 간의 논쟁과 합의점, 모순된 입장들을 제시하고 논의함.	

Part C – 구성과 최종 논의(참고: 7장, 8장, 12장)

표 12.8. 문헌고찰 평가 매트릭스: Part C−구성과 최종 논의

	평가 기준	평가 내용
1	글의 논리적 구성이 명확히 드러남.	
2	내용이 테마와 하위 테마를 중심으로 구분됨.	
3	하나의 생각에서 다른 생각으로의 연결이 자연스럽고 논리적임.	
4	넓고 일반적인 논의에서 시작해 점차 탐구의 초점으로 좁혀짐.	
5	문헌고찰이 연구자 자신의 연구로까지 논리적으로 이어짐.	
6	마지막에 문헌고찰을 통해 배운 것을 짧게 요약해서 보여줌.	
7	문헌고찰에서 논의되지 않은 생각은 요약에도 포함하지 않음.	
8	문헌고찰의 마지막 섹션에서 주제에 대한 현재의 지식이 평가되며, 불일치나 지식의 간극이 언급됨.	
9	문헌고찰의 요약에서 자신이 진행할 연구의 근거가 제안됨.	
10	마지막 섹션에서 과거의 문제들을 극복하기 위한 방안이 제시됨.	

Part D – 주장과 통합 그리고 일관성(참고: 6장, 8장, 9장, 12장)

표 12.9. 문헌고찰 평가 매트릭스: Part D-주장과 통합 그리고 일관성

	평가 기준	평가 내용
1	주장이 체계적이고 논리적으로 이어지며 중심 논지를 구성함.	
2	논지와 주장은 근거를 바탕으로 함.	
3	주요 주장은 연구 질문에 부합하는 방식으로 발전되어 감.	
4	주제에 대한 연구자의 입장에 근거해서 설득력 있고 논리적인 주장이 전개됨.	
5	기존 문헌을 효과적으로 통합해서 주제에 대한 지식을 확장하고 새로운 관점을 제시함.	
6	패턴을 찾고, 설명하고, 결과를 도출하기 위해서 여러 아이디어와 이론 그리고 연구 결과를 비교하고 대조하면서 통합해 감.	
7	비판적 입장에서 이론과 아이디어들을 통합함.	
8	통합한 내용은 아이디어와 연구자의 관점 그리고 주관성을 일관되게 보여줌.	
9	문헌고찰은 자료와 연구 결과들에 대한 비판적 평가를 반영함.	
10	논의된 연구의 저자들에 대해 존중하는 태도를 보여줌.	

Part E – 연구자의 목소리와 수사적 장치(참고: 10장, 12장)

표 12.10. 문헌고찰 평가 매트릭스: Part E-연구자의 목소리와 수사적 장치

	평가 기준	평가 내용
1	연구자의 권위와 목소리가 드러남.	
2	연구자와 리뷰하는 저자들의 생각이 구분됨.	
3	각 단락은 완전하고 논리적인 생각을 담고 있음.	
4	문장과 단락, 섹션들이 전환 어구로 연결됨.	
5	새로운 섹션을 시작할 때 글이 어떻게 진행되고 다음에서 무엇이 논의될지 알려줌.	
6	중심적인 섹션이나 테마를 마칠 때에는 요점이 다시 언급되며 이어서 어떠한 내용이 나올지 제시됨.	
7	필요시 표나 그래프, 그림으로 내용을 보여줌.	
8	제목의 수준이 문헌고찰의 여러 부분 간의 구조와 관계를 분명하게 보여줌.	
9	하나의 문단에서 같은 단어가 계속 반복되는 것을 피하기 위해 대안적 동의어가 사용됨.	

Part F – 글의 구성과 글쓰기 기법(참고: 11장, 그리고 책 전반)

표 12.11. 문헌고찰 평가 매트릭스: Part F-글의 구성과 글쓰기 기법

	평가 기준	평가 내용
1	여백과 폰트 사이즈가 맞게 설정되었고, 머리글과 페이지 번호가 들어감.	
2	선택한 글쓰기 양식을 바르게 적용함.	
3	본문 내 인용과 마지막 참고문헌이 일치함.	
4	문장은 너무 길지 않으면서 생각을 일관되게 전달함.	
5	철자와 문법이 정확함.	
6	처음 언급하는 용어는 줄임 없이 모두 풀어쓰고, 이어서 나올 때는 약어가 사용됨.	
7	시제가 일치하며, 주어와 동사가 잘 맞음.	
8	필요시 기울임이나, 따옴표, 하이픈, 약어 등이 사용됨.	
9	직접 인용문이나, 표, 통계결과는 본문에서 소개하고 글로 설명함.	
10	본문과 링크된 인터넷 주소나 참고문헌은 정확히 연결됨.	

1. 문헌고찰은 학위논문의 처음 두 챕터(1장 서론과 2장 문헌고찰)에서 주요 역할을 한다.

2. 서론에서는 독자의 흥미를 불러일으키고, 주제와 연구 목적을 명확히 언급하며, 핵심 용어나 개념을 정의 내리고, 연구의 의의를 설명하고, 맥락을 묘사하고, 연구 질문을 제시하고, 연구의 범위를 정하며, 로드맵을 제시한다.

3. 문헌고찰에 정해진 양식이 있는 것은 아니지만 일반적으로는 서론, 본문, 요약과 논의로 나뉜다.

4. 서론에는 문헌고찰을 통해 성취하려는 것을 기술하고 자료의 포함과 제외 기준이 포함될 수 있다.

5. 문헌고찰의 본문을 쓸 때는 (a) 리뷰 내용, (b) 효과적인 구성, (c) 자료의 일관된 통합과 해석, 그리고 (d) 설득력 있게 제안된 주장에 초점을 맞춘다.

6. 요약과 논의 부분은 자신이 계획 중인 연구와 연결시킨다. 문헌고찰을 통해 배운 것을 요약하고, 현재까지의 지식을 평가하며, 자신의 연구의 근거를 밝힌다.

7. 문헌고찰을 쓰는 과정은 한 번에 완성될 수 없다. 여러 번 반복해서 읽고 수정한다.

8. 학위논문 안에 문헌고찰을 포함하는 네 가지 기본적 방식에는 전통적 단순 구성방식, 전통적 복합 구성방식, 주제별 구성방식, 아티클 모음집이 있다. 각 방식에 따라 문헌고찰이 다르게 구성된다.

9. 독자들에게 문헌고찰의 내용을 최대한 명료하게 전달하는 것은 연구자의 책임이다. 글쓰기를 돕는 수사적 장치로는 한 문단에 하나의 아이디어, 전환 어구, 문구의 반복, 탐색 장치, 주제와 부제, 요약 표가 있다.

10. 여섯 가지 평가 매트릭스를 사용해서 자신의 글을 재검토하고 수정한다. 평가 매트릭스의 각 범주는 (a) 서론, (b) 주제 관련 지식과 이해, (c) 구성과 최종 결론, (d) 주장의 구성과 통합, (e) 연구자의 목소리와 일관성, 그리고 (f) 글의 구성과 글쓰기 기법이다.

참고문헌

American Psychological Association. (2010). *Publication manual of the American Psychological Association* (6th ed.). Washington, DC: Author.

Atkins, S., Lewin, S., Smith, H., Engel, M., Fretheim, A., & Volmink, J. (2008). Conducting a meta−ethnography of qualitative literature: Lessons learnt. *BMC Medical Research Methodology, 8*(21), 1-10.

Axelrod, R. B., & Cooper, C. R. (2012). *Axelrod and Cooper concise guide to writing* (6th ed.). Boston: Belford/St. Martin.

Bakhtin, M. M. (1981). *The dialogic imagination: Four essays* (M. Holquist, Ed., C. Emerson & M. Holquist, Trans.). Austin: University of Texas Press.

Bandura, A. (1977). *Social learning theory.* Englewood Cliffs, NJ: Prentice Hall.

Barnett−Page, E., & Thomas, J. (2009). Methods for the synthesis of qualitative research: A critical review. *BMC Medical Research Methodology, 9,* 59.

Barrett, F. J., Powley, E. H., & Pearce, B. (2011). Hermeneutic philosophy and organizational theory. In H. Tsoukas & R. Chia (Eds.), *Philosophy and organization theory: Vol. 32. Research in the sociology of organizations* (pp. 181-213). Bingley, UK: Emerald.

Battany−Saltikov, J. (2012). *How to do a systematic literature review in nursing: A step−by−step guide.* Berkshire, UK: Open University Press.

Bazeley, P. (2013). *Qualitative data analysis: Practical strategies.* Thousand Oaks, CA: SAGE.

Berg, B. L., & Lune, H. (2011). *Qualitative research methods for the social sciences* (8th ed.). Essex, UK: Pearson.

Black, T. R. (1999). *Doing quantitative research in the social sciences: An integrated approach to research design, measurement and statistics.* Thousand Oaks, CA: SAGE.

Blumberg, B., Cooper, D. R., & Schindler, P. S. (2008). *Business research method* (2nd ed.). Berkshire, UK: McGraw-Hill.

Boell, S. K., & Cecez-Kecmanovic, D. (2010). Literature reviews and the hermeneutic circle. *Australian Academic and Research Libraries, 41*(2), 129-144.

Boell, S. K., & Cecez-Kecmanovic, D. (2014). A hermeneutic approach for conducting literaturereview and literature search. *Communications of the Association for Information Systems, 34,* 257-286.

Bogdan, R. C., & Biklen, S. K. (2006). *Qualitative research in education: An introduction to theory and methods* (5th ed.). Needham Heights, MA: Allyn & Bacon.

Boote, D. N., & Beile, P. (2005). Scholars before researchers: On the centrality of literature review in dissertation preparation. *Educational Researchers, 34*(6), 3-15.

Booth, A., Sutton, A., & Papaioannou, D. (2016). *Systematic approaches to a successful literature review* (2nd ed.). Thousand Oaks, CA: SAGE.

Booth, W. C., Colomb G. G., & Williams, J. M. (2008). *The craft of research* (3rd ed.). Chicago: University of Chicago Press.

Brannen, J. (2005). Mixed methods: The entry of qualitative and quantitative approaches into the research process. *International Journal of Social Research Methodology, 8*(3), 173-184.

Britten, N., Campbell, R., Pope, C., Donovan, J., Morgan, M., & Pill, R. (2002). Using meta ethnography to synthesize qualitative research: A worked example. *Journal of Health Services Research and Policy, 7*(4), 209-215.

Bronfenbrenner, U. (1979). *The ecology of human development: Experiments by nature and design.* Cambridge, MA: Harvard University Press.

Bruce, C. S. (2001). Interpreting the scope of their literature reviews: Significance differences in research students' concerns. *New Library World, 102*(4), 158-166.

Campbell, R., Pound, P., Morgan, M., Daker-White, G., Britten, N., Pill, R., et al. (2011). Evaluating meta-ethnography: Systematic analysis and synthesis of qualitative research. *Health Technology Assessment, 15*(43), 1-64.

Campbell, R., Pound, P., Pope, C., Britten, N., Pill, R., Morgan, M., et al. (2003). Evaluating meta-ethnography: A synthesis of qualitative research on lay experiences of diabetes and diabetes care. *Social Science and*

Medicine, 56(4), 671–684.

Card, N. A. (2015). *Applied meta−analysis for social science research*. New York: Guilford Press.

Carnwell R., & Daly, W. (2001) Strategies for the construction of a critical review of the literature. *Nurse Education Practice, 1*(2), 57–63.

Carter, S., Kelly, F., & Brailsford, I. (2012). *Structuring your research thesis*. London: Palgrave Macmillan.

Cazden, C. B. (1993). Vygotski, Hymes and Bakhtin: From words to utterance and voice. In E. M. Minick & E. Forman (Eds.), *Contexts for learning: Sociocultural dynamic of children's development* (pp. 197–212). New York: Oxford University Press.

Chicago Manual of Style (17th ed.). (2017). Chicago: University of Chicago Press. Retrieved from *www.chicagomanualofstyle.org/home.html*.

Coburn, C. E., & Penuel, W. R. (2016). Research-practice partnerships in education: Outcomes, dynamics, and open questions. *Educational Researcher, 45*(1), 48–54.

Coffin, C., Curry, M. J., Goodman, S., Hewings, A., Lillis, T. M., & Swann, J. (2003). *Teaching academic writing: A toolkit for higher education*. New York: Routledge.

Cooper, H. (1984). *The integrative research review: A systematic approach*. Beverley Hills, CA: SAGE.

Cooper, H. (1988). Organizing knowledge synthesis: A taxonomy of literature reviews. *Knowledge in Society, 1*(1), 104–128.

Cooper, H. (1998). *Synthesizing research: A guide for literature reviews* (3rd ed.). Thousand Oaks, CA: SAGE.

Cooper, H. (2010). *Research synthesis and meta−analysis: A step−by−step approach* (3rd ed.). Thousand Oaks, CA: SAGE.

Cooper, H., Hedges, L. V., & Valentine, J. C. (Eds.). (2009). *The handbook of research synthesis and meta−analysis* (2nd ed.). New York: Russell Sage Foundation.

Council of Writing Program Administrators. (2003). Defining and avoiding plagiarism: The WPA statement on best practices. Retrieved from *http://wpacouncil.org/positions/WPAplagiarism.pdf*.

Creswell, J. W. (2012). *Qualitative inquiry and research design: Choosing among five traditions* (3rd ed.). Thousand Oaks, CA: SAGE.

Creswell, J. W. (2018). *Research design: Qualitative, quantitative, and mixed methods approaches* (5th ed.). Thousand Oaks, CA: SAGE.

Creswell, J. W., & Plano Clark, V. L. (2011). *Designing and conducting mixed methods research* (2nd ed.). Thousand Oaks, CA: SAGE.

Daley, B. J., & Torre, D. M. (2010). Concept maps in medical education: An analytical literature review. *Medical Education, 44*(5), 440-448.

Daly, J. A., & Miller, M. D. (1975). Apprehension of writing as a predictor of message intensity. *Journal of Psychology, 89*(2), 175-177.

Danica, S., Ventura, A., & Verdaguer, I. (2013). A cross−disciplinary analysis of personal and impersonal features in English and Spanish scientific writing. In I. Verdaguer, N. J. Laso, & S. Danica (Eds.), *Biomedical English: A corpus−based approach* (pp. 121-143). Philadelphia: John Benjamin.

Dawidowicz, P. (2010). *Literature review made easy: A quick guide to success.* Charlotte, NC: Information Age.

DeGue, S., Valle, L. A., Holt, M. K., Massetti, G. M., Jatjasko, J. L., & Tharp, A. T. (2014). A systematic review of primary prevention strategies for sexual violence perpetration. *Aggression and Violent Behavior, 19,* 346-362.

Denzin, N. K. (2009). The elephant in the living room: Or extending the conversation about the politics of evidence. *Qualitative Research, 9*(2), 139-160.

Denzin, N. K., & Lincoln, Y. S. (Eds.). (2011). *The SAGE handbook of qualitative research* (4th ed.). Thousand Oaks, CA: SAGE.

Dewar, M. D. (2015). *Uncovering being from the well: Recovering meaning in education through a phenomenology of well−being.* Unpublished doctoral dissertation, National Louis University, Chicago, IL.

Dixon−Woods, M., Bonas, S., Booth, A., Jones, D. R., Miller, T., Sutton, A. J., et al. (2006). How can systematic reviews incorporate qualitative research?: A critical perspective. *Qualitative Research, 6*(1), 27-44.

Dixon−Woods, M., Cavers, D., Agarwal, S., Annandale, E., Arthur, A., Harvey, J., et al. (2006). Conducting a critical interpretive review of the literature on access to healthcare by vulnerable groups. *BMC Medical Research Methodology, 6,* 35.

Dixon−Woods, M., Shaw, R. L., Agarwal, S., & Smith, J. A. (2004). The problem of appraising qualitative research. *Quality and Safety in Healthcare, 13,* 223-225.

Dong, Y. R. (1998). Nonnative graduate students' thesis dissertation writing in science: Self reports of students and their advisors from two US institutes. *English for Specific Purposes, 17*(4), 369-390.

Douglas, J. (2014). Making a case in your literature review. In A. J. Rockinson—Szapkiw & L.S. Spaulding (Eds.), *Navigating the doctoral journey: A handbook of strategies for success* (pp. 139-148). Lanham, MD: Rowman & Littlefield.

Doyle, L. H. (2003). Synthesis through meta—ethnography: Paradoxes, enhancements and possibilities. *Qualitative Research, 3*(3), 321-344.

Driscoll, D. L., & Brizee, A. (2015). Quoting, paraphrasing, and summarizing (Purdue Online Writing Lab). Retrieved from *https://owl.english.purdue.edu /owl/resource/563/1.*

Dweck, C. S. (2016, January 13). What having a "growth mindset" actually me ans. *Harvard Business Review.* Retrieved from *https://hbr.org/2016/01/what —having—a—growth—mindset—actually—means.*

Dykiert, D. (2014). *Data extraction, quality assessment and narrative synthesis.* Edinburgh, UK: Centre for Cognitive Ageing and Cognitive Epidemiology, University of Edinburgh. Retrieved from *www.ccace.ed.ac.uk/sites/default/fil es/Data%20extraction,%20assessment%20and%20synthesis_2014.pdf.*

Efron, S. E. (2015, April). *Moral dialogue with self and with others.* Paper presented at the annual meeting of the American Educational Research Association, Chicago, IL.

Efron, S. E., & Ravid, R. (2013). *Action research in education: A practical guide.* New York: Guilford Press.

Efron, S. E., Winter, J., & Bressman, S. (2017). Mentoring across cultures: Supporting relationships that inspire professional growth. In A. M. Kent & A. M. Green (Eds.), *Across the domains: Examining best practices in mentoring public school education* (pp. 69-96). Charlotte, NC: Information Age.

Elbow, P. (1973). *Writing without teachers.* New York: Oxford University Press.

Elbow, P. (1998). *Writing with power: Techniques for mastering the writing process* (2nd ed.). New York: Oxford University Press.

Elbow, P. (2000). *Everyone can write: Essays toward a hopeful theory of writing and teaching writing.* New York: Oxford University Press.

Elbow, P., & Belanoff, P. (1995). *A community of writers: A workshop course in writing* (2nd ed.). New York: McGraw—Hill.

Feak, C. B., & Swales, J. M. (2009). *Telling a research story: Writing a literature review.* Ann Arbor: University of Michigan Press.

Fisher, A. (2004). *The logic of real arguments* (2nd ed.). Cambridge, UK: Cambridge University Press.

Flick, W. (2009). *An introduction to qualitative research* (4th ed.). Thousand Oaks, CA: SAGE.

Forte, J. (2010). Transformation through interaction: A meta—ethnographic synthesis of research reports on mutual aid groups. *Qualitative Social Work, 9*(2), 151-168.

Francel, J. (2015). *The war on education: A prisoner's dilemma.* Unpublished doctoral dissertation, National Louis University, Chicago, IL.

Gadamer, H. G. (1982). *Truth and method* (G. Barden & J. Cumming, Trans.). New York: Crossroads.

Gadamer, H. G. (1998). *Truth and method* (2nd ed.) (J. Weinsheimer & D. Marshall, Trans.). New York: Continuum. (Original work published 1960)

Gadamer, H. G. (2004). *Truth and method.* New York: Continuum International.

Gall, M. D., Gall, J. P., & Borg, W. R. (2006). *Educational research: An introduction* (8th ed.). Upper Saddle River, NJ: Pearson.

Galvan, J. L., & Galvan, M. C. (2017). *Writing literature reviews: A guide for students of the social and behavioral sciences* (6th ed.). New York: Routledge.

Ganann, R., Ciliska, D., & Thomas, H. (2010). Expediting systematic reviews: Methods and implications of rapid reviews. *Implementation Science, 5,* 56.

Garrard, J. (2014). *Health sciences literature review made easy: The matrix method* (4th ed.). Burlington, MA: Jones & Bartlett Learning.

Gay, L. R., Mills, G. E., & Airasian, P. W. (2011). *Educational research: Competencies for analysis and applications* (10th ed.). Boston: Addison—Wesley.

Geertz, C. (1979). From the native's point of view: The nature of anthropological understanding. In P. Rabinow & W. M. Sullivan (Eds.), *Interpretive social science: A reader* (pp. 225-241). Berkeley: University of California Press.

Glass, G. (1976). Primary, secondary, and meta—analysis of research. *Educational Researcher, 5*(10), 3-8.

Glense, C. (2018). *Becoming qualitative researchers: An introduction* (4th ed.). New York: Pearson.

Goldhaber, D., Lavery, L., & Theobald, R. (2015). Uneven playing field?: Assessing the teacher quality gap between advantaged and disadvantaged students. *Educational Researcher, 44*(5), 293-307.

Goodson, P. (2013). *Becoming an academic writer: 50 exercises for paced, productive, and powerful writing.* Thousand Oaks, CA: SAGE.

Gough, D. (2007). Weight of evidence: A framework for the appraisal of the quality and relevance of evidence. In J. Furlong & A. Oancea (Eds.), Applied and practice−based research [Special issue]. *Research Papers in Education, 22*(2), 213-228.

Gough, D., Oliver, S., & Thomas, J. (Eds.). (2012). *An introduction to systematic reviews.* Thousand Oaks, CA: SAGE.

Graff, G., & Birkenstein, C. (2014). *They say/I say: The moves that matter in academic writing* (3rd ed.). New York: Norton.

Grant, J., Ling, T., Potoglou, D., & Culley, D. M. (2011). A report prepared by RAND Europe for the Greek Ministry of Education, Lifelong learning and religious affairs. Retrieved from *www.rand.org/content/dam/rand/pubs/docu mented_briefings/2011/RAND_DB631.pdf.*

Greene, M. (1978). *Landscapes of learning.* New York: Teachers College Press.

Gunn, K. C. M., & Delafield−Butt, J. T. (2016). Teaching children with autism spectrum disorder with restricted interests: A review of evidence for best practice. *Review of Educational Research, 86*(2), 408-430.

Hammersley, M. (2000). Varieties of social research. *International Journal of Social Research Methodology: Theory and Practice, 3*(3), 221-231.

Hammersley, M. (2007). The issue of quality in qualitative research. *International Journal of Research and Method in Education, 30*(2), 27-44.

Han, Y. C., & Love, J. (2015). Stages of immigrant parent involvement— survivors to leaders. *Phi Delta Kappan, 97*(4), 21-25.

Hannes, K. (2011). Critical appraisal of qualitative research. In J. Noyes, A. Booth, K. Hannes, A. Harden, J. Harris, S. Lewin, et al. (Eds.), *Supplementary guidance for inclusion of qualitative research in Cochrane Systematic Reviews of Interventions* (Version 1, updated August 2011). Cochrane Collaboration Qualitative Methods Group. Retrieved from *http://cqrmg.cochrane.org/supplemental−handbook−guidance.*

Hannes, K. (2015). Building a case for mixed method review. In D. Richards & I. Hallberg (Eds.), *Complex interventions in health: An overview of research methods* (pp. 88-95).Oxon, UK: Routledge.

Harden, A., & Thomas, J. (2005). Methodological issues in combining diverse study types in systematic reviews. *International Journal of Social Research Methodology, 8*(3), 257-271.

Harden, A., & Thomas, J. (2010). Mixed methods and systematic reviews: Examples and emerging issues. In A. Tashakkori & C. Teddlie (Eds.), *Handbook of mixed methods in the social and behavioral sciences* (2nd ed., pp. 749-774). London: SAGE.

Harker J., & Kleijnen, J. (2012). What is rapid review?: A methodological exploration of rapid reviews in health technology assessments. *International Journal of Evidence−Based Health Care, 10*(4), 397-410.

Hart, C. (1998). *Doing the literature search: Releasing the social science research imagination.* London: SAGE.

Hart, C. (2001). *Doing a literature search: A comprehensive guide for the social sciences* (W. McNeil & N. Walker, Trans.). Los Angeles: SAGE.

Heidegger, M. (1995). *The fundamental concept of metaphysics: World, finitude, and solitude.* Bloomington: Indiana University Press.

Hesse−Biber, S. N. (2010). *Mixed methods research: Merging theory with practice.* New York: Guilford Press.

Heyvaert, M., Maes, B., & Onghena, P. (2013). Mixed methods research synthesis: Definition, framework, and potential. *Quality and Quantity, 47,* 659-676.

Higgins, J., & Green, S. (Eds.). (2011). *Cochrane handbook for systematic reviews of interventions.* Chichester, UK: Wiley.

Holstein, J. A., & Gubrium, J. F. (Eds.). (2012). *Varieties of narrative analysis.* Thousand Oaks, CA: SAGE.

Issel, L. M. (2014). *Health program planning and evaluation: A practical, systematic approach for community health* (3rd ed.). Burlington, MA: Jones & Bartlett Learning.

Jarret, M. A., & Ollendick, T. H. (2008). A conceptual review of the comorbidity of attention−deficit/hyperactivity disorder and anxiety: Implications for future research and practice. *Clinical Psychology Review, 28,* 1266-1280.

Jesson, J., Matheson, L., & Lacey, F. M. (2011). *Doing your literature review:*

Traditional and systematic techniques. Thousand Oaks, CA: SAGE.

Johnson, B., & Christensen, L. (2010). *Educational research: Quantitative, qualitative, and mixed approaches* (4th ed.). Thousand Oaks, CA: SAGE.

Johnson, B. R., & Onwuegbuzie, A. J. (2004). Mixed methods research: A research paradigm whose time has come. *Educational Researcher, 33*(7), 14–26.

Jordan, A. D. (2015). *The transformative experiences of female educators as a catalyst for social change in the world.* Unpublished doctoral dissertation, National Louis University, Chicago, IL.

Kafle, N. P. (2011). Hermeneutic phenomenological research method simplified. *BODHI International Journal of Research in Humanities, Arts and Science, 5*(1), 181–200.

Kalmer, B., & Thomson, P. (2006). *Helping doctoral students write: Pedagogies for doctoral supervision.* London: Routledge.

Kalmer, B., & Thomson, P. (2008). *The failure of dissertation advice books: Toward alternative pedagogies for doctoral supervision.* London: Routledge.

Kent, A. M., Kochan, F., & Green, A. M. (2013). Cultural influences on mentoring programs and relationships. A critical review of research. *International Journal of Mentoring and Coaching in Education, 2*(3), 204–217.

Koricheva, J., & Gurevitch, J. (2013). Place of meta–analysis among other methods of research synthesis. In J. Koricheva, J. Gurevitch, & K. Mengersen (Eds.), *Handbook of meta–analysis in ecology and evolution* (pp. 3–13). Princeton, NJ: Princeton University Press.

Kwan, B. S. C. (2008). The nexus of reading, writing, and researching in the doctoral undertaking of humanities and social sciences: Implications for literature reviewing. *English for Specific Purposes, 27*(1), 42–56.

Langdridge, D. (2007). *Phenomenological psychology: Theory, research and method.* New York: Pearson.

Lau, J., Ioannidis, J. P. A., & Schmid, C. H. (1997). Quantitative synthesis in systematic reviews. *American College of Physicians, 127*(9), 820–826.

Laverty, S. M. (2003). Hermeneutic phenomenology and phenomenology: A comparison of historical and methodological considerations. *International Journal of Qualitative Methods, 2*(3), Article 3.

Lazonder, A. W., & Harmsen, R. (2016). Meta–analysis of inquiry–based learning. *Review of Educational Research, 86*(3), 681-718.

Lee, R. P., Hart, R. I., Watson, R. M., & Rapley, T. (2015). Qualitative synthesis in practice: Some pragmatics of meta−ethnography. *Qualitative Research, 15*(3), 334-350.

Lichtman, M. V. (2013). *Qualitative research for the social science.* Thousand Oaks, CA: SAGE.

Lincoln, Y. S., & Guba, E. G. (1985). *Naturalistic inquiry.* Newbury Park, CA: SAGE.

Lockwood, C., & Pearson, A. (2013). *A comparison of meta−aggregation and meta−ethnography as qualitative review methods.* Adelaide, Australia: Joanna Briggs Institute.

Lomask, M. (1987). *The biographer's craft.* New York: Harper and Row.

Lukenchuk, A. (Ed.). (2013). *Paradigms of research for the 21st century: Perspectives and examples from practice.* New York: Peter Lang.

Lynch, T. (2014). *Writing up your PhD (qualitative research): Independent study version.* Edinburgh, UK: English Language Teacher Center, University of Edinburgh.

Machi, L. A., & McEvoy, B. T. (2012). *The literature review: Six steps to success* (2nd ed.). New York: Corwin.

Magrini, J. M. (2014). *Being−in−the−world as being−with−others−in−learning: How the analytic of original learning unfolds as a hermeneutic of existence.* Unpublished doctoral dissertation, National Louis University, Chicago, IL.

Makambi, K. (2012). *Alternative methods for meta−analysis.* Saarbrucken, Germany: LAP Lambert Academic.

Marshall, C., & Rossman, G. B. (2015). *Designing qualitative research* (6th ed.). Thousand Oaks, CA: SAGE.

Maxwell, J. A. (2006). Literature reviews of, and for, educational research: A commentary on Boote and Beile's "Scholars before researchers." *Educational Researcher, 35*(9), 28-31.

Maxwell, J. A. (2013). *Qualitative research design: An interactive approach* (3rd ed.). Thousand Oaks, CA: SAGE.

Mays, T. L., & Smith, B. (2009). Navigating the doctoral journey. *Journal of Hospital Library Scholarship, 9,* 345-361.

McDonald, J. H. (2014). *Handbook of biological statistics* (3rd ed.). Baltimore: Sparky House.

McMillan, J. H., & Schumacher, S. (2010). *Research in education: Evidence−based inquiry* (7th ed.). Boston: Pearson.

McMillan, J. H., & Wergin, J. F. (2010). *Understanding and evaluating educational research* (4th ed.). Boston: Pearson.

Menager−Beeley, R., & Paulos, L. (2006). *Understanding plagiarism: A student guide to writing your own work.* Boston: Houghton Mifflin.

Merriam, S. B. (2009). *Qualitative research: A guide to designing and implementation.* San Francisco: Jossey−Bass.

Merriam, S. B., & Tisdell, E. J. (2016). *Qualitative research: A guide to designing and implementation* (4th ed.). San Francisco: Jossey−Bass.

Mertler, C. A. (2012). *Action research: Improving schools and empowering educators* (3rd ed.). Los Angeles: SAGE.

Miles, M. B., Huberman, A. M., & Saldaña, J. (2013). *Qualitative data analysis: A methods sourcebook* (3rd ed.). Thousand Oaks, CA: SAGE.

Miller, T., & Birch, M. (Eds.). (2012). *Ethics in qualitative research.* Thousand Oaks, CA: SAGE.

Modern Language Association. (2016). *MLA handbook for writers of research papers* (7th ed.). New York: Author.

Myers, M. D. (2004). Hermeneutics in information systems research. In J. Minges & L. P. Wilcock (Eds.), *Social theory and philosophy for information systems* (pp. 103-128). Chichester, UK: Wiley.

Noblit, G. W., & Hare, R. D. (1988). *Meta−ethnography: Synthesizing qualitative studies.* Newbury Park, CA: SAGE.

Nolte, M. C., Bruce, M. A., & Becker, K. W. (2014). Building a community of researchers using research mentoring model. *Journal of Counselor Preparation and Supervision, 7*(2), Article 1.

Ollhoff, J. (2013). *How to write a literature review: Workbook in six steps.* Farmington, MN: Sparrow Media Group.

Onwuegbuzie, A. J., & Frels, R. (2016). *Seven steps to a comprehensive literature review: A multimodal and cultural approach.* Thousand Oaks, CA: SAGE.

Paiz, J. M., Angeli, E., Wagner, J., Lawrick, E., Moore, K., Anderson, M., et al. (2016, May 13). General format. Purdue Online Writing Lab. Retrieved from *https://owl.english.purdue.edu/owl/resource/560/02.*

Pallini, S., Baiocco, R., Schneider, B. H., Madigan, S., & Atkinson, L. (2014). Early child-parent attachment and peer relations: A meta−analysis of recent research. *Journal of Family Psychology, 28*(1), 118-123.

Pan, M. L. (2013). *Preparing literature reviews: Qualitative and quantitative approaches* (4th ed.). Los Angeles: Pyrczak.

Park, C. L. (2010). Making sense of meaning literature: An integrative review of meaning making and its effects on adjustment to stressful life events. *Psychological Bulletin, 136*(2), 257-301.

Patterson, M. E., & Williams, D. R. (2002). *Advances in tourism applications series: Vol. 9. Collecting and analyzing qualitative data: Hermeneutic principles, methods and case examples.* Champaign, IL: Sagamore.

Petticrew, M., & Roberts, H. (2005). *Systematic reviews in social sciences: A practical guide.* Malden, MA: Blackwell.

Platridge, B. (2002). Thesis and dissertation writing: An examination of published advice and actual practice. *English for Specific Purposes, 21*, 125-143.

Pluye, P., & Hong, Q. N. (2014). Combining the power of stories and the power of numbers: Mixed methods review and mixed studies review. *Annual Review of Public Health, 35*, 29-45.

Polit, D. F., & Beck, C. T. (2013). *Essential of nursing research: Appraising evidence for nursing practice.* Philadelphia: Wolters Kluwer/Lippincott Williams & Wilkins.

Polkinghorne, D. (1983). *Methodology for human science: Systems of inquiry.* Albany: State University of New York Press.

Pope, C., Mays, N., & Popay, J. (2007). *Synthesizing qualitative and quantitative health evidence: A guide to methods.* New York: Open University Press.

Quinn, D. M., & Cooc, N. (2015). Science achievement gaps by gender and race/ethnicity in elementary and middle school: Trends and predictors. *Educational Researcher, 44*(6), 336-346.

Ramanigopal, C. S., Palaniappan, C., & Mani, A. (2012). Mind mapping and knowledge management: Coding and implementation of knowledge. *International Journal of Management, 3*(2), 250-259.

Randolph, J. (2009). A guide to writing the dissertation literature review. *Practical Assessment, Research and Evaluation, 14*(13), 1-13.

Ravid, L. (2015). *Medical innovation in the Civil War era.* Unpublished manuscript.

Ravid, R. (2015). *Practical statistics for educators* (5th ed.). Lanham, MD:

Rowman & Littlefield.

Ravitch, S. M., & Riggan, M. (2017). *Reason and rigor: How conceptual frameworks guide research* (2nd ed.). Thousand Oaks, CA: SAGE.

Reid, H. M. (2014). *Introduction to statistics: Fundamental concepts and procedures of data analysis.* Los Angeles: SAGE.

Reiff, P. (2016). *Refreshment for the soul: A phenomenological study of the student experience of beauty in school.* Unpublished doctoral dissertation, National Louis University, Chicago, IL.

Richards, L. (2009). *Handling qualitative data: A practical guide* (2nd ed.). Thousand Oaks, CA: SAGE.

Richardson, L. (1990). *Writing strategies: Reaching diverse audiences (qualitative research methods).* Newbury Park, CA: SAGE.

Richardson, L., & St. Pierre, E. A. (2005). Writing: A method of inquiry. In N. K. Denzin & Y. S. Lincoln (Eds.), *The Sage handbook of qualitative research* (3rd ed., pp. 923-948). Thousand Oaks, CA: SAGE.

Ricoeur, P. (1981). *The rule of metaphor: Multi−disciplinary studies of the creation of meaning in language* (R. Czerny, Trans.). Toronto: University of Toronto Press.

Ridley, D. (2012). *The literature review: A step by step guide for students* (2nd ed.). Thousand Oaks, CA: SAGE.

Ringquist, E. (2013). *Meta−analysis for public management and policy.* Hoboken, NJ: Wiley.

Rocco, T. S., & Plakhotnik, M. S. (2009). Literature reviews, conceptual frameworks, and theoretical frameworks: Terms, functions, and distinctions. *Human Resource Development Review, 8*(1), 120.

Romano, T. (2004). *Crafting authentic voice.* Portsmouth, NH: Heinemann.

Rosenthal, R. (1979). The "file drawer problem" and tolerance for null results. *Psychological Bulletin, 86*(3), 638-641.

Rothstein, H. R., Sutton, A. J., & Borenstein, M. (Eds.). (2005). *Publication bias in meta−analysis: Prevention, assessment and adjustments.* Hoboken, NJ: Wiley.

Saini, M., & Shlonsky, A. (2012). *Systematic synthesis of qualitative research.* New York: Oxford University Press.

Sandelowski, M., Voils, C. I., & Barroso, J. (2006). Defining and designing mixed research synthesis studies. *Research in the Schools, 13,* 29-40.

Sarasin, K. (2017). *A suburban case of community mobilization for music*

education: Lessons for art education in a cash—strapped world.
Unpublished manuscript.

Schick—Makaroff, K., MacDonald, M., Plummer, M., Burgess, J., & Neander, W. (2016). What synthesis methodology should I use?: A review and analysis of approaches to research synthesis. *AIMS Public Health, 3*(1), 172-215.

Schmidt, F. L., & Hunter, J. E. (2015). *Methods of meta—analysis: Correcting error and bias in research findings* (3rd ed.). Thousand Oaks, CA: SAGE.

Schulman, L. S. (1999). Professing educational scholarship. In E. C. Lagemann & L. S. Schulman (Eds.), *Issues in education research: Problems and possibilities* (pp. 159-165). San Francisco: Jossey—Bass.

Schutz, A. (1967). *Phenomenology of the social world* (G. Walsh & F. Lehnert, Trans.). Evanston, IL: Northwestern University Press.

Shaw, C. (2010). Writer's voice: The gateway to dialogue. *SFU Educational Review, 4,* 4-12.

Sherman, B. S. (2014). *Scholarship students: Squeezing through the glass ceiling of an affluent private school.* Unpublished doctoral dissertation, National Louis University, Chicago, IL.

Silverman, D. (2015). *Interpreting qualitative data* (5th ed.). Thousand Oaks, CA: SAGE.

Slattery, P. (2013). *Curriculum development in the postmodern era: Teaching and learning in an age of accountability* (3rd ed.). New York: Routledge.

Slavin, R. E. (2007). *Educational research in an age of accountability.* Boston: Pearson.

Smith, D. G. (1991). Hermeneutic inquiry: The hermeneutic imagination and the pedagogic text.
In E. C. Short (Ed.), *Forms of curriculum inquiry* (pp. 187-210). Albany: State University of New York Press.

Smythe, E., & Spence, D. (2012). Re—viewing literature in hermeneutic research. *International Journal of Qualitative Methods, 11*(1), 12-25.

Song, F., Parekh—Bhurke, S., Hooper, L., Loke, Y. K., Ryder, J. J., Sutton, A. J., et al. (2009). Extent of publication bias in different categories of research cohorts: A meta—analysis of empirical studies. *BMC Medical Research Methodology, 9,* 79.

Strike, K., & Posner, G. (1983). Types of synthesis and their criteria. In S. A. Ward & L. J. Reed (Eds.), *Knowledge structure and use* (pp. 343-362). Philadelphia: Temple University Press.

Sullivan, A. L., & Simonson, G. R. (2016). A systematic review of school–based social–emotional interventions for refugee and war–traumatized youth. *Review of Educational Research, 86*(2), 503-530.

Suri, H. (2011). Purposeful sampling in qualitative research synthesis. *Qualitative Research Journal, 11*(2), 63-75.

Tan, E. (2014). Human capital theory: A holistic criticism. *Review of Educational Research, 84*(3), 411-445.

Tashakkori, A., & Teddlie, C. B. (Eds.). (2010). *SAGE handbook of mixed methods in social and behavioral sciences.* Thousand Oaks, CA: SAGE.

Taylor, C. N., & Kilgus, S. P. (2014). Social-emotional learning. *Principal Leadership, 15*(1), 12-16.

Teddlie, C. B., & Tashakkori, A. M. (2009). *Foundations of mixed methods research: Integrating quantitative and qualitative approaches in the social and behavioral sciences.* Thousand Oaks, CA: SAGE.

Tessema, M. T., Ready, K. J., & Astani, M. (2014). Does a part–time job affect college students'satisfaction and academic performance (GPA)? The case of a mid–sized public university. *International Journal of Business Administration, 5*(2), 50-59.

Thompson, P. (1999). Exploring the contexts of writing: Interview with PhD supervisors. In P. Thompson (Ed.), *Issues in EAP writing research and instruction* (pp. 37-54). Reading, UK: University of Reading Center of Applied Language Studies.

Torraco, R. J. (2005). Writing integrative literature review: Guidelines and examples. *Human Resource Development Review, 4,* 356-367.

Toulmin, S. E. (2003). *The uses of argument.* Cambridge, UK: Cambridge University Press.

Toye, F., Seers, K., Alcoke, N., Briggs, M., Carr, E., & Barker, K (2014). Meta–ethnography 25years on: Challenges and insights for synthesizing a large number of qualitative studies. *BMC Medical Research Methodology, 14,* 80.

Uman, L. S. (2011). Systematic reviews and meta–analyses. *Journal of the Canadian Academy of Child and Adolescent Psychiatry, 20*(1), 57-59.

van Manen, M. (1990). *Researching lived experience: Human science for an* action sensitive pedagogy (2nd ed.). Albany: State University of New York Press.

van Manen, M. (2014). Phenomenology of practice: Meaning−giving methods in phenomenological research and writing. Walnut Creek, CA: Left Coast Press.

Vanhoozer, K. J., Smith, J. K. A., & Bonson, B. E. (2006). Hermeneutics at a crossroad. Bloomington: Indiana University Press.

Viechtbauer, W., & Cheung M. (2010). Outlier and influence diagnostics for meta−analysis. Research Synthesis Methods, 1, 112-125.

Walsh, D., & Downe, S. (2005). Meta−synthesis method for qualitative research: A literature review. Journal of Advanced Nursing, 50(2), 204-211.

Walton, D. N. (2013). Methods of argumentation. New York: Cambridge University Press.

Wellington, J., Bathmaker, A., Hunt, C., McCulloch, G., & Sikes, P. (2005). Succeeding with your doctorate. London: SAGE.

What Is Citation? (n.d.). Retrieved January 5, 2016, from http://plagiarism.org/citing−sources/whats−a−citation.

Whittemore, R., & Knafl, K. (2005). The integrative review: Updated methodology. Journal of Advanced Nursing, 52(5), 546-553.

Wieman, C. E. (2007). Why not try a scientific approach to science education? Change, 39(5), 9-15.

Wieman, C. E. (2014). The similarities between research in education and research in the hard sciences. Educational Researcher, 43(1), 12-14.

Winkler−Wagner, R. (2015). Having their lives narrowed down?: The state of black women's college success. Review of Educational Research, 85(2), 171-204.

Wisker, G. (2015). Developing doctoral authors: Engaging with theoretical perspectives through the literature review. Innovations in Education and Teaching International, 52(1), 64-74.

Wisker, G., & Savin−Baden, M. (2009). Priceless conceptual threshold: Beyond the "stuck place" in writing. London Review of Education, 7(3), 235-247.

Wolcott, E. H. (2009). Writing up qualitative research (3rd ed.). Thousand Oaks, CA: SAGE.

Yin, R. K. (2015). Qualitative research from start to finish (2nd ed.). New

York: Guilford Press.

Yoon, E., Chang, C., Kim, S., Clawson, A., Cleary, S. E., Hansen, M., et al. (2013). A meta−analysis of acculturation/enculturation and mental health. *Journal of Counseling Psychology, 60*(1), 15-30.

Yu, C. H. (2006). *Philosophical foundations of quantitative research methodology.* Lanham, MD: University Press of America.

SOFTWARE PROGRAMS AND WEBSITES

Software Programs

COMPAS: *www.softschools.com/teacher_resources/concept_map_maker*

FreeMind: *www.freemind.sourceforge.net*

Inspirato: *www.inspiration.com*

Lucidchart: *www.lucidchart.com/pages*

MindGenius: *www.mindgenius.com/default.aspx*

Mindmeister: *www.mindmeister.com*

MindMup: *www.mindmup.com/#m:offline−map−1*

MindView: *www.matchware.com/en/products/mindview/mindviewonline.htm*

SmartDraw: *www.smartdraw.com*

Websites

Amazon: *www.amazon.com*

EBSCO system: *www.ebscohost.com*

Elsevier (which includes Scopus): *www.elsevier.com/solutions/scopus*

EndNote: *http://endnote.com*

ERIC: *http://eric.ed.gov*

Goodreads: *www.goodreads.com/author/quotes/1498146.Linton_Weeks*

Google Scholar: *http://scholar.google.com*

ProQuest: *www.proquest.com*

PsycINFO: *www.apa.org/pubs/databases/psycinfo/index.aspx*

Purdue University Owl website: *https://owl.english.purdue.edu/owl*

Style Wizard: *www.stylewizard.com*

Turnitin: *http://turnitin.com*

U.S. Department of Education: *www.ed.gov*

Zotero: *www.zotero.org/about*

찾아보기

"이 책은 나와 내 동료들이 찾던 바로 그러한 교재다…. 학생들이 이 책을 활용한다면 흔히 보던 문헌의 요약이 아닌 보다 철저하고 완성도 높은 문헌고찰을 완성할 수 있을 것이다."

– 스테파니 J. 존스, 텍사스 텍 대학교, 교육학과

"문헌고찰 작성법에 대한 독특한 접근이다. 문헌고찰과 여러 연구 설계를 연결시킨 내가 본 유일한 책이다. 학습자를 배려한 여러 사례와 시나리오로 이해를 높여 준다."

– 조이스 피트만, 드렉셀 대학교, 교육학과

"여러 연구 접근과 관련된 다양한 표와 예시들이 매우 유용하다. 논지를 발전시키고 주장을 지지하는 방법을 설명한 챕터는 특히 도움이 된다. 나는 이 책을 당장 사용하려고 한다."

– 마샤 하먼, 샘 휴스턴 주립대학, 심리학과

"이 책은 학생들에게 전문적인 문헌고찰을 어떻게 완성시킬지 가르치기에 매우 효과적이며 쉽게 설명되어 있다. 다양한 학문적 레벨에 속한 독자들에게 모두 유용하다…. 제시된 체크리스트를 수업에 활용하면 학생들의 학습을 강화하는 데 도움이 될 것이다."

– 켈리 라슨, 마샬 대학교, 사회복지학과

이 교재는 성공적인 학위논문이나 수업 과제, 연구비 제안에 핵심인 높은 수준의 문헌고찰을 완성하기 위한 로드맵을 제공한다. 선행 연구를 찾아서 평가하고, 분석하고, 통합하는 각 단계가 명확하게 설명되어 있으며 독자들을 위한 다양한 제안이나 정보, 일화, 예시 등이 소개되어 있다. 또한 동료 검증이 이뤄진 양적, 질적, 그리고 혼합 연구 아티클의 인용문도 포함되어 있다. 이 책은 연구자의 연구 질문이나 방법론적 선택과 따른 다양한 종류의 고찰 (체계적, 서술적, 또는 해석학적 현상학적)에 초점을 맞춘 최초의 책이다. 그리고 선행 연구들을 평가할 때 할 일과 해서는 안 되는 일, 주장을 전개하는 방법, 그리고 자료를 찾고 조직화하기 위한 소프트웨어 제안을 포함한다.

교육적 요소들:

- 실행과정을 단계로 나눠 놓은 체크리스트와 "할 일" 목록
- 핵심 개념을 설명한 다양한 예시와 그래프, 요약 표들
- 조직화 전략에 사용되는 세부적인 지침들: 통합 매트릭스, 요약 표, 문헌 지도, 개요
- 완성된 문헌 고찰을 검토하고 다듬기 위한 평가 매트릭스

저자 소개

Sara Efrat Efron (EdD)은 국립 루이스대학 Curriculum, Advocacy and Policy 전공 박사 프로그램의 교육학 교수이자 책임자다. 관심 분야는 교사 연구, 멘토링, 그리고 위기 시의 도덕과 민주주의 교육이다. Dr. Efron은 Ruth Ravid와 함께 Action Research in Education을 집필하였다. 그녀는 다수의 북챕터와 학술지논문을 출판하였고 미국과 국제 학회에서 폭넓게 발표하였다 또한 중학생과 고등학생을 위한 몇 권의 외국어 교재를 출판하였다.

Ruth Ravid (PhD)는 국립 루이스대학 교육학과의 명예교수다. 관심 분야는 교육학 연구, 액션리서치, 평가, 그리고 학교와 대학의 협력이다. Dr. Ravid는 Sara Efrat Efron과 함께 쓴 Action Research in Education를 포함해서 다수의 학술지논문과 북챕터, 그리고 여덟 권의 책을 저술하고 편집하였다.

역자 소개

한유리

이화여대 정치외교학과를 졸업하고, 동 대학원에서 상담심리로 석사학위를, 조지아 대학(Th Univ. of Georgia)에서 성인교육 및 인적자원개발로 박사학위를 받았다. 더 많은 사람들이 질적 연구를 쉽게 접하고 즐겁게 연구할 수 있도록 배우고 전달하는 것에 관심이 있다. 『질적연구입문』, 『초보연구자를 위한 질적 자료 분석가이드』를 썼고, 크레스웰의 『질적연구의 30가지 노하우』를 번역하였다.
dain5479@naver.com

문헌리뷰 작성가이드

초판발행	2020년 5월 17일
중판발행	2022년 2월 10일
지은이	Sara Efrat Efron · Ruth Ravid
옮긴이	한유리
펴낸이	노 현
편 집	황정원
기획/마케팅	노 현
표지디자인	이미연
제 작	고철민 · 조영환
펴낸곳	㈜ 피와이메이트
	서울특별시 금천구 가산디지털2로 53, 한라시그마밸리 210호(가산동)
	등록 2014. 2. 12. 제2018-000080호
전 화	02)733-6771
f a x	02)736-4818
e-mail	pys@pybook.co.kr
homepage	www.pybook.co.kr
I S B N	979-11-6519-064-4 93370

* 파본은 구입하신 곳에서 교환해 드립니다. 본서의 무단복제행위를 금합니다.
* 역자와 협의하여 인지첩부를 생략합니다.

정 가   17,000원

박영스토리는 박영사와 함께하는 브랜드입니다.